Reinhard Raffalt

DIVERTIMENTO ROMANO

›LEBEN MIT ROM‹ 5

Reinhard Raffalt

DIVERTIMENTO ROMANO

Leben mit Rom

Mit zehn Zeichnungen
von Marianne von Werther BRA

Prestel-Verlag München

Weitere Bände der Reihe
LEBEN MIT ROM
von Reinhard Raffalt:

CONCERTO ROMANO
FANTASIA ROMANA
SINFONIA VATICANA
CANTATA ROMANA

Passavia Druckerei GmbH Passau
ISBN 3-7913-0445-3

INHALTSVERZEICHNIS

›Introduzione‹

AUF DEM WEG NACH ROM

Kein Zweifel, mein Wagen wollte nicht mehr. Da ich zu den Menschen gehöre, für die die Technik des Verbrennungsmotors ein ewiges Mysterium bleiben wird, fuhr ich an den Rand der Autobahn, die in Italien durchgehend einen Parkstreifen für Notfälle hat, und betrachtete sinnend die Wolken weißen Dampfes, die meinem Kühler entströmten. Ringsum dehnte sich die Ebene der Emilia, der Provinz zwischen Lombardei und Toskana, eine Landschaft, in der – wie oft im Leben – Reichtum und Langeweile sich gegenseitig steigern. Schließlich entschloß ich mich zu dem Risiko, mit geringster Drehzahl die nächste Tankstelle zu erreichen.

Der Mechaniker, der mich dort empfing, strahlte nichts von der präzisen Tüchtigkeit aus, die ich mir im Augenblick gewünscht hätte. Aber ich tröstete mich mit der alten Erfahrung, daß es in Italien viele Leute gibt, deren Genie im Verborgenen blüht – es ist nur die Frage, wieviel Vertrauen man zu ihnen aufbringt, und das ist unser, nicht ihr Problem. Jedenfalls gab sich der Mann zuversichtlich und legte mir nahe, im Rasthaus erst einmal einen Espresso zu trinken, den Rest, sagte er, übernähme er.

»Ci penso io« – das heißt: »Machen Sie sich keine Sorgen, von nun an denke ich«.

»Va bene«, sagte ich, überließ ihm den Wagen mit

meinem ganzen Gepäck, die automatische Tür öffnete sich und das Rasthaus nahm mich auf.

Die ersten paar Minuten fragte ich mich noch zuweilen: Ob er wirklich denkt, und wenn ja, was er wohl denkt, und wenn dies, was er dann macht? Aber das ging bald vorüber, denn dann wurde ich verschluckt von dem Spektakel, das das Innere eines Rasthauses in Italien immer wieder bietet.

Da war zunächst ein Knabe, etwa fünfjährig, angezogen wie ein Signore, an der Hand geführt von einem geduldigen Papa, der volles Verständnis dafür zu haben schien, daß der ›Ragazzo prodigio‹, das Wunderkind, wie am Spieß brüllte:

»Papà, Papà, dammi 'na lingua di Menelike, mi dai 'na lingua di Menelike, Papà?, dammila, Papà, dai, voglio 'na lingua di Menelike' ...«

›Lingua di Menelike‹ ist die Zunge des Kaisers Menelik von Abessinien, der um das Jahr 1900 die Italiener dort empfindlich geschlagen hat. Von der Vorstellung ausgehend, ein schwarzer Mann müsse auch eine schwarze Zunge haben, goß man diese alsbald in Schokolade nach – und auf diese Weise hat der Vorfahr des Negus durch seine Schokoladenzunge bei den italienischen Kindern eine seltsame Unsterblichkeit erlangt.

Neben dem brüllenden Knaben standen an der Theke zwei Fernfahrer, im Begriff, einen ›Spuntino‹ einzunehmen. ›Spunto‹ ist der Impuls, der Anstoß, ›Spuntino‹ also die kleine Anregung – in diesem Fall eine Zwischenlabung des Magens, woraus wieder einmal hervorgeht, wie unglaublich wichtig für die Italiener die Versorgung des Leibes mit Nahrung ist. Der ›Spuntino‹ der beiden bestand aus zwei dicken Semmeln, in denen hauchdünne Salami-Scheiben und ein Salatblatt versteckt sind, was dem Essenden die Annehmlichkeit verschafft, inmitten der Massen Brotes hin und wieder durch den Geschmack von Wurst überrascht zu werden.

Es hätte vieles andere gegeben: Sandwiches all'americana, Hamburger, Pizza, Rosinenkuchen – aber die beiden bleiben, weil von Kindheit daran gewöhnt, bei ihren dicken Semmeln. Dazu trinken sie Lambrusco, den schäumenden Rotwein der Emilia, der unsereinen so leicht dazu verführt, eine ganze Flasche zu leeren, während die Italiener nach dem zweiten Glas aufhören.

Die Fernfahrer sind richtige Emiliani, untersetzte, genußfreudige Männer, die sofort Stielaugen bekommen, wenn – wie jetzt – eine ›Ragazza‹ erscheint, ein junges Mädchen, an dem vieles wippt. »Bellezza« sagt der eine, »mmmhh« macht der andere. Normalerweise muß das Mädchen darauf die Mundwinkel nach abwärts ziehen und den Ausdruck der Verachtung annehmen – wogegen der junge Mann, der ihr folgt, sein Gesicht zu einem breiten Grinsen verziehen kann. Denn da alle Männer in Italien über Weiblichkeit im Einverständnis sind, wäre die Bewunderung der beiden ein Kompliment für ihn selbst, als den Besitzer solch üppiger Reize.

Diesmal geschieht aber etwas anderes: Das Mädchen reagiert auf die Fernfahrer. Blitzenden Auges sagt es: »Tuo nonno ...« – »Erzähl das deinem Großvater!« Der Kontakt ist hergestellt – die beiden lachen aus vollem Halse. Nun muß der junge Mann wütend werden. Er packt die Schöne am Arm, zieht sie fünf Meter weiter die Theke entlang, zischt dem Barmann seine Bestellung zu und macht den Krach, den er seiner Würde schuldig ist:

»Villana che sei, quante volte t'ho detto ... und so weiter, und so weiter. Der Fuß des Mädchens stampft in die Zahnstocher und Papierservietten, die den Boden bedecken, drohender Zorn erscheint auf ihrer Stirn, plötzlich aber scheint sie den Tränen nahe, schlägt die Augen nieder und flüstert etwas, was ich nicht verstehen kann, weil die Verkäuferin im nahen Schallplattenstand einen Schlager aufgelegt hat, worin Raffaella Carrà mit Überzeugungskraft singt: »Perdona, perdona, non lo faccio più« – »Verzeih mir doch, ich mach's nicht wieder.«

An der großen Theke essen, trinken und reden hundertfünfzig Menschen. Damen nippen an Mandelmilch oder Pfefferminzlimonade, Herren nehmen einen Bitter mit Soda, oder – wenn sie nervös sind – einen der beruhigenden Kräuterschnäpse, die in den Klöstern des Landes trotz nachkonziliarer Reformen in gleichbleibender, geschäftstüchtiger Qualität hergestellt werden.

Ich finde es nun an der Zeit, nach meinem Wagen zu sehen und strebe zum Ausgang – natürlich an der falschen Stelle. Es ist schwer, sich daran zu gewöhnen, daß man in einem Rasthaus dort, wo man hereinkam, nicht wieder hinausgelassen wird. Tatsächlich weist der Zeiger mit dem Worte ›Uscita‹ – Ausgang – tiefer in die große Halle hinein, in ein Labyrinth von Verkaufsständen. Dort gibt es: Amphoren von antiker Form, mit Lutschbonbons gefüllt, aufblasbare Plastik-Elefanten, Gewürze in Gläsern und Holzgestelle zum Aufhängen in der

Küche, Kuckucksuhren aus dem schönen Schwarzwald, in Maraschino eingelegte Früchte, Puppen in der Landestracht, Bonbonnieren mit englischen Fuchsjagd-Szenen auf dem Deckel, Ansichtskarten mit kirschrot lächelnden Sirenen auf steiler Meeresklippe, Schinken im ganzen Stück, Stoffesel, Likörfäßchen, Perlenketten, Wurstketten, gelben Käse, gelbe Krimis, mechanisch bellende Hunde und lebendig zwitschernde Verkäuferinnen – und durch all das muß der Mensch durch, man kann mitnehmen, was man will, bezahlt wird an der Kasse – und die allein ist der Ausgang.

Dort sitzt ein flink rechnendes Mädchen mit einem Mund wie die Venus von Botticelli. Würde sie aufstehen, so hätte sie wahrscheinlich beklagenswert kurze Beine – aber auch dann könnte ich es ihr nicht antun, mit leeren Händen vorüberzugehen. Also nehme ich eine kleine Flasche Grappa vom Regal – für den Mechaniker draußen, gewissermaßen als Vorschuß an das Schicksal, das ihm ja immerhin bei der Reparatur die Hand richtig geführt haben könnte. Das lohnt sich in Italien immer – denn selbst wenn das Geschick widrig sein sollte, gewinnt man mit solchen Winzigkeiten oftmals Freunde fürs Leben, die einen nach Jahren noch wiedererkennen.

Da steht der Mechaniker auch schon und sagt: »Tutto fatto – la macchina è pronta« – »Alles gemacht, der Wagen ist fertig.«

Voller Stolz zeigt er mir, was er gemacht hat – nicht eine Reparatur, sondern eine findig improvisierte Bastelei. Etwas skeptisch sage ich:

»Chi sa se va?« – »Wer weiß, ob der fährt?«

Und mit dem nicht zu dämpfenden Optimismus der Italiener antwortet er: »Ma si che va« – »Natürlich wird er fahren.«

Also gut, ich riskier's, und das Auto fährt tatsächlich. Nach dem Einreihen in die Autostrada drehe ich das Radio auf und höre – »Chi sa se va, ma si che va« – den großen Schlager der Fernsehschau ›Rischiatutto‹ – ›Alles oder nichts‹: »Wer weiß ob's geht – aber natürlich wird's gehen.«

Italien wird erst dann ein wahrhaft schätzenswertes Land, wenn man mit den Namen seiner Städte nicht nur Erinnerungen an Freunde und Kunstwerke verbindet, sondern auch die Vorstellung genossener Tafelfreuden. So ging es mir auf meiner Fahrt mit dem nahen Modena: Ich bekam Hunger.

Es war kurz vor Mittag, und da man hierzulande spät ißt, hätte ich leicht noch eine Stunde fahren können. Aber in Modena gibt es das ›Ristorante Fini‹. Magnetisch zog es meinen Wagen in die Ausfahrt. Das letzte Stück der Brenner-Autobahn, an dem Modena liegt, war erst vor kurzem fertig geworden – und so wußte ich nicht, an welchem Punkt ich die Stadt erreichen würde. Schließlich landete ich auf einem verkehrsreichen Platz am alten Befestigungsgürtel und beschloß zu fragen. Der nächste Schutzmann stand zwei Ampeln entfernt, und während ich mich nach jemand näherem umsah, kam aus dem Tor eines riesigen grauen Gebäudes eine junge Italienerin heraus, Bücher unter dem Arm. Ich bat sie um Auskunft über den Weg zur Piazza San Francesco.

»Guardi«, sagte sie, »è difficile« – »Passen Sie auf, das ist nicht leicht. Sie nehmen die Straße rechts und dann ... und dann ... und dann ...«

Ich war gar nicht unglücklich, daß die Sache so kompliziert war, denn die Dame war der Betrachtung wert. Braunes Haar, dunklere Brauen, leicht vorstehende Backenknochen, ein zum Lachen bereiter Mund, tadellose Wölbungen unter grüner Sportbluse, breite gepflegte Hände, etwas stämmige Beine, die Füße in flachen Sandalen. Das Wichtigste waren die Augen: die Iris braun und darin ein goldener Fleck.

»Haben Sie's verstanden?«, fragte sie.

»Ich hoffe«, log ich, denn ich hatte gar nicht aufgepaßt.

»Im Übrigen«, meinte sie, »hat es gar keinen Sinn, daß Sie da jetzt hinfahren, denn die Kirche San Francesco ist über Mittag geschlossen.«

»Ich will ja gar nicht nach San Francesco, ich will zu Fini.«

»Ah – allora buon appetito.«

Sinnlos der Gedanke, sie zum Essen einzuladen. Frauen dieser Art, ›Donne di classe‹, sind so simplen Annäherungen nicht zugänglich. Zum Glück hatte ich bemerkt, daß das oberste der Bücher in ihrer Hand den Titel ›Orazio Vecchi‹ zeigte.

»Können Sie mir meine Neugier verzeihen – wer ist das?«, sagte ich.

Sie zeigte auf den grauen Palast: »Da oben ist eine Bibliothek – sehen Sie nach.«

»Zeigen Sie mir den Weg?«

Pause. Es war ihr anzusehen, was sie dachte. »Na gut, man muß für seine Vaterstadt etwas tun.«

Wir gingen in den ersten Stock und dort durch eine Tür mit der Aufschrift ›Biblioteca Estense‹.

»Nie gehört?«

»Doch« – jetzt wollte ich nicht noch einmal lügen – »aber nie gesehen.«

Wenig später lag vor mir das kostbarste Buch Italiens – ein Kodex aus dem 15. Jahrhundert, die Bibel des Borso d'Este. Der Text ist so geschrieben, daß sehr breite Ränder frei bleiben – auf die Taddeo Crivelli und einige seiner Schüler Miniaturen gemalt haben die aussehen, als seien sie gestern fertig geworden. Dukatengold, leuchtende Farben, die Anfangsbuchstaben der Kapitel mit großen Szenen umkleidet, sonst Seite für Seite endloses Rankenwerk, das alle Blüten Italiens hervorsprießen läßt und allen Tieren des Landes zur fast koketten Heimstatt dient. Fast sinnenhaft ist der Duft einer Zeit zu spüren, die die Widerwärtigkeiten des Daseins nicht weniger kannte als wir, aber die Kraft aufbrachte, dem Reich der Phantasie den Vorrang vor der Wirklichkeit zu geben.

»Man muß«, zitierte meine Begleiterin, »das Glück nicht vom Leben verlangen, sondern von der Kunst.«

»Hat das Borso d'Este gesagt?«

»Nein – Orazio Vecchi.«

»Sie wollten mir doch sagen, wer das war.«

»Hören Sie nichts?«

In der Tat hörte man sehr weit entfernt Musik.

»Heute abend«, so erzählte sie, »gibt es hier ein Konzert. Wenn Sie wollen, können Sie ein Stück von der Probe hören.«

Und während wir Treppen hinunter und Gänge entlang schritten, erzählte sie mir die Geschichte von Orazio Vecchi.

Er war ein Komponist aus Modena – vor vierhundert Jahren. Da die katholische Kirche sich die Förderung von Talenten damals noch etwas kosten ließ, nahm er – ›Poveretto‹, der Arme, – die geistlichen Weihen und ergatterte sogar auf diese Weise eine Domherrenpfründe im nahen Correggio. Aber dort hielt er es nicht lange aus, denn Correggio war tiefste Provinz, nur in Modena konnte man leben. So nahm er es nicht weiter schwer, als man ihn schließlich wieder absetzte – »wegen allzu langer Abwesenheit«, wie es offiziell hieß, in Wirklichkeit aber, weil er als echter Emilianer ohne Grenzen genußsüchtig war. Er stellte den Frauen nach, trank in lärmenden Kneipen und war entschlossen, das Leben als Komödie zu nehmen – so wie es die ›Commedia dell'arte‹ tat, das italienische Stegreiftheater, das damals gerade aufkam. Seine Figuren, die er vielfach mit Musik versah, geraten stets in Situationen, die bizarr und gepfeffert sind.

Eine davon begann soeben, als wir uns leise in den Saal schlichen, in dem die Probe stattfand. Der Tattergreis Pantalone schmilzt dahin in Liebe zu der schönen und leichtfertigen Ortensia. Sein Diener Pierulin hat in der Küche ein Hähnchen verspeist, einen Fiasco dazu geleert und darüber vergessen, Ortensia die Liebesbotschaft Pantalones auszurichten. So geht dieser schließlich selber, die Angebetete zu sich nach Hause einzuladen.

»Nicht, daß ich nicht wollte«, sagt Ortensia darauf, »aber bitte, was geschieht, wenn ich's wirklich tue – s'io 'l fo, flo flo flo? Schaut ihn nur an, den großen Kavalier, was für ein Ausbund an Potenz, flo flo flo, wie der mir Lust macht, flo flo flo flo.« Für einen Domherrn war das sicher – damals – kein sehr geeigneter Text. Für mich auch nicht – denn als ich zwischendrin meine Begleiterin flüsternd nach ihrem Namen fragte, sagte sie mit leiser Herausforderung »Ortensia« – und als ich mich wenig später wieder zu ihr wendete, war sie verschwunden.

Man kann es zwar nicht direkt Kummer nennen, was mich befiel, als ich entdeckte, daß nun ohne Ortensia weiter zu leben war. Denn wer in Italien die Kunst, leichten Herzens zu verzichten, nicht zu üben weiß, wird schwerlich ahnen, was die Frauen dieses Landes wirklich sind. Dennoch reichte meine Art von Kummer durchaus hin, um einen brüllenden Hunger in mir zu wecken. Also ging ich nun doch zu dem vorhin verachteten Schutzmann, ließ mir den Weg erklären und betrat zehn Minuten später – in einer etwas elegischen Verfassung – das Ristorante Fini. Es war eine Wohltat.

In kühlen, hohen Räumen schoben wohlwollende Kellner große Wagen voller lukullischer Herrlichkeiten hin und her. An einem separaten Tisch saß der ›Padrone‹ mit umgebundener Serviette vor einem dampfenden Teller Spaghetti, die er mit der Gabel in der Rechten kunstvoll zog und rollte, während seine Linke mit dem Halten des Telefonhörers beschäftigt war. Ich bekam einen Platz in seiner Nähe und war fasziniert, zu sehen, wie ein Mensch es vermochte, gewaltige Portionen von Nudeln in seinen Mund hineinzuschieben und gleichzeitig Ströme von Worten herauszulassen. Der Kellner, der mich bediente, hörte auf den Namen Valdo – auf deutsch Oswald, wahrscheinlich zufolge einer Tradition, die aus der österreichischen Zeit von Modena stammt. (Die Stadt war nach dem Erlöschen des Hauses Este durch Heirat und Erbschaft an die Habsburger gefallen, weshalb noch der in Sarajewo erschossene Thronfolger Franz Ferdinand den Namen Este trug.)

Valdo, ein Mensch mit Instinkt und Mitgefühl, erkannte auf der Stelle meinen irritierten Zustand und sagte, eine bauchige Flasche auf den Tisch stellend: »Niente aperitivo« – »Keinen Aperitif.« Mit Recht hielt er den Lambrusco, den moussierenden Landwein der Emilia, in Fällen von Melancholie, für das Allheilmittel schlechthin. Noch hatte ich mein Glas nicht geleert, kam schon der erste ›Piatto‹ – Tortellini, kleine Ringe aus Pasta-asciutta-Teig, mit feingehacktem Fleisch und Kräutern gefüllt und in einer Sauce aus Käse und Rahm serviert. Kaum hatte ich diese bewältigt, karrte Valdo ein ungeheueres Gebirge aus gekochtem Fleisch daher.

»Mi vuol' amazzare?« fragte ich, »wollen Sie mich umbringen?«

»Ma no, Signore, das tut Ihnen gut, Sie schauen so drein, als ob Sie heute was Kräftiges brauchen würden.«

So schnitt er mir denn ab: Eine Scheibe mageres Rindfleisch, eine Scheibe Rindfleisch mit zartgelbem Fettrand, ›Grasso-magro‹ genannt, beides weich wie

Butter, ein wenig Zunge, Kalbskopf und Hühnerbrust und schließlich zwei Scheiben des berühmten Cotteechino, einer fetten Wurst aus papriziertem Schweinefleisch. Dazu bekam ich Salsa verde, eine Kräutersauce mit Zwiebeln, ein paar frische Radieschen und die süßen, in Senfsauce eingelegten Früchte, die man hierzulande, einem geographischen Irrtum verfallend, ›Mostarda di Cremona‹ nennt, obwohl sie Modenas Spezialität sind.

Zwischendurch hörte ich, wie der Padrone telefonierte: »Also Du hast mich verstanden, zweihundert Kilo Tortellini auf die Stazione Nord und hundertfünfzig Kilo in den Appennin.« Er versorgte telefonisch die Restaurants, die er in mehreren Rasthäusern der Autobahn unterhält – wenn ich dort geblieben wäre hätte ich das alles haben können, allerdings ohne die Bibel des Borso d'Este, ohne Orazio Vecchi und – ohne Ortensia.

Valdo fand, es müsse noch mehr für mich geschehen. Der Montblanc fuhr heran, auf italienisch ›Montebianco‹, eine Torte aus Merenke, Schlagsahne und gitterförmig aufgespritzter Kastaniencreme, die auf der Zunge zergeht.

Zum Kaffee erklärte mir Valdo in philosophischer Diktion: »Signore, jetzt haben Sie die Phase erreicht, die der Lust des Gaumens nachfolgt. Sie müssen nun trachten, alles, was Sie genossen haben, in eine sanft und stetig abwärts gleitende Richtung zu lenken. Dazu ist eines unerläßlich: der ›Nocino‹. Das ist ein leicht süßer Likör, der aus Nüssen gebrannt wird und schon die Mitglieder des Hauses Este erfolgreich über die Nachwirkungen ihrer strotzenden Gastmähler hinwegbrachte.«

Nach dem zweiten Glas Nocino war ich soweit, Valdo die Geschichte mit Ortensia zu erzählen.

»Signore mio«, sagte er, »wissenSie denn nicht, daß Modena voller Hexen ist? Sono tutte streghe – tutte! Reisen Sie ab! Erst wenn Sie den Appennin hinter sich haben, wirkt der Zauber nicht mehr.«

Ich folgte seinem Rat – doch war ich noch nicht ganz aus der Stadt, da tönte aus dem Radio der Schlager: »Maga – maghella« – »Zauberin, kleine Zauberin, wie das wohl ausgeht – schlecht – oder gut?«

Von Modena an südwärts ist der vom Brenner kommende Reisende nicht mehr auf irgendeiner, sondern auf *der* Autobahn Italiens. Sie hat die Nummer 1 und trägt – im Gegensatz zu allen anderen – einen Namen: ›Autostrada del Sole‹, die ›Autobahn der Sonne‹, die in Mailand beginnt und in Neapel endet – der Stolz aller italienischen Straßenbauer.

Jahrelang wußte ich auch nicht mehr über sie, bis ich eines Abends in Rom, im Begriffe auszugehen, meinem damaligen Wohnungsnachbarn begegnete, von dem es im Hause hieß, er sei ein ›Ingegniere‹ und habe einen ›Sacco di milioni‹. Er war ein kleiner, älterer Herr mit der Hakennase des Kaisers Galba, der jeden Morgen in einem winzigen Auto – allerdings mit Chauffeur – davonfuhr und abends wieder zurückgebracht wurde. Von seiner platinblonden Frau, die in Leidenschaft für kläffende Hunde verging, flüsterte man, sie besäße nicht ›Milioni‹ sondern ›Miliardi‹, obwohl sie nicht einmal ein kleines, sondern überhaupt kein Auto hatte.

Unter seiner Tür lud der ›Ingegniere‹ mich auf einen Whisky ein – in eine weitläufige Wohnung, worin kein Stück jünger als zweihundert Jahre war. Kein modernes Bild, kein bequemer Sessel, fast ein Museum.

Ein alter Freund hatte mir einmal gesagt: »Wenn Du von einem Menschen etwas wissen willst, mußt Du ihm zuvor etwas erzählen.« Und so begann ich mit ein paar Mitteilungen über meine Pläne, über Musik und Kunst, über Politik und den Vatikan, wurde freundlich angehört und wußte, es war der falsche Weg.

Schließlich fiel mir eine Anekdote ein, die meiner Neugier weiter helfen konnte, weil sie einer gewissen ironischen Aktualität nicht entbehrt. Ein großer Ostasienkenner hatte mir von einem Bankett erzählt – es fand vor mehreren Jahrzehnten statt –, an dem der damalige chinesische Botschafter Wellington Koo teilnahm. Es wurde englisch gesprochen. Die europäische Tischdame des Botschafters stellte sich unter einem Chinesen offenbar einen Menschen vor, mit dem man am besten in der Säuglingssprache zurecht kommt und fragte ihn, als die Suppe serviert war: »Liky soupy?« Einige Augenblicke später stand Wellington Koo von seinem Platz auf und hielt in brillantem Oxford-Englisch seine Tischrede. Als er sich unter Beifall wieder gesetzt hatte, fragte er seine Nachbarin lächelnd: »Liky speachy?«

Der Ingegniere und seine Frau waren amüsiert.

Ich sagte: »Sie werden verstehen, daß ich mich nicht gern auf dieselbe Weise blamieren möchte – wir sind schon so lange Nachbarn, und ich weiß immer noch nicht, was Sie eigentlich machen.«

»Ach«, sagte da der Besitzer eines winzigen Autos mit einem Seitenblick zu seiner Frau, die überhaupt kein Auto hatte: »das wissen Sie nicht? Ich bin der Konstrukteur der Autostrada del Sole.«

Der kleine Ingegniere und seine Mitarbeiter haben 755 Kilometer Autobahn gebaut und dazu acht Jahre gebraucht – von 1955 bis 1963. Sie haben 111 Brücken über Flüsse und Täler gezogen, 35 zum Teil kilometerlange Tunnels gebohrt, 56 Service-Stationen angelegt. Immer wieder mußten sie Erdbewegungen korrigieren, denn nicht einmal der gewachsene Fels ist in dem stets arbeitenden italienischen Boden ganz verläßlich. Der Appennin schickte ihnen Ladungen von Felsbrocken auf die Straße hinunter, die Kurven mußten teilweise gefährlich eng gezogen werden, weil man nicht riskieren konnte, die ständig wandernden Gebirge auszuschachten. Aber schließlich war das Werk doch zustandegekommen, und nun erst wußten die Straßenbauer Italiens, daß sie auch die kalabrischen Gebirge hinunter bis Sizilien und die Strecke hinauf zum Brenner bewältigen würden. In ihren schwierigen Teilen ist die Autostrada del Sole der Testfall für die Autobahnen ganz Italiens. Deshalb ist man so stolz auf sie.

»Sie gleicht«, so schreibt der Touring Club etwas pathetisch, »einer Riesenbrücke, die ein Gigant von Norden nach Süden über Italien geworfen hat. Unkalkulierbar«, so heißt es weiter, »sind die Vorteile für den Touristen, dem sich Schönheiten des Landes entschleiern, die vorher unbekannt oder nur mit Mühe zu erreichen waren.« Im Prinzip stimmt das. Ich frage mich nur: Ob der Tourist das auch merkt? Er hat sein Ziel vor Augen, will keinen halben Tag drangeben und rast an den Schönheiten vorbei, die sich ganz umsonst für ihn entschleiern. Mir selber ist es doch auch nicht anders ergangen. Hätte mich meine Kühlerpanne nicht aufgehalten, ich wäre lange vor der Mittagszeit nach Modena gekommen – und vorbeigebraust. So aber ist es nun schon Nachmittag geworden und ich bin gerade erst auf der Höhe von Bologna.

An dieser Stadt kann ich nie vorüberfahren, ohne an meine erste Musikgeschichtsprüfung am Konservatorium in Leipzig zu denken. Es war im zweiten Kriegsjahr, die Studentenzahl war schon sehr reduziert und die Professoren hatten mit uns künftigem Kanonenfutter eine aus Sorge und Verzweiflung gemischte Nachsicht.

»Sagen Sie«, begann der rührende alte Herr, der mich prüfte, »es ist Ihnen doch sicher bekannt, daß Mozart zwischen seinem 14. und 16. Lebensjahr zusammen mit seinem Vater drei Reisen machte – wohin wohl?«

»Nach Italien.«

»Dabei wurde er trotz seiner jungen Jahre von der ersten Musikakademie des Landes zum Mitglied gewählt. Wo war das wohl?«

»In Rom?« riet ich blindlings.

»Aber nein, das verwechseln Sie mit Gluck, kann ja vorkommen. Es war in – na? ...«

Mein Gehirn war ausgedörrt, aber der Arme litt noch mehr als ich.

»In einer Stadt«, sagte er, wohl wissend, daß er von nun an die Prüfungsordnung übertrat, »in einer Stadt, nicht mit R sondern mit« – er flüsterte – »B – hhmm ...«

»Bozen?« Ich traf hoffnungslos daneben. Die Stadt war Bologna.

Die Bologneser Akademie war damals ein ehrfurchtgebietendes, traditionsreiches Institut, mit einem Princeps, einem ›Fürsten‹ an der Spitze, der darauf zu achten hatte, daß die strengen Regeln des Tonsatzes bei den Prüfungsarbeiten eingehalten wurden. Um als Mitglied gewählt werden zu können, mußte der Kandidat eine Prüfungsarbeit in Klausur ablegen, zu der ihm das Thema, meist aus dem gregorianischen Choral, vorgegeben wurde. Der ehrgeizige und etwas griesgrämige Vater Leopold Mozart schrieb darüber nach Hause:

Wolfgang mußte um 4 Uhr [am 9. Oktober 1770] im akademischen Saale erscheinen. Allda gab ihm der Princeps und zwei Censores in Gegenwart aller Mitglieder eine Antiphona vor, die er in einem Nebenzimmer, wohin ihn der Pedellus führte und die Tür zuschloß, vierstimmig setzen mußte. Nachdem er solche fertig hatte, wurde sie von den Censoribus und Compositoribus untersucht und sodann darüber votiert [das heißt: abgestimmt] – welches durch weiße und schwarze Kugeln geschieht. Da nun alle Kugeln weiß waren, wurde er gerufen. Alle klatschten bei seinem Eintritt mit den Händen und wünschten ihm Glück, nachdem ihm vorher der Princeps die Aufnahme in die Akademie angekündigt hatte. Alle wunderten sich, daß er es so geschwind fertig hatte, da manche drei Stunden mit einer Antiphona von drei Zeilen zugebracht haben. Er hatte es in einer starken halben Stunde fertig.

Der stolze Vater wußte nicht oder verschwieg die kleine Schicksalskorrektur, die dabei im Spiele war. Der junge Mozart hatte in Bologna einen einflußreichen Gönner gefunden, den Padre Martini, einen entzückenden alten Geistlichen, der mit Recht als der Musiklehrer von ganz Italien galt und selber sehr schön komponierte. Er hatte das Genie des Jungen erkannt und durchaus begriffen, daß dieser sich dem akademischen Zopf der Traditionalisten schwerlich fügen würde. Also beschloß er, die Sache ›all'italiana‹ zu lösen – das heißt, mehr nach menschlichen als nach sachlichen Gesichtspunkten. Als Wolfgang die Prüfungsarbeit fertig hatte, wußte Padre Martini sie sich mit Hilfe des Pedells zu verschaffen und merzte die Fehler aus. Erst das korrigierte Werk wurde der Akademie vorgelegt – vom Original der Prüfungsarbeit fehlt jede Spur. Mozart hat es dem liebenswerten Bologneser Pater in seinen letzten Lebensjahren noch durch meisterhafte strenge Sätze gedankt, daß dieser ihn damals in Bologna nicht durchrasseln ließ. Die Akademie, in der das alles geschah, ist heute noch zu sehen – für den, der die Autostrada in der Richtung Bologna verläßt. Mir ist aber Modena noch zu wenig weit entfernt – und so zieht Bologna im Gedanken an Mozart vorbei.

Bald danach beginnt der Anstieg des Appennin, jenseits dessen nach des Kellners Valdo Auskunft der Zauber der Hexen von Modena sein Ende findet. Da mir gerade nicht nach Schlagern zumute ist, schalte ich im Radio um auf das dritte Programm, das Stunde um Stunde erlesene klassische Musik bringt. Und während die Straße die Gebirgstäler hinansteigt und die engen

Kurven ein langsameres Tempo erfordern, dringt Musik aus dem goldenen Zeitalter Italiens, aus der Renaissance, an mein Ohr, gesungen vom ›Coro Polifonico di Roma dell'Oratorio delle Santissime Stimante‹ – wozu die Stimme der Schauspielerin Lisa Pancrazi den Text rezitiert, in der gleichen reinen Sprachmelodie, die ich am Mittag noch aus Ortensias Mund vernommen hatte.

Über viele, in Kurven eingeschwungene Brücken und durch spärlich erleuchtete Tunnels glitt mein Wagen allmählich hinab in die Toskana. Aus den Tälern stieg die Kühle, am erblassenden Himmel erschien der Mond. Das ist die Stunde, die in Italien einem Autofahrer mit Sinn für Schönheit am gefährlichsten wird. Die Gebirge nehmen den Purpur der späten Sonne an, schwarz stehen auf den Hügeln die Alleen der Zypressen vor unbekannten Schlössern, ein balsamischer Hauch strömt herüber aus fernen Gärten – und der Abendstern verheißt die Gunst der Venus für die steigende Nacht.

Dies alles reicht durchaus hin, um das Auge mit Bildern der Phantasie zu füllen und eine Sekunde zu lange von der Fahrspur abzulenken. Sie können sicher sein: In diesem Augenblick wird Sie mit 170 Stundenkilometern im chromstarrenden Luxusauto ein Verrückter bei einem Seitenabstand von nur fünf bis sieben Zentimetern überholen. Ich selber hatte diesmal Glück gehabt, denn ich hatte den Playboy im Rückspiegel kommen sehen, da er – ungleich vielen Italienern – in der Kurve heftig blinkte. Aber der Wagen vor mir, mit einem Florentiner als Fahrer in Begleitung von zwei Damen, hatte soeben zum Überholen angesetzt und geriet nun bei dem irrsinnigen Gehupe des Luxusfahrers fast ins Schleudern. Dennoch war ich überzeugt, es werde in dem Florentiner Wagen bei einigen kräftigen, für den anderen ja nicht hörbaren Schimpfworten bleiben – und ich hätte wohl recht behalten, wenn nicht die Beifahrerin des Playboys, ein leopardumhülltes, lackschwarzes Kätzchen, ihre Finger zu einer Geste formiert hätte, die unverzeihlich ist. Die Anmaßung des Florentiners, ihren Freund am Überholen zu hindern, schien ihr groß genug, um das Schicksal selbst rächend zu beschwören. So versteckte sie den Daumen ihrer rechten Hand unter Mittel- und Ringfinger und spreizte Zeigefinger und kleinen Finger weit ausgestreckt gegen den Florentiner. Auf italienisch nennt man diese Geste ›Le corna‹ – die ›Hörner‹.

Probieren Sie's doch einmal selbst: Sie krümmen Mittel- und Ringfinger zur Innenfläche Ihrer Hand und verstecken darunter den Daumen. Den Zeige- und den kleinen Finger dagegen strecken Sie weit gespreizt aus. Nicht für Sie selbst, aber für jeden, der von gegenüber auf Ihre Hand sieht, kann das so entstandene Gebilde eine symbolische Ähnlichkeit mit einem Stierkopf haben, wenn man die gespreizten Finger als die Hörner nimmt.

Schon bei der italischen Urbevölkerung war dies eine Geste der Abwehr gegen drohendes Unheil. Mit der Zeit wurde daraus aber noch mehr: Eine Art Abkürzung für den bösen Wunsch, derjenige, gegen den sich diese Hörner richten, möge selber Hörner aufgesetzt bekommen. Wer das Wort ›Cornuto‹ – ›Gehörnter Laffe‹ nicht sagen will, fügt seine Finger zu dieser Geste. Kein Italiener läßt sich das gefallen. Man kann ihn einen Trottel schimpfen, aber man kann nicht öffentlich bezeugen, er sei in der Liebe ein solcher Tropf, daß seine Frau oder seine Geliebte das Bedürfnis hätten, ihm Hörner aufzusetzen. Mit anderen Worten: Solange jemand an der Intelligenz eines Italieners zweifelt, kann es hingenommen werden, wird aber seine Potenz bestritten, dann bedarf das der unmittelbaren Rache. Die ›Corna‹, die das gelackte Kätzchen im Luxusauto dem Florentiner gemacht hatte, mußten sofort geahndet werden – also trat der Florentiner aufs Gas, wechselte auf die linke Fahrbahn und jagte den Playboy. Ich hütete mich, mitzumachen, malte mir aber aus, wie lange es dauern könnte, bis der Beleidiger gestoppt war (auch der Florentiner fuhr nicht gerade einen schwachen Wagen), und was dann wohl geschehen würde.

35 Kilometer später leuchtete das Schild einer Tankstelle. Ich brauchte Benzin, scherte also aus und fand – Sie werden verstehen, daß mir das Wasser im Mund zusammenlief – die Wagen des Playboys und des Florentiners nebeneinanderstehen und beide Herren in wildem Disput. Da ich die Auseinandersetzung in dem Tempo, in dem sie stattfand, unmöglich wiedergeben kann, beschränke ich mich auf einige der genußreich verwendeten Kraftausdrücke. ›Rimbambito‹ – das kommt von ›Bambino‹, das Kind, wobei die Vorsilbe ›ri‹ den Zustand der Rückentwicklung andeutet – ›Rimbambito‹ also: Du hast ja Glück, wenn Dein Verstand mit dem eines Vierjährigen konkurrieren kann. ›Rincretinito‹ – ›cretino‹ ist

der geistesschwache Mensch, der Kretin; ›ri‹ bedeutet zurück – also: Du wirst jeden Tag blöder, aber heute bist Du schon wie nächste Woche. ›Imbecille‹ – Schwachsinniger; ›nato disgraziato‹ – ein Unstern hat Dich gezeugt; ›va mori ammazzato‹ (der Playboy ist offenbar ein Römer) – geh und laß Dich umbringen (in früherer Zeit natürlich von einem gedungenen Mörder). Und dann wird's schlimm: Die ganz miesen Vorfahren Deiner Vorfahren – zu ergänzen: waren schuld, daß Du ein solcher Trottel geworden bist!

Kein Zweifel – geschichts- und traditionsbewußt ist dieses Volk auch dann noch, wenn es in den höchsten Tönen schimpft. Die Kanonade war offenbar schon eine Zeitlang hin- und hergegangen – wobei die Damen stumm und erregt im Wagen sitzengeblieben waren. Nun hatten die Herren ihr Pulver verschossen – schließlich war ja auch nichts passiert – also machte man eine leichte diplomatische Schwenkung und war fünf Minuten später dabei, Vor- und Nachteile der gegenseitigen Autos auszutauschen. Als mein Wagen versorgt war, sah ich die beiden Seite an Seite zur Bar streben, um den in solchen Fällen obligaten Versöhnungskaffee zu nehmen. Und ich bin sicher, daß sie sich getrennt haben in der Stimmung, die aus einem beliebten Canzone spricht: »Ciao, amico, ciao!«

Ich war gerade an der Nordstation von Florenz vorübergekommen, da sagte der Nachrichtensprecher, die Direktion des ›Maggio musicale Fiorentino‹ – der großen Florentiner Maifestspiele – mache sich das Vergnügen – »ha il piacere« – dem Publikum bekannt zu geben, daß die gestern ausgefallene Oper ›Orfeo ed Euridice‹ von Peri heute abends in den Boboli-Gärten hinter dem Palazzo Pitti in Szene gehen werde, wozu noch Karten verfügbar seien. Inszenierung: Zeffirelli.

Ich hatte die Aufführung im Jahr zuvor gesehen und vor allem das Schlußbild noch deutlich vor Augen, in dem der Regisseur aus den hohen Bosketts den Triumphzug der Venus hervorgezaubert hatte, mit ganzen Scharen von Amoretten, blütenbekränzten Mädchen und einem von schneeweißen Ochsen gezogenen Wagen, von dem herab die strahlende Göttin das wiedervereinte Paar zum Fest der Liebe einlud.

Mein Zeitplan war ohnehin nichts mehr wert – also spielte ich mit dem Gedanken, die Autostrada neuerdings zu verlassen. Denn was da in den Gärten des alten Medici-Palastes über die Bühne ging, war nicht irgendeine Oper, sondern die erste erhaltene Spur der Oper überhaupt, die – wie so vieles in Europa – der Stadt Florenz ihr Dasein verdankt. Dort hatte nämlich vor fast vierhundert Jahren ein Kreis gebildeter Männer sich die Frage vorgelegt, wie man eigentlich die Schauspiele der alten Griechen und Römer richtig aufführen sollte, ohne die Musik zu kennen, die sie dazu gemacht hatten. Ein kühnes Mitglied dieses Kreises, der Komponist Jacopo Peri, schlug einen Rekonstruktionsversuch vor: Man solle, sagte er, die Figuren auf der Bühne anstatt sprechen einfach singen lassen, wodurch sie in den Stand gesetzt würden, das Leben ihrer Gefühle über die Grenzen der Sprache hinaus kundzutun. Peri machte einen ersten Versuch, der verloren ging. Der zweite ist erhalten und hat die Fabel des Sängers Orpheus zum Stoff, dem es gelang, seine verstorbene Gattin Eurydike der Unterwelt wieder zu entreißen, allein durch die Macht seines Gesanges.

Für ein der menschlichen Stimme so hingegebenes Volk wie die Italiener war das ein faszinierender Gedanke. In allen Opernhäusern ertönen heute noch Werke, die ihre gemeinsame Wurzel in dem Versuch von Peri haben.

Ich näherte mich der Ausfahrt Firenze-Certosa, von der aus man den Palazzo Pitti und die Boboli-Gärten in einer Viertelstunde erreichen kann. Sollte ich? Nein. Schließlich kann der Mensch nicht jeder Versuchung nachgeben. Wenn ich zügig weiterfuhr, konnte ich in zweieinhalb Stunden am Stadtrand von Rom sein. Und so befahl ich mir, sehr heroisch, bescheiden zu sein und den Auszug aus dem Schlußbild der versäumten Vorstellung, den man im Anschluß an die Nachrichten brachte, als Trost zu nehmen.

Die südliche Toskana mit ihren Hügeln zog an mir vorbei, der Ärger mit den aufgeblendet fahrenden Autos auf der Gegenfahrbahn begann, und nach einiger Zeit belästigte mich auch noch ein Wagen, der hinter mir fuhr. Ununterbrochen blinkte er mich an, schließlich hörte ich auch noch ein wütendes Hupen und hatte natürlich sofort ein schlechtes Gewissen. Hatte ich etwas falsch gemacht? War eine Tür nicht zu? Hatte ich den Blinker vergessen? Ich konnte nichts entdecken, und der Kerl

I

ENGELSBURG

Lavierte Federzeichnung von
Marianne von Werther
im Besitz der
Künstlerin

hörte nicht auf. Ich verminderte das Tempo in der Hoffnung, er würde mich dann überholen. Keineswegs – er blinkte und hupte weiter wie ein Narr. Schließlich fuhr ich auf den Parkstreifen und hielt.

Dem Wagen hinter mir entstieg ein lachender und winkender blonder Mann – mein Freund Conrad Klemm, Soloflötist im Orchester von Santa Cecilia in Rom. Er war mit drei anderen Kollegen auf der Heimfahrt von einer Konzertreise und hatte mein Auto erkannt.

»Hast Du einen Fernseh-Apparat?«

»Blöde Frage.«

»Na ja, sowas gibts doch jetzt schon fürs Auto.«

»Nicht bei mir. Aber kannst Du mir erklären, warum wir hier auf der Autostrada plötzlich fernsehen sollen?«

»Du hast aber auch wieder alles vergessen! Heute abend ist doch ›Lucia di Lammermoor‹ und da spiele ich die Soloflöte. Du wolltest sie Dir doch ansehen und mir Deine Meinung dazu sagen, denn ich wußte ja schon, daß ich zu spät kommen würde!«

Wenn der Mensch von seinem Geschick eine Oper verpaßt kriegen soll, entgeht er ihr nicht! Wir beschlossen also, zur nächsten Tankstelle zu fahren und in der Bar wenigstens ein Stück von Donizettis Meisterwerk anzusehen. Aber so einfach war das gar nicht. Die Tankstelle hatte zwar geöffnet, aber in der Bar brannte kein Licht.

»Was ist los?«, fragte ich den Tankwart.

»Sciopero«, sagte er, »Streik.«

Daran ist man in Italien gewöhnt. Manchmal streiken sie von Provinz zu Provinz verschieden – und wir waren inzwischen von der Toskana nach Lazio gelangt.

»Gibt es in der Nähe eine Kneipe?«

»Certo«, sagte der Tankwart, »ma non è un gran che« – »Sicher, aber toll ist sie nicht!«

Wir fanden sie vierhundert Meter landeinwärts, von Weingerank umgeben. Das Schild zeigte, daß der Besitzer ein Poet war: ›Osteria del tempo perso – Schenke zur verlorenen Zeit‹. Das Gastzimmer war gerammelt voller Leute. In der Mitte zwischen den Tischen stand ein Mann mit verschmitztem Gesicht voller Falten, der mit rauchiger Stimme Geschichten erzählte.

Es war Fiorenzo Fiorentini, einer der letzten großen Volkssänger der römischen Campagna, der hin und wieder mit seinen Freunden aufs Land zieht, den Leuten ›Barzellette‹ und ›Storielle‹ erzählt, Witze und Anekdoten, dazwischen ein Sonett von Belli rezitiert, dem größten Dichter des römischen Dialekts, auch zu singen beginnt und dafür schließlich von den Bauern unendliche Geschichten wiedererzählt bekommt. Er war gerade dabei, zu erklären, was eine Ragazza tun muß, damit der ›Fritto‹, der im Liebesfeuer bratende Galan, ihr treu bleibt.

Ich hätte gerne noch länger zugehört, aber mein Freund wollte sich partout selber im Fernsehen hören. Skeptisch fragte ich den Wirt nach einem ›Televisore‹.

»Natürlich haben wir einen, kommen Sie mit.«

Er führte uns in den rückwärtigen Teil des Hauses – wo es allerdings nicht mehr nach ›Tempo perso‹, nach der verlorenen Zeit aussah. Ein mäßig großer Saal nahm uns auf, hübsch modern in Marmor gehalten und eisig kalt. Der Wirt schaltete das Gerät an und ließ uns allein.

»Ach«, sagte Klemm, »sie ist schon bei der großen Arie – wir sind gerade noch recht gekommen.«

Ich öffnete das Fenster und warf einen Blick hinaus in das Tal. Die Wasser des Tiber glänzten im Mondlicht. Das alte Latium, dachte ich, ein Land ohne Zeit. Auf dem Bildschirm stürzte sich Anna Moffo, von Klemms Flöte begleitet, in die letzte Phase des Wahnsinns.

Es war schon weit nach Mitternacht, als wir Latiums Berge verließen und in die große Ebene von Rom hinunterkamen. Für eine Strecke, die normalerweise in fünf Stunden zu bewältigen war, hatte ich vierzehn gebraucht. Ich wünsche jedem auf der Autostrada wirklich keine Panne, dafür aber umso mehr, daß er sich immer wieder zu der Freiheit entschließe, aus dem Sog dieser mit soviel Eleganz gezogenen Fahrbahnen auszubrechen. Italien ist so reich an besonderen Menschen, an Kunst und an Tafelfreuden, daß es nicht einen Vorteil, sondern ein Versäumnis bedeutet, wenn wir seine Landschaften wie einen Film an uns vorübergleiten lassen. Wir sind in unserem Alltag genügend eingequetscht in die programmierten Wege der Zivilisation – warum also sollen wir ein Land, in dem so viele von uns ihre Ferien verbringen, durchrasen bis zum Urlaubsziel, als ob es eine Ungerechtigkeit wäre, daß das Mittelmeer nicht dort beginnt, wo die Randviertel unserer Großstädte enden?

Der Wirt von der ›Schenke zur verlorenen Zeit‹ hatte gerade einen neuen Fiasco des goldgelben Campagna-Weines in der Hand, als ich ihm sagte, wir könnten nicht mehr trinken, wir müßten zurück in die Stadt.

»In città?«, sagte er, »poveretti – Ihr Armen. Nehmt Euch den Wein mit. Er wird Euch daran erinnern, wie gut unsere Erde ist – che la nostra terra è buona.«

Ähnliches hat wohl auch Domenico Modugno, der letzte Troubadour Italiens empfunden, als er seinen Canzone ›Un calcio alla città‹ schrieb. »Mich haben sie am Schreibtisch in Ketten gelegt – aber heute paßt es mir nicht, meine Lunge hat keine Lust auf Air condition, ich brauch was Grünes, komm Schatz, komm mit mir, den Amtsvorsteher, den lassen wir heut' allein da oben sitzen, die Campagna wartet, die Margeriten blühn, ich möchte der ganzen Stadt einen Fußtritt versetzen – und der Amtsvorsteher, der soll allein da oben sitzen.«

Ich fürchte, wir alle haben solche Amtsvorsteher – in uns selber. Ihnen zu entwischen, ist in Italien ein besonders Vergnügen. Erst wenn wir die Autobahn verlassen, werden wir den tieferen Grund verstehen, warum den Italienern der Name eingefallen ist: Autostrada del Sole.

›Preludio‹

ROM UND DIE RÖMER

Wenn es nicht gerade regnet, ist um die Mittagszeit die Terrasse des Pincio-Hügels in Rom voll von Menschen. Die wenigsten von ihnen sind Fußgänger. Man kommt mit der Macchina, mit dem Auto hier an, hupt ein bißchen herum, zwängt sich haarscharf in eine Lücke im Parkplatz und bleibt im Wagen sitzen, ohne die erhabene Aussicht, die man von hier aus auf die Kuppel des Michelangelo hat, auch nur einen Augenblick zu beachten. Kein Mensch versteht, warum die Leute überhaupt herkommen – ihren Aperitif könnten sie ja gerade so gut woanders trinken. Das Wesentliche und Einmalige dieses piniengesäumten Platzes ist eben seine Lage über den Dächern Roms, der freie Blick, den man über die zirkusartig gerundete Fläche der Piazza del Popolo und über den Tiber hinweg bis zum Vatikan hat – und die Römer tun so, als ginge sie das alles gar nichts an. Wenn sie schon aus ihren Fahrzeugen aussteigen und sich an die Geländerbrüstung stellen, dann sicher mit dem Rücken zu der sonnenüberglänzten Schauseite der Stadt – als wollten sie damit besonders demonstrieren, wie unabhängig und gleichgültig sie gegenüber den Dingen sind, die ihre Stadt dem Rest der Menschheit teuer machen.

Man kann nicht ohne weiteres erkennen, welche psychologischen Gründe hinter diesem merkwürdigen Verhalten stecken. Der Fremde fragt sich mit Recht, was für eine eigenartige Teilnahmslosigkeit gegenüber Rom die Menschen zur Schau tragen, denen die Stadt nicht ein ersehntes Reiseziel und ein geistiger Mittelpunkt, sondern einfach Vaterstadt, Heimat ist. Es tritt da ein Charakterzug im römischen Volk zu Tage, den man durch Besichtigung allein nicht ergründen kann: Wie sieht der Römer Rom?

Wenn die großen, blankgeputzten Nickelautobusse der römischen Reisebüros mit Dolmetscher und Mikrophon durch die engen Altstadtgassen fahren, um den eiligen Reisenden in einem Tag – oder gar nur in einem Vormittag – die Stadt vorzuführen, ohne daß die Fahrgäste auch nur einen Fuß auf das römische Pflaster zu setzen brauchen, dann kann man manchmal von einem alten Portier, der sich im Rahmen seines Palastportals sonnt, die Worte hören: »... poveri diavoli – arme Teufel.« Damit meint er, daß sie überhaupt nichts sehen – sie haben keine Ahnung, was das ist, la nostra Roma, und sie werden Gott sei Dank auch nie eine haben.

Und wenn man ihn dann frägt, ja was ist denn eure Roma nun eigentlich – dann fängt er vielleicht an, einem die eine oder andere Geschichte zu erzählen, und in diesen Erzählungen kommen immer wieder große Monumente vor, Kunstwerke, Denkmäler, berühmte Plätze – aber weder deren künstlerischer Wert noch ihre Vergangenheit sind dem Römer interessant.

Da ist zum Beispiel die Reiterstatue des Kaisers Marc Aurel auf dem Kapitol. Der Fremdenführer im Autobus erklärt, wenn er sehr gründlich ist, daß es sich hier um das einzige vollständig erhaltene Reiterstandbild der

Antike handle, daß das Denkmal seinen unbeschädigten Bestand einer Verwechslung mit dem christlichen Kaiser Konstantin verdanke, und daß im dreizehnten Jahrhundert der Revolutionär Cola di Rienzi zur Feier seines Sieges Wein aus den Nüstern des Pferdes springen ließ. Der alte, filzbeschuhte Portier dagegen wird erzählen, daß das einzig Wichtige an dem Standbild die deutlichen Reste von Gold am Leib des Pferdes seien. Die werden nämlich jedes Jahr eine winzige Spur größer, und wenn einmal Roß und Reiter vollständig golden geworden sind, dann bricht der Jüngste Tag an.

Der Portier wird wahrscheinlich auch nichts von Bernini oder von Michelangelo wissen, aber er wird in Sankt Peter etwas kennen, was für den ersten Moment gar nicht auffällt. Der Papstaltar, über dem Grab des Apostels Petrus wird bekanntlich von einem riesigen Baldachin überdeckt, den Bernini im 17. Jahrhundert aus dem Metall zahlreicher Kanonen und den Erzrosetten des Pantheon gegossen hat. Die vier gewundenen Säulen dieses Baldachins ruhen auf massiven Marmorsockeln, deren jeder an seinen Schauseiten das Wappen des Papstes Urban VIII. trägt, des Bauherrn Berninis. Diese Wappen sind sehr merkwürdig.

Die Stiftung des Altares, so erzählen sich die Römer, hatte einen konkreten Anlaß. Eine Nichte des Papstes, die ihm nahestand, war während der Schwangerschaft gefährdet. Ihr Zustand verschlimmerte sich sehr, so daß wenig Hoffnung bestand, Mutter und Kind zu retten. In seinem Schmerz gelobte der Papst die Stiftung, und wider Erwarten verlief die Geburt glücklich.

Bernini, der den Auftrag für den Altar bekam, hat sich die Geschichte nicht entgehen lassen. Die soeben erwähnten Wappen tragen nicht nur die drei Bienen, die Wappentiere des Papstes, im Felde, sondern darüber, unmittelbar unter dem Kreuzungspunkt der beiden Schlüssel Petri, einen Frauenkopf. Kopf und Wappenschild zusammen ergeben deutlich erkennbar die Formen eines Frauenleibes, der sich von Wappen zu Wappen verändert. In neun verschiedenen Phasen ist hier das Fortschreiten einer schweren Schwangerschaft bis zur Geburt symbolisiert – das Gesicht der Frau ist zuerst noch ganz heiter, der Leib ist glatt, dann schwillt er an, das Gesicht verzerrt sich, die Wehen beginnen, und als Zeichen der glücklich erfolgten Geburt erscheint zum Schluß über dem wieder glatten Wappenleib der Kopf eines blühenden pausbäckigen Kindes. Seitdem dieser Altar existiert, gilt es als besonders heilbringend für schwangere Frauen, den Apostel Petrus an seinem Grab um eine glückliche Geburt anzurufen.

Für nördliches Empfinden mag es fast vermessen erscheinen, den ehrwürdigsten Ort der Ewigen Stadt mit der höchst realistischen Darstellung einer Geburt geschmückt zu wissen. Für die Römer ist es eine Selbstverständlichkeit – ihnen sind die Dinge ihres irdisch-weltlichen Lebens ganz natürlich mit den Inhalten ihrer Religion verbunden, und sie hätten für eine Kritik an dieser Auffassung nur geringes Verständnis. Sie bringen ohne Bedenken ihren ganzen Alltag mit in die Kirche; niemals wird man es erleben, daß ein Römer eine Kirche seiner Stadt betritt, um ein Kunstwerk zu betrachten.

Aber um sich mit einer Dame zu treffen, um vor dem Platzregen zu fliehen, um ein geheimes Geschäft zu besprechen, um vor der Hitze Schutz zu suchen, oder um einem Heiligen eine Kerze anzuzünden, weil man es gerade ziemlich nötig hat, dazu geht man in die Kirche. Sie ist nicht ein Ort, wo das Leben still wird, nicht ein Ort der Konzentration, sondern ein Schauplatz des Alltags, der anderen Schauplätzen gegenüber den Vorrang hat, durch die geheimnisvolle Gegenwart eines alles verstehenden und verzeihenden Gottes ausgezeichnet zu sein – eines Gottes übrigens, dem gegenüber sich die Römer ein wenig als das auserwählte Volk fühlen.

Der Portier wird darüberhinaus auch nichts vom Forum Romanum wissen, aber er wird den Drachen kennen, der dort unter den drei Säulen des Castor-und-Pollux-Tempels begraben liegt. Noch vor fünfzig Jahren wurde dieser Ort von den Römern gemieden, weil man glaubte, die Luft sei dort verpestet, wenngleich der Drache selber schon lange dahin war. Im Altertum hatte er vielen Menschen mit seinem Gifthauch den Tod gebracht, und die Legende erzählt von der unerschrockenen Tat des Papstes Silvester, der unter Zurücklassung seines Gefolges, sich mit dem Kreuz in der Hand allein an den Abgrund gewagt habe und den Drachen durch die Kraft seines Gebetes besiegte – das Untier, so erzählen die Römer, sei beim Anblick des Papstes gelähmt vor seiner Höhle liegengeblieben, und man habe es mit einem dünnen, langen Seidenfaden fesseln und dann töten können. Unter den drei hochragenden korinthischen Säulen des Dioskurentempels sei dann der riesige Leib begraben worden. Zum Dank für die Hilfe des Himmels errichtete der Papst an dieser Stelle eine Kirche, die den Titel Santa Maria Liberatrice – Zur Heiligen Maria, der Befreierin – bekam und die noch bis zum Ende des vorigen Jahrhunderts bestand. Später, als das Forum ausgegraben wurde, riß man sie ab und entdeckte dabei auch die versumpfte Juturna-Quelle, die wahrscheinlich eine Brutstätte der Malariamücken war und so als Ursache der römischen Volksmeinung von der verpesteten Luft an dieser Stelle gelten kann.

Solche Legenden, in denen ein Papst mit seiner besonderen geistlichen Macht das römische Volk von irgendeinem Übel befreit, werden heute noch in den Quartieri popolari von alten Leuten häufig erzählt. Eine besondere Rolle spielt darin oftmals der Kaiser Nero, um dessen Grab es nie ganz ruhig wurde.

Nach einer Überlieferung liegt dieses Grab am Fuße des Pincio-Hügels, in der Nähe der Stelle, wo heute die Kirche Santa Maria del Popolo steht. Da gibt es in der Aurelianischen Stadtmauer, die in einer großen Doppelkurve von der Höhe herunterkommt, eine uralte Bresche. Man weiß, daß sie schon zu der Zeit bestand, als die Goten im 6. Jahrhundert die Stadt belagerten. Rom wurde damals von dem byzantinischen Feldherrn Belisar verteidigt, der die ausgedehnte Stadtmauer überall neu befestigen ließ, mit Ausnahme eben der einen beschriebenen Bresche. Es scheint kaum glaublich, ist aber verbürgt, daß die Goten während der ganzen Zeit ihres Sturmes auf Rom niemals den Versuch machten, über diese offensichtlich schwache und eingefallene Stelle der Mauer in die Stadt einzudringen. Sankt Peter, so hieß es, habe selbst versprochen, den Ort gegen jeden Angriff zu verteidigen. Es ist zwar nicht ganz klar, warum ausgerechnet ein Platz, der dem großen Christenfeind Nero zur letzten Ruhestätte diente, den besonderen Schutz des Apostelfürsten genießen sollte – aber die Legende liebt es, Gegensätze zu vereinen.

Jedenfalls hatte der Ort immer eine merkwürdige Atmosphäre, die noch verstärkt wurde, seitdem man begann, hier die Gräber für die Selbstmörder und die ohne Absolution gestorbenen Todsünder anzulegen. Und seit vielen hundert Jahren glaubt der Popolo romano daran, daß Teufel und Dämonen hier umgehen. Im Mittelalter soll es einmal so toll gewesen sein, daß sich das Volk an den Papst Paschalis II. wandte und um sein Eingreifen gegen den Spuk gebeten hat. Der Papst ordnete ein dreitägiges Fasten an, zog sich selbst in die Einsamkeit zurück und wurde von der Heiligen Jungfrau aufgefordert, den Nußbaum zu fällen, der Neros Grab kennzeichnete. In großer Prozession begab man sich zu der Stelle, grub den Baum und die Gebeine des kaiserlichen Selbstmörders aus, verbrannte alles und streute die Asche in den Tiber. Und heute noch ist in der Kirche Santa Maria del Popolo auf einem Relief zu sehen, wie der Papst den ersten Axthieb gegen den Nußbaum führt – und auf der Darstellung erscheint in prächtiger Uniform neben dem päpstlichen Gefolge auch die Schweizergarde, die erst vierhundert Jahre später ins Leben gerufen wurde!

So sind die heidnischen Geister in Rom vielfach noch

lebendig, sie gaben Anlaß zu vielen Kirchengründungen, und manchmal drangen sie sogar bis in die Vorhallen der Gotteshäuser selbst ein – wie das Beispiel der Bocca della Verità zeigt, jenes furchterregenden Tritonengesichts, das in der Eingangshalle der Kirche Santa Maria in Cosmedin zu sehen ist.

Wahrscheinlich ist diese Kirche auf den Grundfesten eines uralten heidnischen Heiligtumes erbaut, unter dessen Trümmern man irgendwann einmal eine fast mannshohe Marmorscheibe gefunden hat. Die Fläche dieser Scheibe ist bedeckt mit einem Relief, das die Gesichtszüge eines wilden, finster drohenden Riesen zeigt, mit einem offenen Mund in der Mitte der Scheibe. Hier hinein ließ man im Mittelalter die Lügner und Heuchler ihre Hand stecken – und nach der Sage schnappte der Mund jedesmal zu, wenn einer nicht die Wahrheit gesagt hatte. Möglicherweise hat man in jenen rauhen Zeiten mitunter auch etwas nachgeholfen, indem man bei besonders krassen Fällen hinter der Marmorscheibe einen Häscher mit einem scharfen Schwert versteckte. Aber auch heute noch bringen die römischen Mütter ihre Kinder, die zu lügen pflegen, hierher und lassen sich nur durch viele Tränen und Versprechungen davon abhalten, das Funktionieren des Wahrheitsmundes auszuprobieren.

Überhaupt spielt der Aberglaube in Rom eine ungeheuere Rolle. Ganz abgesehen davon, daß es in den volkreichen Quartieren der Altstadt und in dem berühmten Viertel Trastevere noch eine ganze Menge gewerblich tätiger Hexen gibt, die Liebestränke brauen und Leuten den bösen Blick anhängen – ganz abgesehen von den zahlreichen Wörtern in der Sprache der Römer, die man nicht aussprechen darf, ohne gewisse vorbeugende Zeremonien zu vollziehen – ein echter Römer getraut sich nicht einmal, eine Straßenecke abzuschneiden. In den Geschäftsstraßen Roms gibt es an besonders verkehrsreichen Kreuzungen moderne Passagen, die das Haus diagonal anschneiden und die mit zumeist verlockenden Schaufenstern ausgestattet sind. Aber nur die Fremden schneiden die Ecken ab und gehen durch diese Passagen, denn es bringt Unglück, ein Hauseck nicht auszugehen. Lieber riskiert man, im Verkehr ernsthaft gefährdet zu sein.

Wenn man in eine Bar kommt, oder in einen Tabakladen oder in ein Schreibwarengeschäft, aber auch im Handschuhladen oder im Kaufhaus sieht man oft ein kleines gewundenes rotes Ding aus Koralle oder aus Werkstoff ausgestellt, für das man sich keine nützliche Verwendung denken kann. Es ist ein ›Corno‹ – ein Horn, das Horn eines Rindes, der größte Unheilabwender, den die Römer kennen – zurückgehend auf heidnische Traditionen.

Die Dame der ersten Gesellschaft trägt dieses Horn ebenso am Armband, wie das Ladenmädchen, der Bankbeamte hat es in seinem Auto baumeln, der Reisende trägt es am Koffer mit, der Kellner an der Zahlbörse, die Wirtin an der Kasse. Ein ›Corno‹, das ist vor allem Schutz gegen die vielfachen Gefahren, von denen sich die Römer bedroht glauben, Schutz gegen Ärger, gegen Zorn, gegen Erregtheit – Dinge, die in Italien als viel gesundheitsschädlicher betrachtet werden als bei uns. (Wenn man einem Römer erzählt, man habe sich über irgendetwas aufgeregt, so entschuldigt er sich, obwohl er gar nichts dafür kann und sagt, es tue ihm wahnsinnig leid – nur damit man sich gleich wieder beruhigt –, denn Aufregung schadet dem Fegato, der Leber, und diesem Organ gelten die zentralen Gesundheitssorgen jedes Italieners.) Um sich nicht aufzuregen oder um dem Schicksal für künftige Ärgernisse rechtzeitig in den Arm zu fallen, macht man auch die ›Corna‹.

Diese ›Hörnermanie‹ findet ihren Höhepunkt an dem Fest des heiligen Johannes, das im Quartier des Lateran jedes Jahr am 23. Juni mit einem unglaublichen Krach, mit Feuerwerk und Tanz auf der Straße gefeiert wird. Bei diesem Fest verzehren die Römer Schnecken in großer Zahl, und man sagt, daß sie es deshalb tun, weil die Schnecken Hörner haben. Sie sind – merkwürdigerweise – in Rom das Symbol des Streites, und deshalb setzen sich am Johannestag die Mitglieder der Familie alle an einen Tisch und bekräftigen mit dem Schneckenessen die meist nicht sehr lang andauernde Absicht, die Gegenstände künftigen Streites genau so energisch zu vertilgen, wie die bruzzelnden Leckerbissen. Erhaben steht über dem Gewimmel des San-Giovanni-Festes die figurengeschmückte Front der Patriarchal-Basilika des heiligen Johannes im Lateran, der die Römer nur an ihrem Festtag eine mit Aberglauben untermischte Beachtung schenken.

Unter den berühmten Monumenten der Stadt Rom nimmt in der Phantasie des römischen Volkes natürlich auch das Kolosseum einen besonderen Platz ein. Es gibt zahlreiche Römer, die es nur von außen kennen, weil der eigentliche Antrieb zu genauerer Betrachtung fehlt. Für den Pilger, der von außerhalb kommt, ist das alte Flavische Amphitheater ehrwürdig, weil es zur Zeit der frühen Christen eine Stätte des Martyriums war. Für den historisch oder kunstgeschichtlich interessierten Fremden ist es ein Denkmal römischer Baukunst und ein Zeugnis imperialer Macht und raffinierter Organisation in der antiken Kultur. Für den Römer ist es einfach ein Monument der Dauerhaftigkeit, ein Zeichen der Beständigkeit des römischen Geschickes, und obwohl er keinerlei Ehrfurcht oder Respekt darauf verschwendet, bildet dieser ungeheuere Steinkrater im Popolo romano doch eine Art Ewigkeitsbewußtsein heraus.

Bekanntlich zeigen die Außenwände des Kolosseums zahllose Löcher, deren Herkunft man etwas mangelhaft damit erklärt, daß sie bei der Errichtung des Bauwerks als Stützlöcher für die Gerüstbalken gedient hätten. Die Römer, denen die Archäologie nichts bedeutet, haben sich die Sache anders zurechtgelegt. Ein Fremdenführer erzählte mir einmal ganz ernsthaft, daß diese Löcher aus der Zeit stammen, in der Rom von den Barbaren überfallen worden sei. Er sagte nicht näher, was er sich unter den Barbaren vorstellte, aber jedenfalls sei sicher, daß sie sogleich nach ihrem Einzug in die Stadt beschlossen hätten, das Kolosseum in die Luft zu sprengen. Und dazu hätten sie alle diese Löcher gebohrt, nur sei – wie ja ganz natürlich – das Kolosseum eben nicht in die Luft gegangen, es sei ja viel stärker als alles Pulver.

Auch das einzige noch vollständig erhaltene Gebäude des antiken Rom, das Pantheon, hat für die Römer seine Bedeutung – und wieder ist es nicht die geschichtliche und nicht die künstlerische, sondern eine fast magische. Das Pantheon ist die große Heimat der römischen Katzen. In den Kellern und in den Gräben, die den alten Tempel des Marcus Agrippa umgeben, haust ein Volk von Katzen, das von den Römern beinahe für heilig gehalten wird. Ein Römer, den ich einmal fragte, warum denn gerade die Katzen in Rom eine solche Liebe fänden, antwortete mir mit folgendem Argument: »Haben Sie schon einmal versucht, eine Katze zu dressieren? Eine Katze zur Dankbarkeit, zur Anhänglichkeit, zur Tugendhaftigkeit zu erziehen? Einer Katze beizubringen, daß sie etwas nicht tun darf, was sie absolut tun will? Sie werden kläglich scheitern. Und haben Sie jemals versucht, einen Römer ähnlich zu behandeln? Es ist unmöglich. Römer und Katzen haben den gleichen Charakter – sie lieben eines vor allem: Unabhängigkeit, sie geben jede Moral preis, wenn es darum geht, das Recht auf persönliche Freiheit zu verteidigen.«

Römer und Katzen sind keineswegs falsch oder heimtückisch oder hinterlistig, solange man ihnen den Raum gönnt, den sie brauchen, um sich in die Sonne legen zu können. Wer aber kommt und diktiert, jetzt wird gearbeitet, und jetzt wird organisiert und jetzt wird Ordnung gehalten, der ist verraten. Unter Katzen ist eine Diktatur undenkbar, unter Römern ist sie – wie die Geschichte zeigt – gänzlich erfolglos. Und noch eins: Römer und Katzen lieben die Faulheit. Die göttliche

Faulheit, nichts, aber wirklich nichts tun zu müssen, da zu sein, auf warmen Stufen zu sitzen, zu flirten, und nebenbei möglichst einen zu finden, der für die nächste Mahlzeit die Sorge übernimmt – das ist das Ideal, das den Römer mit dem Gatto verbindet. Wenn man in Rom ins Kino geht und einen elend langweiligen Film zu sehen bekommt, bemerkt man, wie die Leute sehr bald murren. Hatte aber der Regisseur des Films die glückliche Idee, im rechten Augenblick einen Gatto auf die Leinwand zu bringen, fängt alles zu lachen an, eine Welle von Sympathie geht durch die Leute, und gleich findet man den Film schöner. Die Hunde führen in Rom ein klägliches Dasein, die Katzen ein königliches. Keine staatliche Behörde für Denkmalpflege könnte es riskieren, die Katzen aus den Monumenten des alten Rom zu vertreiben, denen sie ihre besondere Vorliebe schenken. Und wenn ein Römer sich eigens dazu aufmacht, das Pantheon zu besuchen, so kann man ziemlich sicher sein, daß er es der Katzen wegen tut, und nicht, um die klassisch-vollkommene Architektur seiner Vorfahren zu bewundern.

Überall in Rom trifft man darauf, wie die Einwohner der Ewigen Stadt sich die Reste der Antike zu eigenem Gebrauch umgedeutet haben. Eines der berühmtesten Beispiele ist der ›Pasquino‹. Am spitzwinkeligen Schnittpunkt der beiden rückwärtigen Fronten des Palazzo Braschi unweit der Piazza Navona steht eine griechische Statue, ein Torso sehr edler Herkunft, den alle Welt ›Pasquino‹ nennt. Pasquino hatte nichts mit den Griechen zu tun – er war ein Schneider mit einer unglaublich losen Zunge, der noch dazu die Begabung hatte, seine

Bosheiten in die geschliffene Form von Epigrammen zu kleiden. Zu seinen Lebzeiten wagte niemand, ihn anzutasten, obwohl er angeblich seinen Witz des öfteren auch an der päpstlichen Obrigkeit gewetzt hatte. Als er aber tot war, hatten die gestrengen Behörden genug von ihm. Sein Haus wurde zerstört. Bei dieser Gelegenheit zeigte sich, daß ein vor der Eingangstür aus dem Boden ragender Stein das letzte Endchen einer Marmorstatue war – man grub sie aus, erkannte sie als ausgezeichnete Arbeit, setzte sie auf einen Sockel und stellte sie auf. Tags darauf hatte sie den Namen Pasquino. Und nicht nur der Name des Spötters blieb, auch die Epigramme hörten nicht auf. Man klebte sie des Nachts an die Statue, und am nächsten Tag las alle Welt die freimütigen Bosheiten, die das römische Volk den jeweiligen Maßnahmen seiner Regenten hinzuzufügen hatte. Als die Sache überhandnahm und auch noch eine zweite Statue, der Flußgott Marforio auf der Piazza Venezia, mit solchen nächtlichen Zetteln versehen wurde, beschloß man, das Standbild zu entfernen, aber der Dichter Torquato Tasso, den man um Rat gefragt hatte, widerriet: Man werde die Statue vernichten, aber nicht die Sache. Und so blieb den Römern über jene Jahrhunderte hinweg, in denen es keine Freiheit der Presse gab, der Pasquino als Ventil für ihren Ärger und als ständige Bestätigung ihrer inneren Unabhängigkeit.

Heute ist der Epigrammwechsel zwischen Pasquino und Marforio nicht mehr im Gange, heute erscheinen in Rom zwei Witzblätter, die in ihrer Schlagfertigkeit das Spottbedürfnis der Römer voll befriedigen. In einem von beiden erschien einmal ein auf einem wahren Vorfall beruhender Bericht. Neben dem Forum Romanum steht die mächtige Gedenksäule des Kaisers Trajan, über deren Schaft sich ein herrliches Reliefband mit den Darstellungen der Siege des Kaisers hinzieht. Eines Tages traf ein Römer dort einen überseeisch aussehenden Herrn an, der in die Betrachtung dieser Säule versunken schien. Die beiden kamen ins Gespräch und der Fremde äußerte den Wunsch, ein antikes Stück von möglichst respektablem Umfang zu erwerben. Der Römer witterte ein Geschäft. Er bot ihm kurzerhand an, ihm die Erlaubnis zu verschaffen, die Säule zu kaufen, verlangte eine Anzahlung und ging. Die Sache endete in der Prätur, vor dem Zivilgericht – wie so viele Dinge, über die sich Römer und Fremde nicht einigen können. Einem Fremden die Trajanssäule zu verkaufen, das ist nicht nur eine Eulenspiegelei, es ist zugleich ein Zeichen für die absolute Überlegenheit, die der Stadtrömer gegenüber allen Menschen fühlt, die keine Stadtrömer sind.

Wenn man sich das länger angesehen hat, fragt man sich, wie denn diese eigenartige Einstellung des Römers zu seiner Stadt zustande kam – man fragt sich, wie dieser Mangel an Respekt vor der Vergangenheit mit dem großartigen Repräsentationsstil zusammengeht, der in Rom geboren wurde, und noch immer lebendig ist. Wer einmal Santa Maria Maggiore im Lichterglanz gesehen hat, wer Sonntag für Sonntag die große Beleuchtung der Monumente betrachtet, dem fällt es immer schwerer, an die scheinbar so offensichtliche Gleichgültigkeit der Römer gegenüber Rom zu glauben.

Die Liebe dieser Menschen zur Stadt am Tiber ist ein Naturzustand, sie bedarf keiner besonderen Äußerungen, sie ist nicht lau, sie ist nur nicht mit Interesse gepaart. Wenn die Engelsburg ihren Flammenkranz trägt, kann man viele Hunderte von Römern am diesseitigen Tiberufer spazieren gehen sehen, hingerissen von dem Anblick. Wenn man aber hört was sie reden, so wird kaum einmal eine Bemerkung darunter sein, die sich auf das rotgelbe Lichtschauspiel über dem alten Hadrianskastell bezieht. Sie reden hauptsächlich von Geld. Wenn es indessen darauf ankommt, ihre Monumente, ihre Kirchen, ihre Kuppeln und ihre Plätze für eine große Sache in Szene zu setzen, so gibt es keine genialeren Regisseure. Nicht nur die Behörden, die Beleuchtung und Verlauf der römischen Feste zu regeln haben, beherrschen diese Kunst der Regie vollkommen, auch die kleinen Leute, die zu Ehren der Madonna oder zum Geburtstag der Stadt Rom oder zum Fest der Noiantri in Trastevere ein Fenster schmücken, ein Stockwerk beleuchten, einen Wirtsgarten dekorieren, – auch kleinere Leute haben ein unverwechselbares Talent, mit den alten Dingen dieser Stadt, mit Säulenstümpfen, Kirchenengeln, Torbögen, Brunnen und Statuentrümmern eine Szenerie zu schaffen, die an Charme und Großzügigkeit ihresgleichen nicht hat.

Man hat sich vielfach darüber geärgert, daß die Römer sich bei den feierlichsten Anlässen nicht würdig genug benehmen. Im Kirchenbesuch zeigt sich das ebenso, wie etwa bei dem Empfang zweier arabischer Prinzen auf dem Kapitol. Der Rahmen ist pompös, die Dimensionen sind gewaltig, die Kulisse hat den majestätischen Stil der römischen Tradition, herrlich die Farben, strahlend die Orden, bunt die Uniformen – und dann funktioniert das Mikrophon nicht, oder der Redner hat das Manuskript vergessen, oder ein Würdenträger kommt zu spät und man muß ihn begrüßen und alle müssen stundenlang warten, bis die Sache beginnt, oder das Licht geht aus. In solchen Fällen pflegen die Römer sich schrankenlos aufs Improvisieren zu verlassen – eine genaue, auf die Minute eingehaltene Organisation würde ihnen die Freude am Repräsentieren gänzlich verleiden. Niemals geht es bei einem großen Empfang in Rom steif zu, obwohl man auch nicht sagen kann, daß es besonders geistvoll zuginge.

Anspannung wird ängstlich vermieden – weder dem Geist noch dem Körper soll zuviel zugemutet werden. Allzu große Brillanz hat für den Römer ebensowenig Reiz wie allzu perfekte äußere Form. Ihm liegt auch in den Dingen der Öffentlichkeit daran, um seine eigene Person herum soviel Raum zu haben, daß er sich geben kann, wie es ihm behagt. Inmitten eines großartig entworfenen Rahmens benehmen sich die Römer ohne jede Förmlichkeit, und ihre warmherzige, von steifer Etikette weit entfernte Lebenseinstellung strahlt ein Wohlwollen aus, das in ihren Gästen aus aller Welt sofort eine Art Heimatgefühl in der Ewigen Stadt hervorruft. Darin vor allem zeigt sich die uralte Noblesse, die man den Römern geistlichen und weltlichen Standes zu Recht nachrühmt.

Von allen Tugenden, die seit der Antike mit dem Wesen des Civis Romanus, des römischen Bürgers, verbunden werden, tritt heute noch am meisten die Tugend des Maßes hervor – und wenn es etwas gibt, was Römer wirklich von Herzen verabscheuen können, dann ist es der Fanatismus. In ihrer Frömmigkeit, in ihren Reden, in ihren Gebärden, in der Liebe zu ihrer Stadt haben die Römer durch den Schliff der Geschichte eine menschliche Souveränität erworben, die sogar darauf verzichten kann, besonders geistreich zu sein, weil sie eine vollkommene Eleganz hervorbringt – die sich bei ihren Frauen und bei ihrer Musik in den reinen Glanz der Schönheit verwandelt.

›Menuetto grazioso‹

LA BELLA FIGURA

Italien ist ein Männerland. Also ist es nur natürlich, daß die Frauen darin den Ton angeben. Damit die Männer darunter nicht zu sehr leiden und ihr Selbstbewußtsein nicht einbüßen, haben es die Frauen zur Meisterschaft in der Kunst gebracht, Männer zu bewundern. Und da alle Männer eitel sind, haben sie ihrerseits – um ein Maximum solcher Bewunderung auf sich zu ziehen – ›la bella figura‹ erfunden.

Von Zeit zu Zeit traf ich in Rom den Professore Gislero. Er ist ein älterer Herr, der seine auffallend braune Hautfarbe und die nachtdunkle Iris seiner Augen einer indischen Großmutter verdankt. Um ihn gibt es viele Legenden. Er sei in jungen Jahren als Hypnotiseur aufgetreten und das Idol aller Damen gewesen, die ihr Eheleben mit einer gewissen Dosis von Hysterie zu würzen pflegen. Andere sagen ihm nach, er habe sich selbst zum Professore gemacht, indem er ein Buch über Kriminalogie verfaßte, dessen Auflage selber kaufte und an Freund und Feind verschickte. Von da an galt er in den Kreisen, auf die es ihm ankam, als wissenschaftliche Koryphäe. Tatsache ist, daß Gislero von seiner Familie ein beträchtliches Vermögen erbte, das er mit gemächlicher Zielstrebigkeit durchzubringen wußte.

Als ich ihn vor vielen Jahren kennenlernte, lud er mich in ein teures Restaurant zum Essen ein, brachte ein

Prachtstück italienischer Weiblichkeit mit, ließ mich den Wein wählen – woraus der Oberkellner schloß, daß ich der Gastgeber war, und mir auch prompt die Rechnung präsentierte. Sie lag noch nicht auf dem Teller, da erklärte Gislero, er sei fortan mein Freund und bedankte sich überschwenglich für meine Großzügigkeit. Die Dame schlug die Augen nieder, blitzte mich unter den Wimpern an und sog an ihrer Zigarette, was an ihrem Dekolleté eine verblüffende Verschiebung hervorrief und den Diamanten an ihrem Halse ein neues Feuer verlieh. Die Höhe des ›Conto‹, der Rechnung, wurde in meinem Bewußtsein erst wieder eine Realität, als wir die Dame nach Hause gebracht hatten. Dann am Steuer seines großen Alfa Romeo, hub Gislero zu einem Geständnis an:

»Weißt Du, ich hab einen Güterdirektor, der ist ein Idiot. Schon vor Tagen hat er mir geschworen, mein Monatswechsel sei abgegangen, und da hab ich heute nachmittag bei Bulgari ein Halsband für Donatella gekauft und jetzt bin ich pleite, aber Du verstehst doch, Donatella hat es sich so sehr gewünscht, und ich hatte es ihr doch schon versprochen, und bei einer solchen Frau – da muß man doch einfach ›Bella Figura‹ machen!«

Das ist's also: ›Bella Figura‹ ist nicht die schöne Figur, die man hat oder nicht hat, sondern die schöne Figur, die man macht. Gislero hat dieses Prinzip durchgehalten. Stückchen für Stückchen verkaufte er, was er besaß – einmal ein Bild, dann ein wenig Silber, einen Teppich, ein eingelegtes Tischchen, eine chinesische Vase, alles zu Liebhaberpreisen, die er stets durch die Behauptung erreichte, ihm selber seien diese Dinge von Schuldnern in Zahlung gegeben worden und er verschleudere sie nur, um sie loszuwerden, weil er sich in seinem Hause – das noch nie jemand gesehen hatte – sonst kaum mehr umdrehen könne.

Niemals hätte er zugegeben, verarmt zu sein, weshalb er auch in den düstersten Zeiten nicht daran dachte, sein großes Auto zu verkaufen. Er hätte sich zu Tode geschämt, eine Dame seines Herzens im Taxi abzuholen. Noch schlimmer wäre es ihm gewesen, der besagten Dame gegenüberzutreten ohne ein kleines, aber reizend ausgesuchtes Geschenk.

»Du ruinierst Dich, Gislero«, sagten seine Freunde.

»Aber geht«, pflegte er zu antworten, »selbst wenn es so wäre, täte ich's mit Vergnügen. Was kann denn unsere öden Tage schon mit Leben erfüllen, wenn nicht die Frauen? Wenn ich alt und krank bin, werde ich Erinnerungen haben, um die Ihr mich alle beneiden könnt.«

»Aber muß es denn immer so teuer sein?«

»Hast Du schon einmal die Augen einer schönen Frau gesehen, wenn sie in den Spiegel blickt, nachdem Du ihr eine Perle ins Ohr gesteckt hast? Und wenn sie sich dann umdreht und sagt: ›Gislero, lo sapevo sempre – sei unico‹... – ›Gislero, ich wußte es immer, Du bist einzig!‹«

»Und dafür wirfst Du Dein Geld zum Fenster hinaus?«

»Natürlich. Außerdem hab' ich genügend davon.«

Jedermann wußte, daß er keinen Pfennig besaß.

Mit den Jahren wurden Gisleros Anzüge immer ein wenig abgetragener, die Hemdkragen fransten ein bißchen aus, die Krawattenknoten hielten nicht mehr ganz fest – aber das war alles nichts gegen die Katastrophe, die ihm die Natur antat: Sein Haar wurde weiß. Er lamentierte nicht, er litt. Eine Zeitlang gelang es seinen Freunden, ihn zu überzeugen, er werde nur noch attraktiver. Als er es beinahe glaubte, ereilte ihn das Schicksal. Er geriet an eine ›Donna-bambina‹, eine überaus zierliche Blondine, deren Wirkung darin bestand, auszusehen wie ein halbes Kind und sich demgemäß aufzuführen. Sie war quicklebendig, redete keinen Satz zu Ende, besaß die Grazie einer Tänzerin und die Vergnügungssucht der Lustigen Witwe. Sie umgab sich mit einem Hofstaat von Kavalieren, deren Tribute von kandierten Veilchen bis zur Nerzdecke reichten, und hielt sich alle vom Hals, indem sie jedem mitteilte, sie hätte leider eben einen anderen erhören müssen, wofür sie übrigens nichts könne, weil ihr Gefühl weit stärker und unberechenbarer sei als ihr Charakter.

Als Gislero in ihrem Umkreis auftauchte, verliebte er sich auf der Stelle. Aber das Unglück wollte, daß auch sie Feuer fing. Gislero, besessen von der Idee der ›Bella Figura‹, war entschlossen, alle die Gecken auszustechen, die sie am Nachmittag an ihrem Bett versammelte – höchst anmutig in ein Spitzenjäckchen gehüllt, ein Täßchen Tee in der tadellos manikürten Hand. Zunächst hatte Gislero auch Erfolg. Denn wenn er so im Halbdämmer ins Zimmer kam, im grauen Doppelreiher mit Nadelstreifen, mit einem verschleierten Blick, der Indiens Geheimnisse gerade noch ahnen ließ – dann glaubte man ihm den Grandseigneur und vermutete hinter ihm ein

2

BLICK AUF DAS FORUM ROMANUM
NACH SÜDEN

Lavierte Federzeichnung von
Marianne von Werther
im Besitz der
Künstlerin

immenses Vermögen, dessen Andeutung er sich verbot, weil er zu vornehm war. Auch die hingegossene Dame mit dem Kindergesicht fiel darauf herein, entließ die Kavaliere mit der üblichen Floskel – und fortan nahmen sie den Tee zu zweit. Nach etwa einer Woche jedoch verlangte es das verwöhnte Kind nach Geschenken. Gislero hatte exquisite Kleinigkeiten mitgebracht und den Fehler gemacht, mehrmals von seinen Gütern und deren idiotischem Direktor zu sprechen. Nun bat er um wenige Tage Geduld und versprach einen Solitär, dessen Wert ihn selber für Jahre sorglos gemacht hätte. Man faßte sich also in Geduld für zwei, drei Tage. Aber dann wurde die Taktik geändert. Plötzlich sprach die Dame nur noch sehr wenig, und wenn überhaupt, dann wiederholte sie auf entnervende Weise, die Hand an die Stirn gepreßt, immer die gleichen Worte: »Non preoccuparti, sono solo un pò stanca« – »Mach Dir keine Sorgen, ich bin nur etwas müde.«

Am sechsten Tag war Gislero dem Wahnsinn nahe. Als er am siebenten wiederkam, fand er am Bett der Dame einen beleibten, betont fröhlichen Herrn aus Mailand vor, an dem das Gebiß falsch war und die Uhr ein Pfund Gold. Gislero begriff sofort. Aber da er an Wunder glaubte, war ihm jetzt ein Auftritt vergönnt, der ihn in Grenzen für die erlittene Schmach entschädigte. Er zog aus der Tasche ein blauseiden gefüttertes Etui, öffnete es – und darin lag ein riesiger, bösartig funkelnder Solitär. Wortlos legte er seine Gabe auf den Saum des Spitzenjäckchens, verbeugte sich und ging. Es interessierte ihn nicht mehr, wann die Dame entdecken würde, daß er in seiner Verzweiflung einen Ring mit falschem Stein gekauft hatte. Wichtig war nur – im entscheidenden Augenblick, auf dem Höhepunkt des Dramas, hatte er ›Bella Figura‹ gemacht. Und da er sich schon eine Liebe aus dem Herzen reißen mußte, beschloß er, fortan sein Haar so pechschwarz zu färben, wie es in besseren Tagen gewesen war.

Vielleicht hätte ich diese Geschichte nicht erzählt, wenn mir nicht später einmal im Radio ein Canzone aufgefallen wäre, in dem endlos die Worte der ›Donnabambina‹ wiederkehren, mit der sie damals den armen Gislero fast zu Tode gequält hat: »Non preoccuparti – sono solo un pò stanca ...«

Die Wohnung, die ich viele Jahre in Rom bewohnte, war zwar die meine in dem Sinne, daß ich die Miete bezahlte – aber zu reden hatte ich darin recht wenig. Die fast unumschränkte Herrscherin dortselbst war meine ›Donna di casa‹, eine Signora um die fünfzig, gebürtig aus Sardinien, von winziger Statur und einem Umfang, der nicht viel hinter ihrem Körpermaß zurückblieb. Sie war blitzsauber, hatte ein hübsches Gesicht, lachte gern und aus vollem Hals, und genoß es, mich unter dem Pantoffel zu haben. Sie bestimmte die Höhe der Zuwendung, die ich dem Postboten und den Männern von der Müllabfuhr zu Weihnachten geben durfte, sie beurteilte mit kritischem Blick die Gäste, die ich ins Haus brachte, und wenn ihr einer mißfiel, etwa weil er von meinem Telefon aus ein längeres Auslandsgespräch führte, pflanzte sie sich nachher vor mir auf, stemmte die Hand in die Hüfte und sagte: »Also, Dottore, diesen Herrn empfangen wir nicht wieder.«

Deutsche Politiker zumal bemaß sie streng. Da sie unglaublich gut kochte, erwartete sie Anerkennung, wobei ihr ein Lobeswort genügte. Wenn ihr aber einer statt dessen zum Schluß tausend Lire, also damals etwas mehr als vier Mark, in die Hand drückte, fühlte sie sich beleidigt und merkte sich den Mann über Jahre. Was im Haus vorfiel, wußte sie im Detail, was bei vierzehn Parteien ein diplomatisches Talent voraussetzte, das manchen Botschaftsrat erblassen ließe. Im ganzen also eine komplexe Persönlichkeit, vor der ich als Junggeselle, wie man verstehen wird, längst die Waffen gestreckt hatte.

Sie wurde getauft auf den kuriosen Namen ›Bambina‹, wörtlich ›Kleines Mädchen‹, womit ihre fromme Familie sie dem Inbegriff aller Unschuld, der heiligen Maria, als Kind anempfehlen wollte. Da sie in einer Klosterschule erzogen wurde, worin ein paar gestrenge Nonnen ihre natürliche Leidenschaft für Musik und Gesang gewaltsam unterdrückten, gewann sie früh eine gewisse Distanz zum Kirchenglauben und änderte ihren Namen um in Pina. Als solche gelangte sie nach Rom, liebte und heiratete einen Mann namens Quintino, dessen sie später noch in rührender Anhänglichkeit gedachte. Die Ehe dauerte kaum ein halbes Jahr, dann fing der arme Quintino zu husten an und kurz darauf hatte sie ihn verloren.

Gänzlich ohne Mittel, aber mit dem unbezwingbaren Lebenswillen mediterraner Menschen fing sie von neuem an, als Köchin. Sie verteidigte sich erfolgreich gegen die Lüsternheit älterer Brotgeber und gegen die Neugier von deren frühreifen Söhnen, erkannte stets rechtzeitig, wenn ein Mann, in den sie sich gelegentlich verliebte, eher vergessenswert war, und fiel schließlich prompt auf Perugino herein. Dieser, ein erprobter und hochbezahlter Krankenpfleger, war einer der seltenen Menschen aus der neapolitanischen Campagna, welche die Traurigkeit zu ihrer zweiten Natur gemacht haben. Wenn man ihn fragte: »Perugino, come va – wie gehts?«, dann sagte er: »Abbastanza bene – na ja, ganz gut«, und dabei hatte man das Gefühl, man müsse ihm gleich auf die Schulter klopfen und etwas Tröstliches sagen, weil er sonst weine.

Früher einmal war Perugino ein ›Fatebenefratello‹ gewesen, wörtlich ein ›Tut-Gutes-Bruder‹ im Hospital auf der Tiberinsel, das die Barmherzigen Brüder unterhalten, an der gleichen Stelle, wo schon in der Antike eine Kultstätte des Heilgottes Äskulap gewesen war. Als Perugino merkte, er sei nicht für die Kutte geschaffen, nahm er seinen Abschied und heiratete eine Frau aus Neapel, der nur allzu früh klar wurde, daß sie für den ewigen Weltschmerz ihres Ehemannes einen Ausgleich nötig hatte. Dieser trat auf in der Gestalt eines pomadisierten Menschen, dem das Lächeln zum Berufsleiden geworden war, weil er als Vertreter für Damenwäsche von Tür zu Tür zu wandern hatte.

Dem armen Perugino blieb es nicht erspart, sich von seiner Frau zu trennen, längst bevor in Italien jemand an Scheidung denken konnte. Wenig später aber, als er es am wenigsten erwartete, schüttete Fortuna ihr Füllhorn über Perugino aus. Pina trat in sein Leben, drückte ihn an ihr Herz, und dort lehnt er vielleicht heute noch und darf weinen, so lange er will.

Wenn aber Claudio Baglione von ›Amore bello‹ sang, dann vergaß Pina die melancholische Wirklichkeit, die Perugino hieß, und träumte von ihrer großen Liebe, dem povero Quintino.

Ja, so waren sie also, Pina und Perugino, er traurig ohne ersichtlichen Grund, sie lachend, weil sie anders nicht leben konnte. Viele Jahre lang hatten sie in Ostia gewohnt, zuerst in einem Mietshaus ohne Heizung und Lift, mit einem Stiegenhaus von hundert Treppen bis zum fünften Stock. Als ich Pina einmal den Vorschlag machte, ihr eine Heizung zu schenken, lehnte sie entrüstet ab: »Ach, wegen der paar lächerlichen Wochen, die es bei uns kalt ist!«

Mit vieler Mühe brachte ich die beiden schließlich dazu, in ein geheiztes Haus mit Aufzug umzuziehen. Die Wohnung war ein Idyll. An den Wänden kein freies Fleckchen, alle Regale, Vitrinen, selbst das Bad vollgestopft mit Kitsch aus der halben Welt, den Pina mit Leidenschaft sammelte. Puppen, Stofftiere, Gipsköpfe, gerahmte Kalenderblätter, Amphoren, bayerische Maßkrüge, afrikanische Ebenholzdamen, peruanische Stiere, Anna Moffo als wirrhaariger Vamp, Napoleon vor und nach Waterloo, ein nickender Buddha, ein Schneewittchen im Sarg, nichts fehlte! Die Terrasse voller Blumen, die Küche voller Knoblauchduft – »Seid Ihr jetzt zufrieden?« fragte ich. »In somma – Im großen und ganzen«, sagte Perugino. »Aber geh«, sagte Pina, »stiamo bene, proprio bene – es geht uns wirklich gut.« Das war aber nur die halbe Wahrheit. Denn Perugino hatte größere Pläne.

Er besaß aus früherer Zeit siebenhundert Quadratmeter Land. In Acilia, dem tiefstgelegenen und heißesten Ort zwischen Rom und dem Meer. Wie kam er, dem das Leben doch so übel mitgespielt hatte, eigentlich dazu, zur Miete zu wohnen, wo er doch Hausbesitzer sein konnte? Acilia ist ein Gebiet, dem die Behörden seit Jahren den sogenannten ›Piano regolatore‹, den offiziellen Bebauungsplan, schuldig blieben. Also bauten die Leute dort in wildem Durcheinander, wie jeder es sich leisten konnte. Geschmack und Kosten bestimmte der Bauunternehmer, dem sie sich anvertrauten. So entstanden hunderte von Häusern, die meisten bejammernswert in ihrer Häßlichkeit, alle mißbräuchlich vor dem Gesetz. Natürlich gab es auch in Acilia eine Baupolizei, aber sie hatte es längst aufgegeben, den Einwohnern zur Last zu fallen. Jeder, der ohne Genehmigung ein Haus errichtete, zahlte etwa 350 Mark Strafe – und die Sache war erledigt. So hatten Pina und Perugino keinen sonderlichen Grund zur Besorgnis. Das Haus verschlang ihre ganzen Ersparnisse. Doch die Seligkeit, einen Grund unter den Füßen zu haben, von dem niemand sie vertreiben konnte, war weit größer als die finanzielle Misere.

Noch entscheidender war aber ein anderer Faktor. Es zeigte sich, daß Perugino gleich zwei Stacheln in seinem Fleische fühlte. Der eine waren seine Kollegen in der Erste-Hilfe-Station für Schwerstunfälle, wo er arbeitete. Ihnen, die ihn bei allem Respekt vor seinem Können oftmals hänselten, weil ihm jeder Scherz körperliches Unbehagen bereitete, ihnen wollte er zeigen, daß er ein Signore ist, in dessen Gegenwart sich Albernheiten von selbst verbieten.

Der zweite Stachel war Pinas Schwester, die mit zahlreicher Familie unter ärmlichsten Verhältnissen in Ostia lebte, im Sommer am Strand Liegestühle und Sonnenschirme vermietete, im Winter jedoch samt Anhang etwas zu oft bei Pina einfiel, um sich sattzuessen.

Diesen Leuten mußte klar gemacht werden, daß die Besuche beim vornehmen Haus- und Grundbesitzer Perugino von dessen Wohlwollen, aber nicht von einer vagen Verwandtschaft abhingen. Kurz und gut, Perugino entpuppte sich als ein nach oben strebender Mensch. In seinem Berufsverband hatte er stets um eine Bezahlung gekämpft, die der eines Arztes gleichgeordnet war. Jetzt – als Eigentümer eines Anwesens – wollte er zu erkennen geben, daß er in seiner Position nach unten durchaus eine Grenze zu ziehen wünschte.

Den Strich durch die Rechnung machte ihm Pina: Ihr finanzieller Beitrag zu dem Haus war ungleich größer gewesen als der seine. Sie war Witwe und unabhängig, er verheiratet und außerstande, sich scheiden zu lassen, weil seine Frau – obwohl Scheidungen jetzt möglich sind – diese verweigerte. Also setzte Pina, resolut und realistisch, bei Perugino durch, daß das Haus auf ihren Namen eingetragen wurde. Sie wußte nicht, welche Qualen sie damit für sich selber heraufbeschwor.

Eines Abends, zu später Stunde, rief sie mich an. Um die nächste Telefonzelle zu erreichen, mußte sie in der

Dunkelheit von Acilia wenigstens einen Kilometer zu Fuß gegangen sein. Ihre Stimme klang, als ob sie das Opfer eines furchtbaren Mißgeschicks geworden sei.

»Dottore«, sagte sie, »ich kann morgen nicht kommen, ich hab eine Vorladung zur Quästur.«

»Aber Pina, deswegen müssen Sie mich doch nicht anrufen.«

»Doch«, sagte sie, »es ist, weil wir illegal gebaut haben. Sie wollten doch morgen nachmittag wegfahren. Das können Sie nicht, Dottore. Morgen früh, Sie werden es erleben, da sperren die mich ein, ich bin ja die Besitzerin des Hauses und für alles verantwortlich, da sperren die mich ganz bestimmt ein, und dann müssen Sie alles liegen und stehen lassen und mich herausholen.«

Und schon hatte sie eingehängt. In dieser Nacht büßte Perugino einen Teil seiner Sünden ab: Pina ließ ihn nicht eine Minute schlafen. Sie brauchte die Zeit, um sich in ihre neue Rolle als Untersuchungsgefangene hineinzuleben, sie revidierte ihr Testament, sie informierte den fortwährend einnickenden Perugino über alle Dokumente, Sparbücher, Hinterlassenschaften. Sie beschimpfte ihn aufs heftigste, daß er an ihrem Unglück nicht genügend teilnehme, sie habe immer gewußt, was für ein kalter Brocken er sei, sie verlange aber, er müsse ihr das Essen bringen, Spaghetti nur von einem bestimmten, verläßlichen Panettiere, und die Sauce nur mit dem Öl angemacht, das im dritten Fach des Küchenbüffets in dem Fiasco mit der Aufschrift ›Chianti classico‹ stünde, und sie müsse den besten Advokaten haben, den er – Dummkopf, der er immer gewesen ist – natürlich gar nicht kennt, aber der Dottore, der weiß ihn und der soll überhaupt nach Acilia ziehen, damit er alles aus der Nähe beobachten kann.

Gänzlich übernächtig und bleich vor Angst kochte Pina am nächsten Morgen um sechs ihren letzten Kaffee im eigenen Haus, zog drei Strickjacken übereinander – im Gefängnis ist es sicher bitterkalt! – schlüpfte in Peruginos Auto und fuhr mit ihm, dessen Arbeit um sieben Uhr im Hospital begann, zur Quästur nach Ostia. Krampfhaft umklammerte sie ihre Handtasche mit dem amtlichen Schreiben, ließ sich vor dem gänzlich verlassenen Gebäude im Mussolini-Stil absetzen, winkte Perugino ein letztes Lebewohl zu und wollte sich mit dem Mut der Verzweiflung in ihr Unglück stürzen.

Aber die Quästur war geschlossen. Ein einsamer Polizist patroullierte davor, sonst war niemand zu sehen.

»Scusi«, sagte Pina, »das ist doch die Quästur?«

»Si«, sagte der Polizist.

»Ich muß hinein.«

»Aber Signora, doch nicht um diese Zeit! Die Büros öffnen erst um neun.«

»Aber ich hab doch eine Vorladung und da steht drauf ›più presto possibile‹, so schnell wie möglich.«

»Mi dispiace, Signora, es tut mir leid, aber vor neun gibts kein ›più presto possibile‹!«

»Ma ... io ... ah ...«

»Beruhigen Sie sich, Signora, wenn es sich um ein Delikt handelt, wird es auch um neun Uhr noch bestraft werden.«

»O Dio«, sagte Pina, »che faccio, was mach' ich bloß?«

Da fiel ihr die Schwester ein. Sie wohnte nur acht Minuten entfernt. Pina machte sich auf den Weg und läutete um viertel nach sieben an der Tür einer schlafenden Familie. Ihr Eintreten warf alle aus den Betten.

»Ich bin gekommen«, sagte Pina, »um Euch das letzte Lebewohl zu sagen. Um neun Uhr muß ich zur Quästur, und dort sperren sie mich ein. Wann Ihr mich wiederseht, das weiß Gott!«

Innerhalb kürzester Zeit hatte Pina es fertiggebracht, alle ihre Angehörigen davon zu überzeugen, daß nichts mehr das Schicksal hindern könne, seinen verheerenden Lauf zu nehmen. Alle überstürzten sich. Ein Kaffee, ein Dolce, ein Liquorino, alles was einem Menschen Stärkung bringen kann, drängte man ihr auf.

Antwort: »No, no, lasciate perdere, ich hab nichts mehr nötig!«

Der kleine Stefano, eine siebenjährige Rotznase von unglaublicher Frechheit, hatte die rettende Idee: »Un piatto di spaghetti.« Dem konnte Pina nicht widerstehen.

Bald war die Familie um den großen Tisch versammelt und bediente sich aus einer Riesenschüssel, Spaghetti in Knoblauch, Öl und Paprika, so scharf, daß sie selbst aus Perugino noch einen Herkules gemacht hätten – und Pina faßte neuen Mut. Der Paprika zumal gab ihr das Feuer, das Perugino sträflich vermissen ließ – und so begab sie sich gefaßt, aber voll Optimismus zur Quästur.

Zwei Minuten nach neun empfing sie dort der Polizist, den sie schon kannte. Sie ahnte nicht, welch ein

Sadist dieser Mensch war. Er hatte sie in ihrer Angst gesehen und die Behörde informiert, es werde eine Signora kommen, die sich schuldig fühle. Die Quästur, bestehend aus Männern, deren Macht im Büro endet und zu Hause durch faule Kompromisse mit der stärkeren Weiblichkeit abgelöst wird, bereitete sich auf Pina vor. Man ließ sie, da sie zuerst gekommen, auch zuerst vor.

In einem kahlen Zimmer, geschmückt mit dem halb verschimmelten Bild des freundlichen Staatsoberhauptes, erwartete sie der Kommissar.

»Che brutta faccia«, dachte Pina, Gott sei Dank nicht laut, »was für ein mieses Gesicht!«

»Signora«, sagte der scheußliche Mensch, Menjou-Bärtchen und stechende Augen, »wissen Sie, warum Sie hier sind?«

»Nein«, log Pina tapfer.

»Sooo?«, sagte der Kommissar, »wirrrklich nicht?«

»Ich bin nur eine arme Hausfrau, ich hab mit der ›Autorità‹ nie was zu tun gehabt.«

Jetzt mengte ein anderer sich ein, jung an Jahren und unrasiert, gräßlich anzusehen, wie Pina später erzählte.

»Signora, wir wollen nicht wissen, wer Sie sind, denn das wissen wir längst, wir wollen wissen, ob Sie Ihre Schuld zugeben.«

»Ich bin unschuldig«, schrie Pina, »fragen Sie mio Marito, meinen Mann!«

»Mann?«, sagte ein dritter, »Sie haben doch gar keinen.«

»Wer von Euch«, rief Pina, »lebt mit seiner angetrauten Frau?«

Der Hieb saß. Der Kommissar verkniff ein Grinsen. »Signora, Sie sind sehr couragiert.«

Pina bekam Oberwasser: »Wollt Ihr mir Angst einjagen? Wenn Ihr könnt, behaltet mich. Ich bin präpariert, Advokat, Testament, Protektor, alles vorbereitet.«

»Ah«, sagte ein vierter, dünn wie ein Besenstiel (so Pinas spätere Worte), »Sie waren also darauf gefaßt, daß wir Sie einsperren? Sie fühlten sich also doch schuldig?«

»Natürlich«, gab Pina zu, »haben wir widerrechtlich gebaut.«

»Wer, so frage ich Sie, hat Ihnen denn das Geld dazu gegeben?«

»Das ist doch ganz einfach, das hat mir der Signore tedesco gegeben, bei dem ich arbeite.«

(Jetzt hatte ich den Schwarzen Peter!)

»Also werden wir den einsperren!«

»Das probiert einmal«, rief Pina und warf sich im Geiste vor mich wie eine Löwin, »der ist stärker als Ihr alle, bei dem geben sich Eure Minister die Tür in die Hand.«

(Kein Wort wahr!)

Pina merkte, daß ihr die Situation entglitt. Also nochmals Angriff. »Was macht Ihr denn mit einer ahnungslosen, anspruchslosen Frau wie mir? Ihr wollt mich ins Gefängnis werfen? Und meinen Padrone dazu? Und allen anderen in Acilia, die auch unerlaubt gebaut haben, denen krümmt Ihr kein Haar? Wenn Ihr schon nicht für alle die gleiche Gerechtigkeit aufbringt, dann seid wenigstens zu allen gleich ungerecht!«

Dem Kommissar verging das Lachen. »Ma Signora«,

sagte er, »beruhigen Sie sich; es müßten Tausende sitzen, bevor Sie drankämen. Wir schicken Ihnen die Geldstrafe per Post. Sie haben es ganz recht gemacht, daß Sie sich Ihr Haus gebaut haben, jeder von uns täte dasselbe, wenn unsere Bezahlung es erlauben würde. Und nehmen Sie uns den kleinen Scherz nicht übel. Wir haben ihn uns nur erlaubt, weil Sie gar so viel Angst vor uns hatten.«

Pina, sofort im Vollgefühl des Sieges: »Allora mi avete preso in giro, also habt Ihr mich gepflanzt?«

»Si, Signora.«

»Entschuldigt Euch sofort!«

Darauf viermal: »Chiedo scusa, signora! – Mi perdoni, signora! – Scusate, signora! – Mi dispiace, signora!«

Pina: »Also, weil Ihr, obwohl Ihr nicht so ausseht, doch anscheinend Männer von Anstand seid, lade ich Euch für nächsten Samstag in mein Haus nach Acilia zum Essen ein – mit Frau oder Freundin, das ist mir gleich. Kommt Ihr?«

Sie kamen alle!

Der Kommissar erzählte mir die ganze Geschichte. Perugino sagte: »Im großen und ganzen gibt es schlimmere Sachen, die einem Menschen Mißvergnügen bereiten können«, – um sodann für den Rest des Abends zu schweigen. Es gab Salsicce, Schweinswürstel, triefend von Fett, am Rost gebraten, und Ströme von Rotwein.

Zu späterer Stunde rief der Kommissar, der sich inzwischen – soweit das einem Mann von der Polizei erlaubt ist – in einen halben Bacchus verwandelt hatte, zu Pina gewendet: »Signora, von ganz Acilia haben Sie ›la più bella figura‹ gemacht!« Pina triumphierte.

Die ›Bella Figura‹ hat aber auch noch eine andere Seite: die Repräsentation. Re-praesentare heißt wörtlich: wieder vergegenwärtigen (zu ergänzen: was man sonst vergessen würde). Folglich ist es für jeden Italiener klar, daß zu repräsentieren am meisten eine Einrichtung nötig hat, die er am liebsten für immer vergessen würde – der Staat.

Es gibt wenige Italiener, die nicht leidenschaftlich an Politik interessiert sind. Deshalb ist ihr Mißtrauen gegenüber jeder Art von Regierung fast unbegrenzt – man kann sich doch leicht ausdenken, um wieviel besser man es selber machen würde und wieviel mehr Recht man dadurch hätte, die Privilegien der Macht zur Sicherung von Familie und nützlichen Freunden zu gebrauchen. Im Grunde möchte jeder Italiener am liebsten sein eigener Staat sein, um ja nichts von seiner Individualität einzubüßen. Da dies offensichtlich nicht angeht und man sich damit abfinden muß, in einem Staate zu leben, dessen Gestalt man nicht selber bestimmt, wundert sich kaum jemand, daß dieser Staat nur schlecht oder gar nicht funktioniert. Wenn aber schon alles schief geht, dann muß man doch wenigstens dafür sorgen, daß es einige Dinge gibt, die für den italienischen Staat ›Bella Figura‹ machen können. Die zwei wichtigsten sind der Präsident der Republik und die Streitkräfte.

Der Präsident verfügt über den pompösen Palast auf dem Quirinal, worin ehemals die Könige residierten, die ihn ihrerseits von den Päpsten übernommen haben. Niemand in Europa, nicht einmal die englische Königin, verfügt über ein Haus von vergleichbarer Ausdehnung.

Man gibt sich darin betont einfach, mischt bei Staatsempfängen Filmleute und andere Künstler unter die ordensklirrenden Diplomaten, überläßt Farbe und Glanz den Damen, insonderheit den Gattinnen der Vertreter afrikanischer Staaten – aber nicht einmal dem rigorosesten Oppositionellen kam je der Gedanke, man müsse die Garde abschaffen, die in Küraß und Roßschweif Spalier bildet, herrliche Pferde reitet und von der Bevölkerung applaudiert wird, wo immer sie auftaucht.

Das Protokoll bei Staatsempfängen ist eine geölte Maschinerie, scheinbar verläßlich genug, um bei den feierlichsten Anlässen ein ganz familiäres Benehmen zu erlauben. Mit Wonne verlegt man sich bei allen offiziellen Dingen aufs Improvisieren, eine genaue, auf die Minute eingehaltene Ordnung würde die Freude am Repräsentieren in dumpfe Pflicht verwandeln, die man verabscheut. Steifheit ist verpönt und Korrektheit wird nur anerkannt, so lange sie nicht unmenschlich ist. Das alles gehört zur ›Bella Figura‹ des Staates und man billigt es dem Präsidenten widerspruchslos zu, solange dieser sich nicht selber als der Staat fühlt.

Vor einigen Jahren verheiratete der ehemalige Generaldirektor der italienischen Denkmalpflege seine jüngste Tochter. Es gab den üblichen Empfang im Grandhotel. Hunderte von Gästen warteten in der Halle, länger als eine halbe Stunde, ohne einen Tropfen zu trinken zu bekommen. Endlich ein Tusch vom Orchester, das Brautpaar erschien, die Flügeltüren gaben den Zutritt frei zu einem üppigen Büffet. Nur wenige hatten bemerkt, daß unter den geduldig wartenden Gästen seit fünfundzwanzig Minuten der Präsident der Republik war. Dennoch bekam auch er sein Kompliment. Man spielte einen der Wiener Walzer, die er so liebte, daß er sie bei Staatsdiners vom ersten bis zum letzten Gang aufspielen ließ.

Die andere Seite der ›Bella Figura‹ des Staates fällt den Streitkäften zu. Jedes Jahr am 2. Juni, dem Nationalfeiertag, paradieren sie vor dem Präsidenten. Drei Traditionstruppen werden besonders beklatscht: die *Carabinieri*, eine blau und rot uniformierte Schützengarde, die auch Polizeifunktionen wahrnimmt, die *Alpini*, Gebirgsjäger, denen im Ersten Weltkrieg die Hauptlast der Kämpfe gegen Österreich zufiel, und die *Bersaglieri*, die im Jahr 1870 Rom eroberten, dem Kirchenstaat ein Ende setzten und die Einigung Italiens vollendeten. Letztere, die Helme voller Hahnenfedern, paradieren im Laufschritt, samt der Musik. Ein italienischer Pazifist, der das Militär haßt, sagte mir einmal, wenn er etwas zu sagen hätte, würde er von der ganzen Armee nur die Musikkapellen der Bersaglieri übrig lassen. Warum? Wenn einer laufen und dabei noch blasen muß, dann kann er unmöglich auch noch schießen. Zwei andere Italiener, die die Äußerung hörten, behandelten den Mann fortan, als habe er Hochverrat begangen. Wenn es Sache der Streitkräfte ist, für die ›Bella Figura‹ des Staates zu sorgen, dann ist es Sache der Bersaglieri, ›Bellissima Figura‹ für Italien zu machen.

Glauben Sie nicht, meine Leser, der etwas melodramatische Charakter der ›Bella Figura‹ bedeute etwa, daß die Italiener sie nicht ganz ernst nähmen. Im Gegenteil. Da gibt es Väter, die sich auf Jahrzehnte verschulden, um ihrer Tochter eine Hochzeit auszurichten, vor der die Nachbarn, vor allem aber die Konkurrenten erbleichen. Groteskerweise werden die Väter dabei zumeist angestachelt von den Müttern, die das ganze Jahr über nicht aus dem Jammern herauskommen, es werde nicht genug gespart, um dann mit einem Mal alles erreichbare Geld zum Fenster hinauszuwerfen. Natürlich kann man sagen, die Leute sind eben verrückt, und Schuld daran hat das rückständige Erziehungssystem, das ihnen die Großmannssucht beläßt.

Man kann es aber auch umgekehrt sehen. Der kleine Mann in Italien ist nicht gut daran. Zwar lebt er nicht ganz so schlecht, wie er vorgibt – das Lamentieren ist sozusagen die negative Voraussetzung zur ›Bella Figura‹, denn je überzeugender einer demonstriert hat, wie miserabel es ihm geht, umso größer wird das Volumen des Opfers und damit der Beweis der Elternliebe, der etwa bei der Hochzeit der Tochter zum Vorschein kommt. Aber einschneidender noch ist das Erlebnis, einmal im Leben eine Orgie des Geldausgebens zu veranstalten, einmal der Welt zu zeigen, was ein wahrer Signore ist, einmal dem Schicksal ins Gesicht zu lachen, ungeachtet der Rache, die es wahrscheinlich nehmen wird. Das ist ein Höhepunkt des menschlichen Existenzgefühls, der nicht ohne Pathos gelebt werden kann. Mutter und Tanten schluchzen, der Vater ist so stolzgeschwellt, daß ihm die Krawatte aus dem Jackett schlüpft, die Orgel spielt den Hochzeitsmarsch, der durch eine hundert Jahre alte Ironie ausgerechnet von Mendelssohn sein muß, aus der Musik zum Sommernachtstraum, komponiert für die

Szene, worin die blind verliebte Titania sich einem Mann vermählt, der einen Eselskopf trägt.

Aber nicht nur die Freude wird in der Form durch die ›Bella Figura‹ bestimmt – auch die Trauer. Das Haus, in dem ich wohnte, hatte einen Portier namens Paolo, einen stets düster blickenden Mann von lauterem Lebenswandel und exemplarischer Treue. Seine Frau, die Signora Palma, war durch Jahre das Objekt von Pinas tiefster Antipathie. Die beiden Damen taten sich gegenseitig täglich eine Kleinigkeit an, meistens wenn Pina zum Einkaufen ging und an der Portierloge vorbeikam.

Pina: »Aber Signora Palma, Sie sehen heute gar nicht gut aus. Haben Sie vielleicht zu wenig geschlafen, weil Ihr Sohn wieder einmal bis vier Uhr früh Gitarre spielte?«

»No«, sagte die Signora Palma, »sto benissimo, – es geht mir glänzend!«

Später kehrte Pina vom Markt zurück. Palma: »Ma Signora, wenn ich Sie so daher kommen sehe, frage ich mich, ob Sie seit letzter Woche nicht wieder ein wenig zugenommen haben? Seien Sie vorsichtig, Signora, bei Ihrer Größe können Sie sich soviele Kilos nicht leisten!«

Pina: »Ich hab' zwei abgenommen, Sie können beruhigt sein.«

Worauf jede ihre Tür zuwirft und dahinter »Disgraziata« murmelt, ein Schimpfwort, das eine Dame üblicherweise nicht gebraucht.

Eines Tages nun ereilte den armen Paolo, während er dem Fernsehprogramm zusah, in seinem Sessel ein sanfter Tod. Alle im Haus betrauerten ihn aufrichtig und boten der Witwe ihre Hilfe an. Da hätten Sie Pina sehen sollen! Sie kleidete sich in schwarz, besetzte die Tür zur Portierloge und wies alle Angebote dankend zurück – sie mache das ganz allein. Zeitweilig erschien sie bei mir, um mir zu sagen, sie hätte für mich einen Kranz bestellt, größer und schöner als alle anderen im Haus, oder um in die Küche zu eilen, wo sie immense Mengen der herrlichsten Gerichte zubereitete, die fast ohne Pause auf meinem besten Porzellan der Trauerfamilie im Parterre serviert wurden. Als die Einsegnung vorüber war, setzte sie sich zu mir, stieß einen tiefen Seufzer aus und sagte:

»Gott sei Dank, jetzt kann kein Zweifel mehr bestehen: La più bella figura abbiamo fatto noi, die beste Figur haben *wir* gemacht!«

Wenig später überraschte ich sie mit feuchten Augen, als im Radio eben die Todesszene aus dem Troubadour erklang. Mitten im dumpfen Gesang der Mönche sagte sie:

»Der arme Paolo – jetzt muß ich gleich die Signora Palma anrufen.«

Die Feindschaft zwischen den beiden Damen hatte nie existiert.

Von der ›Bella Figura‹ gibt es natürlich auch das Gegenteil – die ›Brutta Figura‹. Das ist eine Vorstellung, bei der jeder Italiener schaudert. Wenn ein Mann behauptet, er sei ein Graf oder ein Baron, ohne das Recht auf den Titel nachweisen zu können, dann kümmert das niemand. Vergißt er indessen den Geburtstag der Schwiegermutter, die Neujahrswünsche an seinen Chef oder gar den eigenen Hochzeitstag, dann macht er ›Brutta Figura‹. Davon gibt es auch noch eine Steigerung

– wenn nämlich ein Mann seiner Freundin ein Auto schenkt und es mit Wechseln bezahlt, von denen schon der dritte nicht mehr gedeckt ist, das ist dann ›Bruttissima Figura‹.

Dabei gibt es jedoch einen sehr feingestuften sozialen Unterschied. Die Gefahr der ›Brutta Figura‹ hält sich für einen Menschen ohne Vermögen in verzeihlichen Grenzen. Je mehr Geld aber einer hat, um so schärfer muß er aufpassen, keine ›Brutta Figura‹ zu machen. Die reichen Leute retten sich meistens, indem sie die Höhe ihres Vermögens schamhaft zu verschleiern suchen – was ihrer Meinung nach am besten dadurch gelingt, daß man mit Trinkgeldern knausert, ständig den Verdacht äußert, betrogen zu werden, und die Heizung in der Wohnung auf ein Minimum dreht, auch wenn keine Energiekrise herrscht. Dann, so glauben die Verblendeten, merken die kleinen Leute gar nicht, wie hoch das Bankkonto ist, dem solche Ersparnisse zugute kommen.

Am deutlichsten wird diese Taktik sichtbar bei kleineren oder größeren Parties, die man ja – leider! – ein bis zweimal im Jahr der Gesellschaft schuldig ist. Natürlich wird alles Eßbare, vor allem die köstlichen Canapés mit einer in Mayonnaise ertrunkenen Krabbe im Hause hergestellt. Da die Köchin nur zwei Hände hat, fängt sie drei Tage vorher damit an. Dann kommt das Zeug in den Kühlschrank und gärt dort seiner späteren Verwendung entgegen. Zu trinken gibt es hauptsächlich Ausgepreßtes aus dem reichhaltigen Angebot von Früchten und Gemüsen des Landes. Denn schließlich muß man ja etwas für die Gesundheit tun. Auch Sekt wird serviert, in hochstieligen Röhrengläsern, die den Vorteil haben, selbst bei dreiviertel Schaum noch gefüllt auszusehen. So kommt die Party bald in Schwung. Die Berge von Mayonnaise-Brötchen, die nicht verzehrt worden sind, werden für weitere drei Tage der Köchin ein besonderer Leckerbissen sein – so glauben die sparsamen Gastgeber. Die Köchin aber lächelt gequält, sagt »Grazie, Signora«, geht in die Küche, schließt die Tür und ruft aus »Che brutta figura – che bruttissima figura!«.

Schließlich gehört in den Bereich der ›Bella Figura‹ noch das psychologische Nationalproblem Italiens: die Eifersucht. Sie tobt mit solcher Gewalt durch das Land, daß man sie zumeist auch dann verständlich findet und mit Nachsicht beurteilt, wenn ihre Folgen nicht mehr harmlos bleiben. Eifersucht ist nicht nur beleidigte Liebe, sie nährt sich stärker noch aus verletzter Ehre – und wenn man genau hinsieht – fast immer aus gekränkter Eitelkeit. Sie brauchen sich als Mann gar nicht anzustrengen – Ihre Frau oder Freundin wird ein engmaschiges Kontrollnetz um sie legen, die Putzfrau in Ihrem Büro wird ihr berichten, wenn sie ein Papiertaschentuch mit Spuren von Lippenstift findet, der Kellner, der Ihnen in der Trattoria das Mittagessen serviert, steht in ihrem Sold, sie weiß, mit wem Sie in der Bar Kaffee getrunken haben, sie wühlt Ihren Schreibtisch zu Hause nach Briefen durch – und entsetzlicherweise findet sie immer etwas. Immer.

Dann können Sie anfangen zu schwören, das wird ihre Phantasie nur noch mehr beflügeln, sie wird sich die vermeintliche Rivalin stets jünger, schöner, raffinierter und ganz und gar abscheulich vorstellen.

Dann folgt die Phase der Abschreckung. Sie werden kleingemacht, ein Wicht, ein Bild der Kraftlosigkeit, ein Möchte-gern-Casanova, der sich an der Nase herumführen läßt und noch lacht, während er systematisch ruiniert wird. Plötzlich erscheint die Gegenspielerin in der Gloriole, sie ist ein faszinierendes Wesen, und wie sie sich anzieht – Donnerwetter! Und da glaubst Du armer Irrer, die hätte auf Dich gewartet? Mein Freund, Du machst Dich lächerlich, die ganze Stadt sieht Dir zu – Du blinder Gockel mit Deinen neuen, scheckigen Krawatten. Dann schwören Sie wieder.

Worauf die Phase der Tränen folgt. Warum kann ein Mann nie unterscheiden, ob die Tränen der Eifersucht aus Schmerz vergossen werden oder aus Wut? Jedenfalls weint sie hemmungslos, beißt in ihr Armband, zerfetzt Spitzentaschentücher, wartet offenbar nur darauf, in den Arm genommen, getröstet und beruhigt zu werden. Wenn Sie das tun – und natürlich drängt Ihr Herz Sie dazu – dann ist es um Sie geschehen. Sie haben entweder plötzlich einen sehr kompromittierenden Kratzer im Gesicht oder Sie machen kleine Schrittchen auf den Frieden zu. In beiden Fällen endet das Spiel mit der inquisitorischen Frage:

»Gibst Du's jetzt endlich zu?«

Und da gibt es dann Männer, wie mich, die um der Versöhnung willen sagen:

»Na ja, wenn Du's unbedingt so willst!«

Und dabei ist womöglich gar nichts gewesen. Aber

selbst wenn – es gibt nichts, ich versichere es Ihnen, nichts, was dem Portemonnaie mehr Schaden zufügt, als das Eingeständnis eines Seitensprungs.

Erstens ist die Autorität weg. Von nun an werden Sie tyrannisiert – aber ohne die Bewunderung, die Ihnen vorher die Illusion verschaffte, Herr Ihrer Handlungen zu sein.

Zweitens werden Familie und Freundeskreis gegen Sie mobil gemacht. Die wenigen wahren Freunde, die einem dann noch bleiben, rufen mit belegter, trauriger Stimme an und fragen:

»Bist Du wahnsinnig geworden?«

Drittens haben Sie keine Möglichkeit mehr, sich irgendwie unverdächtig zu verhalten, wenn das Unglück will, daß Ihnen die Dame begegnet, welche der willentliche oder unfreiwillige Grund der ganzen Szene war. Machen Sie einen Bogen, dann haben Sie etwas zu verbergen. Grüßen Sie höflich, dann ist das ein unwiderlegbares Zeichen für die muntere Fortsetzung der Sache. Bleiben Sie zu Hause, mein Herr, möglichst im Bett, und sagen Sie niemand, was aus Ihnen geworden ist.

Furchtbarerweise ist das Spiel für Sie aber auch dann verloren, wenn Sie nichts zugeben. Es werden Ihnen so lange weitere Fallen gestellt, bis Sie eines Tages wirklich das Gefühl haben, Sie bräuchten jetzt ein sanftes Wesen, bei dem Sie sich ausruhen können. Wehren Sie diesem Gedanken! Er hat telepathische Kraft. Und dann, wenn der Sturm von neuem losgebrochen ist, woher wollen Sie dann die Kunst nehmen, ›Bella Figura‹ zu machen?

Giuseppe Verdi läßt in der großen Fuge am Schluß

seiner komischen Oper ›Falstaff‹ die Darsteller singen:

»Alles um uns ist Narrheit, wir sind selber nur Narren, geborene Narren! ...«

Und wer kann ihm widersprechen?

›Scherzo‹

FIGARO LEBT

In Italien beginnt der Sonntag für die Männer mit dem Vergnügen, zum Friseur zu gehen. Man kennt ihn seit Jahren, setzt sich bequem, wird gekremt und eingeseift, bekommt aus der nächsten Bar einen Kaffee, und dann hebt Peppino – so heißt der meine – ganz leise an:

»Wissen Sie, der Conte Filiberto, der gefällt mir nicht. Gestern war er hier und hat gesagt, er muß jetzt sein Testament machen.«

»Geht's ihm denn so schlecht?«

»Aber nein, es geht ihm brillant, sta benissimo – es ist – wegen der Scheidung.«

»Das versteh' ich nicht.«

»Schauen Sie, Signore, er hat eine Frau, von der will er weg. Sie hat es aber gemerkt und ihm gedroht, daß sie ihn umbringt, wenn er sich scheiden läßt. Und dann hat er eine Freundin, die will ihn erschießen, wenn er sich nicht scheiden läßt. Und jetzt, vor drei Wochen, hat er sich in ein junges Mädchen verliebt – una bellezza, sag' ich Ihnen – und der hat er das Heiraten versprochen. Glauben Sie mir, der Mann ist hin – Poveretto – nichts mehr zu machen.«

»Aber vielleicht ist die junge Bellezza ganz lieb und sanft und geduldig?«

»Die?!«, sagt Peppino, »die kenne ich. Die ist einmal hereingefallen und das passiert ihr kein zweites Mal.«

»Wieso hereingefallen?«

»Signore, Sie kennen doch den Marchese Ermenegildo?«

»Den mit dem Monokel?«

»Ganz recht. Der hat zwar überhaupt kein Geld, aber das sieht man nicht, weil er ein Signore ist, sogar ein grandissimo Signore. Von dem hat sich die Bellezza den Hof machen lassen – das hat mir Indio Montanelli erzählt, der sein Freund ist, er war ganz verrückt nach ihr, aber in fondo – im Grunde – hat sich nichts kombiniert, nichts! Der Marchese war schon ganz disparato, da ging er mit ihr an einem Samstag am Schaufenster von Bulgari vorbei – Sie wissen doch, der große Juwelier – und in dem Schaufenster lag ein Diamanthalsband, una cosa favolosa! Der Marchese hat es ihr gezeigt und gefragt, ob er es ihr schenken darf. Und diese Gans weiß nicht, daß er so einen Schmuck nie bezahlen könnte, sträubt sich also nur ganz wenig – und sie gehen hinein. Der Marchese legt ihr das Halsband um, führt sie vor den Spiegel und sie schmilzt nur so dahin. Dann zieht er sein Scheckbuch heraus und stellt einen Scheck aus. Der Verkäufer sagt sehr verlegen, es sei doch unglücklicherweise Samstag, die Banken also schon geschlossen und bei einer so hohen Summe müsse man leider rückfragen. ›Ach wie dumm‹, sagt der Marchese – dann zur Schönen: ›Tesoro, würdest Du Dich noch bis Montag früh gedulden?‹ – und zum Verkäufer: ›Ich lasse Ihnen den Scheck hier, lösen Sie ihn am Montag ein und schicken Sie dann das Halsband der Signorina ins Haus, hier ist die Adresse.‹ Selig fällt ihm die Schöne um den Hals und sie gehen. Am Montag früh erscheint der Marchese bei Bulgari. Der Verkäufer ist bleich. ›Mein Herr, der Scheck, den Sie am Samstag hiergelassen haben, ist ungedeckt.‹ – ›Das weiß ich schon‹, sagt der Marchese, ›aber ich verdanke ihm das schönste Wochenende meines Lebens.‹ Sagen Sie selbst – was für ein Mann – che spirito – und welch ein Geist!«

»Und von wem«, fragte ich, »hat er den Trick gehabt?«

»Ma Signore, wie können Sie das mich fragen?«

Eines Tages beschloß ich, Peppinos Genie auszuprobieren. Die Papstwahl stand damals gerade vor der Tür, ich mußte darüber berichten und kämpfte mit dem Rätsel, wie die Chancen der Kardinäle wirklich verteilt seien.

»Ich habe einen Freund«, sagte Peppino, »der ist der Capo von den Gepäckträgern am Flugplatz.«

»Sehr interessant«, sagte ich, »nur zu schade, daß der Flugplatz nicht der Vatikan ist.«

»Aber Signore mio, begreifen Sie denn nicht? Sie geben dem Mann eine Kleinigkeit (er hat schließlich Frau und sechs Bambini zu Hause) und dann sagt er Ihnen haargenau, mit wieviel Gepäckstücken jeder Kardinal ankommt. Dann wissen Sie doch Bescheid.«

Das muß einem einfallen!

Hellwache Intelligenz und die tiefe Kenntnis menschlicher Schwächen, verbunden mit dem Talent, sie zum fremden Vorteil auszunützen, um sich dadurch selber unentbehrlich zu machen – das hat in Italien einen Menschentyp geschaffen, ohne den niemand auskommt.

Diese Wahrheit hat im vorigen Jahrhundert auch einmal ein berühmter italienischer Komponist erfahren, der im Teatro Argentina seine neueste Oper probierte. Der Maestro war von aufbrausendem Temperament und brach bisweilen, wenn eine Stelle gar nicht klappen wollte, in wilde Schimpfkanonaden aus (und wie genußreich man auf italienisch schimpfen kann, weiß jeder, der einmal in Italien gewesen ist). Als das Orchester einmal gar nicht die richtigen Töne finden konnte, schmiß der Maestro die Partitur hin und ging – zum Friseur. Dieser rasierte ihn perfekt, wies das Trinkgeld zurück, begleitete ihn zur Tür und gab ihm die Hand mit den Worten:

»Also auf Wiedersehen heute abend.«

»Wieso heute abend?« fragte der Maestro, der sich nicht bewußt war, am Abend mit seinem Friseur verabredet zu sein.

»Na ja, bei der Probe – ich bin der erste Klarinettist in Ihrem Orchester.«

Schweigend zog der Maestro ab und behandelte am Abend das Orchester, insonderheit aber den ersten Klarinettisten mit so ausgesuchter Höflichkeit, daß es einem Freunde auffiel.

»Was ist denn los, Du schimpfst ja heute gar nicht«, fragte er, »und dem Klarinettisten hast Du zwei Quietscher durchgehen lassen.«

»Ja, siehst Du«, sagte der Maestro, »der hat mich heute mittag rasiert – weiß ich, was er mit seinem Messer macht, wenn ich das nächste Mal komme?«

Der Maestro hieß Gioacchino Rossini, die Oper war

3

DIE PIAZZA NAVONA MIT SANT'AGNESE

Lavierte Federzeichnung von Marianne von Werther

Privatbesitz Wien

der ›Barbier von Sevilla‹, der Klarinettist ist vergessen, aber der Friseur lebt als Figaro immer noch, sprühend von Witz, Durchtriebenheit und Laune auf der Bühne des Theaters und des Lebens: Figaro, das Faktotum der ganzen Stadt, nicht Herr und nicht Diener, selbstbewußt und über jeden Minderwertigkeitskomplex erhaben.

Er weiß: seine große Chance sind die Gelüste der Menschen nach Dingen, die sie nicht bekommen können. In seinem Beruf arbeitet er zu bescheidenem Preis, aber für seine Phantasie kann er Gold verlangen – und bekommt es. Er liebt sein Handwerk, denn es bringt ihm die Atmosphäre, die er braucht, um seine Ideen zu plazieren: Vertraulichkeit.

Während er etwa dem Cavaliere Rossi den Kopf massiert, entnimmt er dessen Gestöhne, daß der andere einen Kater hat. Denn gestern abend ist im Hause des Cavaliere Rossi etwas Furchtbares passiert. Man muß wissen, daß der Cavaliere eine kleine, aschblonde, sehr kapriziöse Frau hat. Als er gestern abend nach Hause kam, fand er sie, im Schlafrock auf den Diwan hingegossen, die Zeitung vor den Augen, stumm.

»Ciao, tesoro«, sagte er, »grüß' Dich, mein Schatz.«

»Ciao.«

Lange Pause. Der Cavaliere setzt sich hin, zieht die Zigarettenpackung heraus – denn er merkt natürlich, daß etwas nicht stimmt – und sagt:

»Vuoi fumare – willst Du rauchen?«

»No.«

»Ja was ist denn los mit Dir?«

»Niente.«

»Bist Du krank?«

»No.«

»Hast Du Dich geärgert?«

»No.«

Ach du meine Güte, denkt der Cavaliere, da ist gar nichts zu machen. Dann läutet das Telefon. Mit einem Satz ist die Signora Rossi dran.

»Ah«, flötet sie, »ciao, wie gehts Dir denn? Ja ... weißt Du ... ich ruf dich später an. Ciao, ciao.« Sie hängt ein.

»Wer war denn das?«

»Mila« – eine Freundin.

»Was wollte sie denn?«

»Niente.«

»Willst Du mir jetzt sagen, was sie gewollt hat?«

»No.«

»Ma santo cielo!«, schreit jetzt der Cavaliere, und der große Krach beginnt.

Alles, was sich die beiden aus dreizehn Ehejahren an Vorwurfsgründen gemerkt haben, kommt heraus. Er ist rot vor Wut und brüllt, sie löst sich in Tränen auf und brüllt dagegen. Die Nachbarn beginnen, die Sache zu genießen.

Aber mit einem Mal ist es still. Denn bekanntlich gibt es nach einem heftigen Streit nichts Schöneres, als sich wieder zu versöhnen. Allerdings ist zu bemerken, daß sich die Situation umgedreht hat. Vergessen ist das provozierende Benehmen der Signora – denn *er* war es, der angefangen hat, Krach zu machen, also muß *er* jetzt um Verzeihung bitten. Und ein liebender Kuß nach dem Sturm hat natürlich seinen Preis. Der wird jetzt genannt.

Ein Geschenk, das die Signora Rossi schon seit Monaten ihrem Ehemann vergebens herauszulocken sucht, genauer gesagt, seit dem Tag, an dem sie den ersehnten Gegenstand in vollem Glanz am Arm der Nachbarin hat hängen sehen: eine Krokodilledertasche. Der eingekreiste Cavaliere ist so glücklich über den wiederhergestellten Frieden, daß er sich zu einem Versprechen hinreißen läßt:

»Am nächsten ersten, wenn ich mein Stipendio bekomme, gehen wir und kaufen eine – va bene?«

Bis zum nächsten ersten sind aber noch zehn Tage und die Signora Rossi kennt ihren Mann. Er wird zehntausend Ausreden finden und am ersten für die Tasche kein Geld haben. Also hat sie vorgebaut und die Tasche gleich selber gekauft. Mit dem süßesten Lächeln der Unschuld zieht sie sie unter dem Diwan hervor und sagt:

»Gefällt sie Dir?«

Der Cavaliere erblaßt: »Du – Du hast Dir erlaubt, ja mit was – hast Du sie denn bezahlt?«

Und da fällt das gefürchtete Wort: ›Cambiale‹ – sie hat einen Wechsel unterschrieben, fällig am ersten.

Jetzt erst weiß der Cavaliere: Es gibt keinen Ausweg mehr, sie hat ihn überlistet, er muß zahlen. Tief verwundet in seinem Männerstolz, tobt er los, und sie hat gar keine Möglichkeit mehr, mit ihrem logischen Argument durchzukommen, daß er ja sowieso versprochen hat, am ersten die Tasche zu kaufen. Aufs neue sind beide in voller Fahrt, was die Nachbarn diesmal aber nicht mehr sehr genußreich finden, weil inzwischen der Augenblick naht, an dem die Fernsehsendung ›Rischiatutto‹ – ›Alles oder nichts‹ beginnt, worin in der Gestalt des Bologneser Doktors Inardi ein Wissensmonstrum auftritt, das schon fünfunddreißig Millionen Lire gewonnen hat, weshalb ganz Italien zusieht und keinen Krach in der Nebenwohnung brauchen kann. Also läutet der Nachbar beim Cavaliere Rossi in der Absicht, um Ruhe zu bitten. Wie eine Furie ist die Signora Rossi an der Tür, sieht den Nachbarn und ändert sofort ihr Verhalten. Im Ton des verweinten, geprügelten Kindes schluchzt sie:

»Kommen Sie nur herein« (im Moment ist jeder Bundesgenosse willkommen) »und sehen Sie selbst, wie dieser Lümmel, dieser Grobian, dieser rückgeblödete Flegel seine Frau behandelt« – und der Nachbar ist augenblicklich überzeugt, daß der Cavaliere Rossi seine Frau zumindest geohrfeigt hat. Sogleich erwacht in ihm der Ritter: »Was für ein unziviles, aufgeblasenes, feiges Benehmen ...«

Weiter kommt er nicht. Wie der Stier den Torero, nimmt der Cavaliere den Nachbarn an. Da die Eingangstüre offen geblieben ist, erscheint innerhalb der nächsten Minute der Rest der Nachbarfamilie in der Rossi-Wohnung. Und alle geben der armen Signora recht. Der Cavaliere glaubt, es mit einer Verschwörung zu tun zu haben. Und was dann geschieht, hat Rossini vor 160 Jahren auch schon erlebt und in der Szene mit Bartolo im zweiten Akt seines ›Barbier von Sevilla‹ dargestellt.

Als der ›Barbier‹ geschrieben wurde, wohnte Rossini zusammen mit dem Tenor Garcia und dem Buffo Zamboni in einem römischen Appartement. Den großen Salon hatten sie gemeinsam, und dort stand auch der Flügel. Kaum war der Vertrag für die Oper unterzeichnet, legte Rossini das Textbuch auf das Notenpult, setzte sich aber selbst nie an das Instrument. Er wurde immer schweigsamer, ging nicht aus, bemerkte nicht, wenn seine Freunde ins Zimmer traten. Er tat nichts anderes, als stundenlang, manchmal aufgeregt, dann wieder zögernd, im Salon hin- und herzugehen. Eine Woche verging, und er hatte noch nicht eine Note auf dem Blatt. Eines Abends hielt es Garcia, der den Grafen Almaviva singen sollte, nicht mehr aus und sagte:

»Denkst Du eigentlich daran, wie wenig Zeit uns noch bis zur Premiere bleibt?«

»Natürlich.«

»Du hast aber immer noch nichts getan.«

»Was?«, ereiferte sich Rossini, »ich habe nichts getan? Das wirst Du jetzt gleich sehen.«

Er ging ans Klavier, sang und spielte dem verblüfften Tenor die ganze Oper herunter – aus dem Kopf. Am nächsten Morgen rief er eine Schar von Kopisten, setzte sich mit ihnen zusammen und lieferte ihnen Seite für Seite der Partitur in schnellerem Tempo, als sie die Stimmen abschreiben konnten. Sobald ein Stück fertig war, brachte es ein Bote ins Theater, wo Sänger und Orchester sogleich mit der Probe begannen. In dieser Phase der Niederschrift erschienen zahlreiche Freunde in Rossinis Wohnung, tranken Kaffee, erzählten sich den neuesten Klatsch, stritten und lachten – und mitten in dem Wellengang italienischer Rede bei ungedämpfter Lautstärke schrieb der Maestro heiter dahin. Wenn die Gesellschaft sich dann schließlich spät abends verabschiedete, pflegte Rossini zu sagen:

»Ach bleibt doch noch ein bißchen und redet weiter. Wenn Ihr weg seid, wird es hier so still – und dann fällt mir nichts mehr ein.«

Damit ist ein endloses Thema berührt: die Italiener und der Lärm. Unvergeßlich ist mir der Tag, an dessen Abend das Fußball-Weltmeisterschaftsspiel zwischen Brasilien und Italien in Mexiko ausgetragen werden sollte. Ich war im Kapitolinischen Museum und hörte plötzlich draußen auf dem Platz einen phantastischen Krach. Vom Fenster aus sah ich, daß etwa fünfzehn Autos im Karussell um das Standbild des alten Kaisers Marc Aurel herumfuhren. Motorhauben, Kotflügel und Dächer waren besetzt von Mädchen und jungen Männern, die Fahnen in den italienischen Nationalfarben schwangen, und mit Trommeln, Rasseln, Schellen, Triangeln, Trompeten, Trillerpfeifen, Kochtöpfen und Bratpfannen im wahrsten Wortsinn einen ›Heiden-Lärm‹ vollführten. Als ob er meine Gedanken erraten hätte, sagte der Professor Pietrangeli neben mir:

»Sehen Sie, jetzt beschwören sie die alten Götter, daß die italienische Nationalmannschaft heute abend gewinnt. Sie wissen es nur nicht.«

An dieser gelehrten Erklärung ist eines sicher wahr: Lärm ist in Italien etwas Positives, Stille ist unheimlich. Durch Krach gibt der Mensch zu erkennen, daß er da ist – wer dagegen geräuschlos herumschleicht, kann nur böse Absichten hegen. Viele Italiener, die am Morgen zur Arbeit gehen, schließen ihre Wohnungen ab, lassen aber mehrere Radio-Apparate – zumeist besitzt jedes

Familienmitglied seinen eigenen – in Höchstlautstärke laufen, den ganzen langen Tag. ›Farsi vivo‹ – sich lebendig zeigen, ist eine stehende Redensart.

Da in Italien die Abende viel länger dauern als bei uns, pflegt man sich mittags eine Stunde hinzulegen. Dann höre ich: den Sohn des Wärters vom Trajansforum und den Neffen der chemischen Reinigungsdame unter mir mit dem Hund des Malers Guttuso spielen, dazu den monotonen Gesang des vorbeiziehenden Altwarenhändlers, das rhythmische Gehupe des Verlobten der Tochter des Marmorschleifers, die politische Auseinandersetzung zwischen dem faschistischen Hersteller antiker Möbel und dem kommunistischen Kunstschmied. Und dazu noch den Liebesschrei von drei Dutzend Katzen. Wenn dann meine Köchin hereinkommt und mich wach findet, sagt sie lachend:

»Ich hab ja gewußt, daß Sie nicht schlafen können.«

Und es ist klar, daß sie dabei denkt: »Sie lernen's nie.«

Bei Lärm zu schlafen, das ist für Italiener nicht schwer – aber still zu sein, das ist entsetzlich. Der unfehlbare Rossini hat auch dafür ein zeitloses Beispiel geliefert: die Eingangs-Szene zum Barbier von Sevilla:

Der junge Graf Almaviva ist verliebt in Rosina, die von ihrem Vormund, dem Doktor Bartolo, in dessen Haus eifersüchtig bewacht wird. Mit Hilfe einiger Musiker bringt Almaviva seiner Schönen eines Nachts ein feuriges Ständchen – aber nichts rührt sich. Schließlich wird es schon hell und Almaviva muß befürchten, von Bartolo entdeckt zu werden. Also schickt er die Musiker nach Hause. Dabei macht er den Fehler, ihnen –

nur damit sie schnell und geräuschlos verschwinden – viel mehr Geld zu geben, als ausgemacht war. Die Musici, von soviel Großmut übermannt, brechen in Dankesworte aus, die immer lauter werden, je mehr der verzweifelte Almaviva sie beschwört, leise zu sein. Als er schließlich aus vollem Halse schimpft und schreit: »Verruchte Schurken, mit diesem ›Chiasso‹« (welch ein tönendes Wort für Krach: ›Chiasso‹!) »werdet Ihr noch das ganze Viertel aufwecken, verschwindet!«, da ziehen sie sich zufrieden zurück. Sie haben dem ›Signore di qualità‹, dem ›Herren von wahrem Wert‹, ihre Reverenz erwiesen, und das geht – selbst wenn er protestiert – nur im Fortissimo, auch wenn es Piano anfängt.

Die Serenade ist also schiefgegangen. Das Fenster der schönen Rosina blieb geschlossen, der Graf Almaviva muß einen anderen Weg finden, sich seiner Angebeteten zu nähern, ohne daß der eifersüchtige Vormund Bartolo es merkt. Man braucht also einen Mann mit Ideen – wer anders könnte es sein als der Tausendkünstler Figaro, der alle Geheimnisse kennt? Er ist kein nobler Herr, also hat er es nicht nötig, aus seiner Durchtriebenheit ein Hehl zu machen, denn er lebt gewissermaßen von der Tatsache, daß Vornehmheit und Intelligenz nicht immer zusammengehen müssen. Sein Beruf hat ihn gelehrt, durch Perücke und Schminke einen Menschen vorteilhafter erscheinen zu lassen, als die Natur ihn gemacht hat, und dieselbe Erfahrung läßt sich durch Maske und Doppelzüngigkeit auf jede Situation anwenden, die der Verbesserung bedarf. Aber – da ist ein aber. Es besteht nämlich in Figaros Charakter eine intime Wechselwirkung zwischen Phantasie und Geld. Ob allerdings die Ideen das Geld hervorbringen, oder das Geld die Ideen ankurbelt, diese Frage kann er souverän steuern. Im Falle Almaviva entschließt er sich für die zweite Lösung. Sein ›Cervello‹, sein Gehirn liegt brach, ist eingerostet und heute ganz besonders matt. Almaviva versteht sofort und verspricht ihm Gold aus vollen Händen. Und darauf sagt Figaro den bedeutsamen Satz:

»Ach, Ihr wißt überhaupt nicht, welche sympathischen und schöpferischen Effekte die süße Idee des Goldes in mir erzeugt.«

Die Italiener und das Geld – ein anderes unerschöpfliches Thema. Ein Tausend-Lire-Schein wechselt in Italien etwa viermal so schnell seinen Besitzer als ein Fünf-Mark-Stück in Deutschland. Überall wo Italiener in Trauben beieinanderstehen und reden, auf den Plätzen, in den Galerien, in den Bars, ist das Hauptthema Geld, und zwar Geld, das sie noch nicht haben, dessen Segen aber unmittelbar und ganz sicher bevorsteht, so sicher, daß man damit schon Geschäfte machen kann. Ich habe mir vor Jahren einmal von einem Fachmann sagen lassen, der Hauptgrund für das Zögern der Regierung, in Italien das Farbfernsehen einzuführen, sei die Befürchtung gewesen, daß alle Italiener auf einen Schlag sich den teueren Apparat kaufen würden – bezahlt mit einer Sturzflut von Wechseln.

Für dieses Verhalten gibt es zwei Gründe: Zunächst wünscht man, im Augenblick zu leben und ihn zu genießen. Auf das ganze Land ist Nestroys hinreißender Satz anwendbar: »Ich möchte so leben können, wie ich lebe.« Der zweite Grund aber ist schwerwiegender: Man muß unter allen Umständen ›Bella Figura‹ machen, wie wir im vorhergehenden Kapitel gehört haben. Es ist der Eindruck auf die Umwelt, der zählt, nicht der Besitz. Weit wichtiger als das Geld, das man hat, ist also das Geld, das man ausgibt.

Und man gibt es aus – im Restaurant an langen Familientafeln mit Verwandtschaft und großer Kinderschar. Sodann für die stets gelangweilte Tochter: Zuerst für ihre ›Divertimenti‹, ihre Zeitvertreibe, schließlich Unsummen für ihre Hochzeit; des weiteren für die Ehefrau, die neben der ominösen Ledertasche einen Pelzmantel beansprucht und einen Brillantring, eine Perlenkette, jedes Jahr zweimal eine neue Garderobe, zweimal die Woche den Friseur, einmal im Jahr eine Kur; dann kommt der Hausadvokat mit seinem Honorar und schließlich als ein wahres Faß ohne Boden: die Freundin.

Eine solche Situation veranlaßt einen Menschen, seine kühnsten Phantasien um das Geld kreisen zu lassen, das eigentlich vom Himmel fallen müßte, um ihn aus seinem Dasein zwischen kürzeren und längeren Galgenfristen zu befreien. Darin aber sind die Italiener von unbekehrbarem Optimismus – und Figaro kann für sie alle stehen. Auch er hat von Almaviva nur ein Versprechen, aber – so singt er, vom Grafen bestärkt – »schon allein der Gedanke an dieses wunderwirkende, alles könnende Metall verwandelt meinen Verstand in einen Vulkan von Ideen.«

Jetzt kommt gleich die erste Idee: Ein Regiment bezieht soeben in der Stadt Quartier. Der Kommandeur ist Almavivas Freund und soll dem Grafen einen Quartierschein auf das Haus des Doktor Bartolo ausstellen. Dann soll sich Almaviva als Soldat verkleiden und dort einziehen, aber – zweite Idee – er soll den Betrunkenen spielen, denn bei einem Soldaten, der des Weines voll ist, wird Bartolo weniger Verdacht schöpfen, er könnte das Auge zu seinem gehüteten Mündel Rosina erheben. Nach jeder Idee bricht Figaro – unter Zustimmung des Grafen und sehr all' italiana – in ein gewaltiges Selbstlob aus: »Das ist doch ein Einfall, wahrhaft genial zu nennen!«

Nun ist es Zeit, einmal hinter die Gardinen dieses so fest verrammelten Hauses des Doktor Bartolo zu spähen – und wir sehen sogleich ein, daß Doktor Bartolo weiß, warum er sein Mündel Rosina einsperrt. Per bacco, würde Figaro sagen, das ist ein Kätzchen, das der Mühe lohnt.

Rossini war ein Frauenkenner großen Formats. Sein musikalischer Ruhm wurde zu seinen Lebzeiten fast in den Schatten gestellt durch die Legende seiner galanten Abenteuer. So entbrannte einmal, während der Aufführung seiner Oper ›Tancredi‹, das Feuer der Leidenschaft zwischen ihm, der in der Proszeniumsloge saß, und der Primadonna, die in mittelalterlicher Rüstung auf der Bühne stand. Nach dem ersten Akt eilte Rossini in die Garderobe der entflammten Sängerin, um ihr sein Kompliment für ihre sängerische Bravour zu machen. Beide empfanden sogleich, daß das Kostüm der Dame dem gegenseitigen Bedürfnis nach Zärtlichkeit höchst hinderlich war – und so fiel der Panzer durch die Anwendung von etwas Gewalt alsbald mit Krach zu Boden.

Als zum zweiten Akt eingeläutet wurde, entdeckten beide zu ihrem Schrecken, daß der Panzer sich verbogen hatte und nicht mehr zu schließen war. Ohne jede Verlegenheit rief Rossini die Guardarobiere, und gemeinsam versuchten sie, die ›Corazza‹ zurechtzubiegen, allein es war nichts zu machen. Schweißtriefend befahl der Maestro schließlich dem Inspizienten, vor den

Vorhang zu gehen – und krümmte sich vor Lachen, als der Unglückliche dem Publikum stotternd verkündete, die Primadonna bäte das Publikum um Verständnis, wenn sie den Rest der Partie in einem Mantel singe, aber sie hätte während der Pause mit ihrem Panzer eine Panne gehabt.

Ein anderes Mal, am 1. April 1814, erhielt Rossini ein zärtliches Billett: »Maestro, eine Signora, die von Neapel hierher gereist ist, nur um Sie zu sehen, erwartet Sie diesen Abend in der Loge 9 der Oper, um Ihnen mit zitternder Stimme zu sagen, was dem Papier anzuvertrauen sie nicht den Mut aufbringt.«

Nebenbei gesagt: Stil hatten die Leute damals ja, und so verzopft, wie man heute tut, waren sie wohl auch nicht.

Dem großen Rossini lief begreiflicherweise das Wasser im Munde zusammen. Am Nachmittag traf er den berühmten Tenor David, der ihm beiläufig erzählte, er habe erfahren, daß aus Neapel eine wunderschöne Dame angekommen sei – die Gattin des französischen Botschafters – die für die heutige Vorstellung die Loge 9 genommen habe.

Rossini konnte den Abend kaum erwarten und erschien überpünktlich, geschniegelt und gebügelt – als guter Italiener wußte er, was ›Bella Figura‹ ist – in der Loge. Der Vorhang hob sich, die Oper begann, David war wunderbar, aber keine Dame erschien.

In der Pause lief Rossini alle Logen ab, in der Annahme, die Signora habe sich vielleicht in der Nummer geirrt, und da man ihn überall kannte, wurde er tausendmal aufgehalten, begrüßt, bekomplimentiert, aber die Dame aus Neapel war nicht zu finden – und als er schließlich in die Loge 9 zurückkehrte, war diese immer noch leer.

Endlich, gegen Ende der Vorstellung, erschien ein Lakei und brachte auf einem Tablett ein weiteres, zärtlich parfümiertes Billett. Darin las der erregte Maestro mit steigender Verblüffung:

»Die französische Botschafterin sieht sich zu ihrem Leide außerstande, die versprochene Verabredung einzuhalten, wofür sie zwei Gründe anzuführen gezwungen ist. Erstens existiert sie gar nicht, da Seine Exzellenz, der Botschafter, es bisher sträflich versäumt haben, in den Ehestand zu treten, und zweitens bietet sich auf diese Weise für Ihren größten Bewunderer die treffliche Gelegenheit, Ihnen seine besten Empfehlungen zu Füßen zu legen als – Ihr erster April.« – Der Tenor David hatte Rossini in den April geschickt.

Sehen wir ihn uns einen Augenblick an, den eleganten Maestro, wie er da in der dunklen Loge sitzt in der vagen Hoffnung, die fremde Dame, die er erwartet, werde eine Frau sein, mit dem üppigen und geschmeidigen Körper von Lauretta, mit dem schweren seidigen Haar von Giuliana, mit Graziellas morgenfrischem Gelächter, Faustas traumverlorenen Augen, mit Gianninas wiegenden Hüften, Donatellas Geist und Loredanas samtverschleierter Stimme, dazu voll schmeichelnder Leichtfüßigkeit wie Elena und voll unberechenbarer Capricen wie Giuditta – ist es nicht, da die erträumte Dame in Wirklichkeit ausbleibt, fast notwendig, daß der Maestro sie selber schafft – auf der Bühne?

Wir brauchen nur hinzusehen – da steht sie schon – Rosina, Bartolos Mündel, die ›Donna italiana‹, lebensvoll und zeitlos, gleich stark im Genuß und Gefühl, gleich bereit zu Abenteuer und Liebe. Sie hat ganz genau begriffen, was die Serenade unter ihrem Fenster bedeutet hat und längst beschlossen, den Sänger zum Herren ihres Herzens zu machen. Was sie allein noch nicht weiß, ist sein wahrer Name. Denn der Graf Almaviva hat sie als Lindoro angesungen, und so ahnt sie nicht, wer er wirklich ist. In ihrem Zimmer allein, singt sie:

»Eine Stimme, die vor kurzem erklang, hat in meinem Herzen ein Echo geweckt. Schon fühl ich, daß es verwundet ist von Lindoros tönendem Pfeil. Und mein wird Lindoro sein, das hab ich geschworen, denn den Kampf gegen Bartolo, den gewinne ich.«

Und dann kommt, was jede italienische Frau heute noch von sich sagt:

»Ich bin gefügig, voller Respekt, gehorsam, weich und liebevoll, und gerne lasse ich mich führen und leiten. Aber wenn sie die Stelle anrühren, wo meine Schwäche ist, dann werde ich zur Schlange. Und hundertfältig sind die Fallen, die ich stelle, wo niemand sie erwartet, und alle werden zuschnappen, bevor ich nachgebe.«

Es gibt kein Porträt italienischer Weiblichkeit, das deutlicher zeigt, warum die Männer so magnetisch von den Frauen Italiens angezogen werden, und warum sie gleichzeitig Angst vor ihnen haben.

Der Liebeskraft Rosinas steht als einziger Helfer Figaro zur Seite, weil er Zutritt zu dem verschlossenen Hause hat, da Rosinas Vormund, der Doktor Bartolo, seine Barbierkünste nicht entbehren kann. Hören Sie einen Augenblick, wie Figaro den Doktor einseift.

Dieser Bartolo, wohlbeleibt und voller Gelüst nach wärmender Jugend, hat scheinbar eine unangreifbare Position. Rosina lebt unter seinem Dach, muß sich seine Tyrannei gefallen lassen und seine brünstige Werbung ertragen.

Wäre Bartolo ein bißchen geschickter, er hätte durch Zartgefühl und Behutsamkeit das junge Mädchen vielleicht an sich gewöhnen können – aber daran hindert ihn eine Eigenschaft, die bei den Italienern unerträglicher auftritt, als bei den dafür berühmten Türken: die Eifersucht. Nicht umsonst nennt man den Rolladen, der ein Fenster für die Blicke der Außenwelt undurchdringlich macht, auf italienisch ›la gelosia‹ – die Eifersucht schlechthin. Bei den Frauen tritt diese Leidenschaft in allgemein bekannter Weise auf: Sie werden eifersüchtig, wenn sie glauben, der Mann, den sie lieben, entgleite ihrem Besitz. Allerdings nimmt die Übermacht solchen Verdachtes manchmal groteske Formen an.

Glauben Sie nicht, meine Herren, wenn Sie eine Italienerin mit allem Feuer lieben und gar nicht daran denken, einer anderen Dame auch nur einen Blick zu schenken – daß diese treue Liebe Sie vor der Eifersucht Ihrer Freundin bewahrt. Sie wird ein Netz von Bewachern um Sie spinnen, sie wird in Ihrer Abwesenheit in Ihren Anzügen nach einem verlorenen Blondhaar suchen, sie wird – wenn Sie einen Abend ohne ihre Gesellschaft verbracht haben – am nächsten Morgen die Zigarettenstummel in Ihrem Aschenbecher examinieren und aus deren Zahl berechnen, ob Sie allein waren – oder nicht. Sie wird mit Ihrem Friseur, Ihrem Portier, Ihrer Köchin, dem Garagenwärter, der Wach- und Schließ-Gesellschaft Geheimabkommen schließen und wird Sie, wenn Sie es am wenigsten erwarten, mit dem Zorn einer Furie überfallen und Ihnen ins Gesicht schleudern, sie wisse alles – einfach *alles!* – und die einzige Lösung, die ihr verbleibe, sei – Ihnen das Lebenslicht kurzerhand auszulöschen. Beteuern Sie dann ja nicht Ihre Unschuld, es wird Ihnen kein Wort geglaubt, man erwartet von Ihnen, daß Sie um Verzeihung bitten für etwas, was Sie gar nicht getan haben, und damit zugeben, ein nichtswürdiger Sünder zu sein. Für italienische Frauen ist Eifersucht der größte Beweis ihrer Liebe. Deshalb genießen sie es ja auch so sehr, eifersüchtig zu sein – es ist für sie wie ein berauschendes Opiat, dem sie rettungslos verfallen sind, denn ohne Eifersucht ist das Leben nicht mehr lebenswert.

Ganz anders liegt der Fall bei den Männern. Natürlich explodieren die italienischen Männer zunächst dort, wo auch alle anderen explodieren – wenn nämlich die Frau, der ihr Herz gehört, von einem anderen Mann erzählt – wie blendend er aussieht, welchen Zauber er in Wort und Stimme zu legen weiß, wenn er einer Dame andeuten will, daß er sie schön und anziehend findet – und dazu hat er noch ein traumhaftes Auto und wirft mit dem Geld nur so herum, aber nicht wie ein Banause, sondern mit der Phantasie eines Ritters – »stell Dir vor, da geht er vorgestern mit Nicoletta aus – zu George's natürlich – und der Gitarrist kommt an den Tisch und spielt alle ihre Lieblingslieder der Reihe nach herunter – und wie sie einen Moment hinausgeht, um sich zu frisieren, schickt er ihr das raffinierteste französische Parfüm hinterher – und wie sie dann zurückkommt, findet sie in ihrer Handtasche ein neues Zigarettenetui, mit ihrer Lieblingsmarke angefüllt und unter den Zigaretten einen Zettel, worauf steht ›Ti adoro‹ – ›Ich bete Dich an‹. Dann bringt er sie nach Hause und vor ihrer Tür steht ein Korb mit zwei eiskalten Flaschen Champagner und einundzwanzig roten Rosen – märchenhaft, findest Du nicht?«

Sie braucht dann gar nicht mehr dazu zu sagen: »Unsereinem passiert so etwas nie« – der Mann rast vor Eifersucht. Bis zu diesem Punkt wäre der italienische Mann – was die Eifersucht betrifft – nichts weiter, als das Spiegelbild der Damen. Bei *ihm* geht die Sache aber weit darüber hinaus.

Glauben Sie nicht, meine Damen, Ihre italienischen Schwestern, die das beklagenswerte Schicksal haben, bei ihren Männern nach dem Niederbrennen der ersten Leidenschaft Seitensprünge tolerieren zu müssen, hätten dann wenigstens nicht mehr unter deren Eifersucht zu leiden! Da haben wir's, werden Sie sagen – eben doch ein rückständiges Land, in dem die Frau nur ein Besitzstück des Mannes ist, nichts weiter. Wo, bitte, bleibt die Gleichberechtigung? Wenn die Männer fremd gehen – warum sollen die Frauen nicht dasselbe dürfen?

Stimmt grundsätzlich: Nur hat die Sache – all'italiana – einen kleinen Haken. Die meisten italienischen Männer haben eine Freundin – aber mit schrecklich schlechtem Gewissen. Das Grundgefühl und der Kitzel zugleich ist dabei die Angst, ihre Frau könnte ihnen auf die Schliche kommen. Also wenden auch die Männer die Eifersucht im Eheleben als Liebesbeweis an, der um so notwendiger wird, je inniger sie mit der verheimlichten Freundin verbandelt sind. Da sie nun geborene Schauspieler sind, teilen sie das Los der Menschen auf der Bühne: Vom Augenblick des Auftritts an spielen sie nicht mehr ihre

Rolle, sondern werden mit Haut und Haaren zu den Figuren, die sie verkörpern – und deren Empfindungen sind ihnen Wirklichkeit. So ist ein Ehemann, der seine Freundin mit Grund verschweigt, von dem Augenblick an, da in ihm der Verdacht aufsteigt, seine Frau könnte die Komplimente eines Galans angenehm finden, wirklich, wahrhaftig und auf fast ekstatische Weise eifersüchtig. Er fühlt sich tief verletzt. Er ist nicht mehr *der* Mann, sondern nur noch einer unter mehreren Möglichkeiten. Und wer, frage ich Sie, hält das aus? Hier kommt etwas heraus, was man den ›Gockel-Komplex‹ nennen könnte. Denn gleich einem Gockel ist der Mann eitel, potent, ein überwältigendes Wesen und muß das ununterbrochen von vielen Damen bestätigt bekommen. Fällt eine, oder fällt gar die zur Ehe Erwählte aus, dann schnappt er über.

Aus dem ›Gockel-Komplex‹ schließlich entwickelt sich die schlimmste Form der Eifersucht, deren ein italienischer Mann fähig ist – die Eifersucht gegenüber Frauen, die sich dagegen sträuben, von ihm erobert zu werden. Von einem weiblichen Wesen, dem man die Welt zu Füßen legen will, gleichgültig zurückgewiesen oder überhaupt nicht wahrgenommen zu werden, das ist – denken Sie an die ›Bella Figura‹! – gleichbedeutend mit einer totalen Blamage.

Wenn dieser Sachverhalt eintritt, gilt es, sogleich die Gründe zu erforschen und dabei bedacht zu sein, daß die Noblesse der eigenen Gesinnung offensichtlich wird. Etwa: Das liebe Kind weiß ja noch nicht, was wahre und solide Qualität ist – welch ein Jammer, daß ein so zauberhaftes Mädchen auf die lächerlichen Spiegelfechtereien eines jungen Fants hereinfällt, der selber noch gar nicht ahnen kann, welchen Schatz er da ruiniert. Damit aber ist das Stichwort schon gefallen: der Fant ist – jung. Die besondere Art der Eifersucht, von der ich hier rede, schließt das Problem des Mannes ein, der altert – ein Prozeß, den ja bekanntlich das Herz nicht mitmacht. Und damit zurück zum Fall des Doktor Bartolo.

Er hat jahrzehntelang in seinem Hause in Sevilla mit einer ›Donna di casa‹, einer Haushälterin zusammengelebt, für die er sich, als sie ein junges Mädchen war, einmal flüchtig interessierte, die ihm aber in der langen Folgezeit mit ihrem sinnlosen Gequatsche weidlich auf die Nerven ging. Plötzlich fällt – durch Umstände, die der Chronist verschweigt – das Kind Rosina vom Himmel – und der gewiegte Junggeselle erkennt sofort, welchen Goldfisch er da an der Angel hat. Ebenso schnell aber macht er den entscheidenden Fehler: Aus purer Angst, es könnte auch nur der Hauch eines Wunsches nach einem männlichen Wesen, das nicht Bartolo heißt, in ihr aufkeimen, sperrt er Rosina ein, droht ihr mit Strafen, versucht, sie zu einer willenlosen Puppe in seiner Hand zu machen, die blind unterschreiben wird, wenn er ihr schließlich den Ehekontrakt vorlegt, und erzeugt damit ihren Abscheu. Als Gefängnis empfindet sie ihr Domizil, als Tyrannen ihren Vormund Bartolo, und konsequenterweise verliebt sie sich über beide Ohren in den ersten jungen Mann, der unter ihrem Fenster eine Serenade singt. Sie glaubt, er heiße Lindoro – ein armer Student mit einem Herzen voller romantischer Liebe. Daß Lindoro nur die Maske des hochmögenden Grafen Almaviva ist, davon ahnt sie nichts.

Offenbar hat dann Bartolo Rosina bei der Antwort auf Lindoros schmelzende Weise überrascht. Und im Folgenden wird er, je näher durch Figaros Ränke die Gefahr ins Haus rückt, immer ahnungsvoller, unleidlicher und mißtrauischer werden – verzweifelt entschlossen, das Spiel um Rosina zu gewinnen, und sei es durch Winkelzüge oder Gewalt. Verkrampft durch den tiefen Komplex des alternden Mannes will er das Rad der Zeit zurückdrehen und sich im letzten Augenblick noch ein zweifelhaftes Glück ergattern – anstatt der Jugend ihren Lauf zu lassen und heiter zu resignieren. Ohne zu merken, daß Rosina für Lindoro-Almaviva längst in Flammen steht, macht er ihr, in der sinnlosen Hoffnung, sie einzuschüchtern und durch Terror zu erlangen, was er nur durch Souveränität hätte gewinnen können, die berühmte Szene, in der er durch die mißglückende Unterdrückung seiner Eifersucht die Lächerlichkeit seiner wahren Absicht nur umso deutlicher bloßlegt.

In seiner Unsicherheit, die er sich zum eigenen Schaden nicht eingesteht, hat Bartolo einen Bundesgenossen gesucht – und gefunden: Don Basilio. Das ›Don‹ kann in romanischen Ländern zweierlei bedeuten – entweder die Zugehörigkeit zum Adel – ›Don Carlos‹, ›Don Giovanni‹ – oder die Standesbezeichnung für ein sonst nicht definierbares Mitglied des niederen katholischen Klerus. Don Basilio ist Musikmeister geistlichen Standes. In jenen gemütlichen Zeiten, in denen die Kirche noch jedem Talent eine Heimstatt bot, deren sie sich heute so lautstark schämt, war ein Musiker, zumal ein stimmbegabter, auch ohne nennenswerte Karriere, immerhin eine interessante Figur. Man gab ihm die niederen Weihen, die ihn ein wenig, aber nicht sehr verpflichteten, und schickte ihn als Gesangslehrer in Häuser, deren Töchter zu wünschenswerten Heiraten angehalten und an zweifelhaften Liebschaften gehindert werden sollten. Ein solcher Mann, von Rossini mit eminentem Baß ausgestattet, ist Don Basilio – ein Erzintrigant, der Rosina im Gesang auf das höchste erreichbare Niveau der Kunst gebracht hat. Nun soll er, als der natürliche Bundesgenosse Bartolos, zweierlei bewirken: Erstens soll er unterbinden, daß Rosina auf die Machenschaften Almavivas hereinfällt, und zweitens, daß sie Bartolo schnellstens heiratet. Das letztere kann, nach Basilios Meinung, durch eine brüske Überrumpelung gelingen. Almaviva auszuschalten, ist schwerer, denn man hält ihn für den anonymen Hintermann des armen Lindoro, ohne zu ahnen, daß beide dieselbe Person sind. Basilio weiß einen einzigen Weg: Man muß gegen den mächtigen Grafen eine Verleumdung in Umlauf bringen, die Rosina überzeugt, daß Lindoro, in den sie sich verschossen hat, sie nur in die Arme des Wüstlings Almaviva schubsen will und somit ihrer Liebe nicht wert ist.

Wie eine solche, willentlich ausgestreute Verleumdung wirksam wird, das erklärt der in der Materie erfahrene Don Basilio mit Genuß in der Arie ›La Calunnia‹:

»Die Verleumdung«, sagt er, »ist ein Windhauch, ein höchst liebenswertes, kühlendes Lüftchen, das fein und leicht und weich zu flüstern beginnt. Leise, leise, ganz am Boden, mit halber Stimme, köstlich säuselnd läuft sie hin und summt ins Ohr der Leute, fädelt sich geschickt in die Köpfe ein, macht den Verstand ganz duselig und bläht die Gehirne schließlich auf. Aus dem Munde schlüpft Geschnatter, das schön langsam lauter wird, und immer mehr an Kraft gewinnt. Schon fliegt es von Ort zu Ort, gleich dem Donner des Gewitters, der inmitten düsteren Waldes Dich vor Schreck erstarren läßt. Und zum Schluß ballt es sich ein wie der Krach der Esplosione, wie der Schuß aus der

Kanone und die Erde bebt zusammen mit der Luft. Und der miese Kerl, den's trifft, giftzerfressen, fußgetreten, der geht unter der Geißel der öffentlichen Meinung schön langsam ein und krepiert.«

Fast könnte man sagen, Rossini ist ein aktueller Komponist – oder irre ich mich?

Basilio hält also das Gerücht für eine unfehlbare Waffe. Aber er hat eines vergessen: Wenn Liebe spricht, kann Verleumdung nicht siegen. Natürlich müssen Rosina und der unerkannte Almaviva noch manchen kritischen Moment bestehen. So nimmt zum Beispiel Figaros Plan, den Grafen als betrunkenen Soldaten in Bartolos Haus zu schmuggeln, ein blamables Ende, weil der schlaue Doktor dem verkleideten Liebhaber ein Patent unter die Nase hält, das ihn von jeder Einquartierung befreit.

Aber schließlich ist es Figaro gelungen, den Schlüssel zu Rosinas Fenstergitter zu entwenden – und so machen sich der Barbier und sein Herr um Mitternacht daran, das Mädchen einfach zu entführen. Wie bestellt entlädt sich zum rechten Zeitpunkt auch noch ein Gewitter mit Güssen, Blitz und Donner über der Stadt. Triefend turnen die beiden durchs Fenster ins Haus und gewahren zu spät, daß Bartolo die gleiche düstere Stunde wählte, um einen Notar zu bestellen. Er will, da er die dräuende Gefahr erkannt hat, die Ehe mit Rosina auf der Stelle erzwingen. Basilio, der selbst als Trauzeuge dienen soll, schleppt den bibbernden Juristen herbei. Der überscharf vorausschauende Bartolo wird das Opfer seines Verdachtes. Er hat die Wache geholt, um die Einbrecher verhaften zu lassen, und in der Zwischenzeit hat der Notar den Ehevertrag zwischen Rosina und dem Grafen rechtskräftig gemacht. Basilio aber, der in Bartolos

Intrige der lenkende Geist gewesen war, sagt nun dem perplexen Doktor:

»Dieser Graf trägt in seinen Rocktaschen gewisse blinkende Vernunftgründe herum, denen zu widersprechen unmöglich ist.«

Dem Geprellten bleibt nur, sich dreinzufügen und seinen Segen zu geben. Bartolos fixe Idee, er sei intelligent genug, alle Kapriolen des Geschickes im voraus wirkungslos zu machen und für jedes denkbare Hindernis einen Schleichweg bereit zu haben – seine Überheblichkeit, die Zukunft meistern zu wollen, noch bevor sie Gegenwart geworden ist – dies alles hat sich als nutzlos erwiesen. Und hier finden wir unser letztes unerschöpfliches Thema: Die Italiener und das Leben.

Hand aufs Herz – wer lebt wirklich, wie er zu leben wünschte? Nach italienischer Meinung doch eigentlich nur der, dem der gegenwärtige Augenblick wichtiger ist als die Rätsel der Zukunft. Es ist zu nichts zu spät – denn auch nur eine Sekunde weiter, als ich bin, kann ich nicht sein. Augen, die sich für einen Moment zu einem unerwarteten, verheißenden Blick verdunkeln, das tiefe flüchtige Glück, das einen Mann befällt, wenn plötzlich ein halbes Wort aus einem schönen Mund in die Stimmlage der Leidenschaft absinkt, die Entschlossenheit, für ein so vages Versprechen auch ›la miseria‹, also den Zustand materiellen Untergangs in Kauf zu nehmen, überhaupt das Risiko als Wagnis im Absurden – das zusammengenommen macht etwa die Kunst aus, mit allen Sinnen und ganzer Seele im gegenwärtigen Augenblick zu leben, ohne die Belastung einer ohnehin fehlerhaften Vergangenheit und ohne die Angst vor einer sicher bedrohlichen Zukunft. Der erfolgreichste Schlager einer früheren italienischen Saison, den alle Kinder auswendig konnten, hatte den Text: »Chi sà che và – wer weiß, ob's geht – ma si che và – aber natürlich wird's gehen.« *Was* gehen soll, wird nicht genau gesagt, aber *daß* es gehen wird, daran zweifelt niemand. In Italien ist das Leben ein Spiel mit gutem Ausgang. Und es gibt eine Person, die das Leben als Spiel so souverän beherrscht, daß die größte Möglichkeit zur Freude herauskommt – Figaro.

Die am meisten verwickelte Situation der ganzen Oper zeigt ihn distanziert und gelassen, angesichts seiner eigenen ›dritten Idee‹. Er hatte dem Grafen Almaviva geraten, sich als Schüler des angeblich erkrankten Don Basilio auszugeben, um Rosina wenigstens eine Musikstunde erteilen zu können. Die Sache läßt sich auch ganz gut an, bis der keineswegs kranke Basilio unvorhergesehen in Person erscheint. Auf welche Weise man den Ungewünschten nun hinauskomplimentiert – er sei ›giallo come un morto‹, ›gelb wie ein Toter‹, sagt ihm der Graf – er habe ›la febbre scarlattina‹, das ›Scharlachfieber‹, sagt ihm Figaro – das heißt, das Leben als Komödie nehmen und seinen Spaß daran haben.

Figaro – ja das heißt wirklich, das Leben als Komödie nehmen und seinen Spaß daran haben. Auch wenn es ein Widerspruch zur Wirklichkeit ist, – die Weisheit, das Leben als einen großen Spaß zu nehmen, reicht wohl für uns alle hin, um Figaro dafür zu danken, daß er noch immer lebt.

›Badinerie‹

DAS SÜSSE LEBEN DER ARISTOKRATIE

In Rom lebt eine sehr alte und stolze Familie, die den Namen Massimo trägt. Diese Massimos – oder wie man italienisch sagen würde: Massimi – führen ihren Stammbaum bis in die frühen Zeiten der römischen Antike zurück, genauer gesagt, bis auf jenen berühmten Quintus Fabius Maximus Cunctator, der durch seine Zauder-Taktik im Zweiten Punischen Krieg Hannibal so große Schwierigkeiten machte. Natürlich ist diese Abstammung nicht lückenlos erwiesen, aber in Rom hat man sich seit Jahrhunderten an die Geschichte gewöhnt, zumal ja das Geschlecht der Massimo in der Tat sehr alt ist.

Am Anfang des vorigen Jahrhunderts, als der siegreiche Napoleon in Oberitalien stand und Rom noch die Hauptstadt des Kirchenstaates war, schickte Papst Pius VI. in einer sehr delikaten Mission einen Fürsten Massimo zu Napoleon ins Feldlager – als Sondergesandten des Heiligen Stuhles, der versuchen sollte, die denkbar schlechten Beziehungen des Papstes zu den Franzosen ein wenig in Ordnung zu bringen. Als Napoleon hörte, wer der Gesandte war, beschloß er, ihn sofort einzuschüchtern. Bei der ersten Audienz kam der Kaiser raschen Schrittes auf den Fürsten Massimo zu und sagte ohne Einleitung: »Ich höre, daß Ihre Familie sich von Fabius Maximus herleitet. Sie werden doch nicht denken, daß ich Ihnen einen solchen Unsinn glaube?« – Worauf der Fürst erwiderte: »Ob in dieser Legende eine Wahrheit steckt, Sire, kann ich nicht entscheiden. Ich weiß nur, daß man sich in unserer Familie diese Geschichte seit zwölfhundert Jahren erzählt.«

Damit wären wir inmitten der Welt, mit der ich Sie bekanntmachen möchte – eine seltsame, traditionsreiche, frivole und elitäre Welt, voll von Geschichte, Klatsch, Nutzlosigkeit, Größe und Skandälchen, eine Welt, die ihre Existenzberechtigung von aller Welt in Zweifel gezogen fühlt, sie zum Teil auch vielleicht selber bezweifelt, und doch über allen Wandel der Zeiten an Gesetzen festhält, die ihr auch dann noch Richtmaß und Lebensform geben, wenn sich einzelne darüber mit persönlichen Eskapaden hinwegsetzen.

Viele Römer erinnern sich noch daran, daß am Tage der Unterschrift der Lateran-Verträge im Jahre 1929 an verschiedenen römischen Palästen die Fensterläden und die Portale sich öffneten, nachdem sie seit dem Jahre 1870 verschlossen gehalten worden waren. Es handelte sich um die Stadthäuser verschiedener großer römischer Familien, die aus dem päpstlichen Hof hervorgegangen waren und die Auflösung des Kirchenstaates im Jahre 1870 als ein Unrecht betrachteten. Von dem Augenblick an, wo auf der Engelsburg die italienische Trikolore wehte, bis zu der Wiederherstellung der päpstlichen Souveränität 1929, also durch beinahe sechzig Jahre, hielten diese Familien die Jalousien ihrer Fenster und die Tore ihrer Häuser zum Zeichen des Protestes geschlossen. Es gab zwei Generationen in diesen Familien, die ihre Wohnungen nur bei künstlichem Licht kannten.

Dies ist mehr als eine Geste, es ist der Ausdruck einer Lebenshaltung – und die Träger dieses Geistes bildeten und bilden noch die sogenannte ›Aristocrazia nera‹ – den ›Schwarzen Adel‹, der zumeist wenigstens einen Papst und mehrere Kardinäle zu seinen indirekten Vorfahren zählt. Wenn eine große Feierlichkeit in Sankt Peter stattfindet, haben die Mitglieder dieser Familien bevorzugte Plätze, und einmal im Jahr gewährt der Papst dem Patriziato Romano eine besondere Audienz. Und man wird mit Recht fragen, wie sehen denn diese Leute aus – wie benehmen sie sich, wie denken und wie leben sie?

Es vergeht kaum ein halbes Jahr in Rom, ohne daß irgendjemand aus diesen Kreisen von sich reden macht – und, die Zeitungen, wie wenn sie nichts anderes zu tun hätten, stürzen sich auf jedes Privatskandälchen, das mit einem solchen Namen verbunden ist. Der Irrtum, den man dabei begeht, ist, daß man die Welt glauben machen will, es handle sich bei solchem Aus-der-Reihe-Tanzen um ein Zeichen von Degeneration. Wenn man sich die Leute aber ansieht, ist man überrascht, daß von Degeneration wirklich nichts zu merken ist. Die Männer sind eher bäuerlich, robust, fröhlich, und von jener etwas überalterten Eleganz, die dem Schnèider nicht das Recht gibt, mehr aus einem Menschen zu machen, als er ist. Fast jeder von ihnen hat eine Liebhaberei – der eine sammelt alte Manuskripte, der andere schriftstellert, viele sind hochmusikalisch und üben dieses Talent auch aus, einige sind einfach passionierte Landwirte mit sehr fortschrittlichen Ideen, viele von ihnen haben zeitweise im diplomatischen Dienst gewirkt, und alle haben einen ausgeprägten Familiensinn, kennen alle Verwandtschaften, verbringen Stunden mit Erzählungen von Tanten und Onkeln und Hochzeiten und Verlobungen. Fast alle verstehen sehr viel von Porzellan, und schätzen es, wenn man an der Tafel sich nicht geniert und den Teller, den der Diener gerade auflegt, umdreht, um nach dem Markenzeichen zu sehen. Nur einige von ihnen bewohnen noch ihre alten Stadtpaläste, die meisten sind in bequeme, gut heizbare Wohnungen von bescheidenem Umfang gezogen (oft im Dachgeschoß des eigenen Hauses) und haben ihre Prunkräume an Banken oder an Antiquare vermietet. Der Ton, den sie untereinander anschlagen, ist fern von allem Zopf, und ihre Redeweise läßt gar oft erkennen, daß ihnen der römische Dialekt bequemer und lieber ist, als eine geschraubte Schriftsprache.

Die Frauen dagegen sind viel komplizierter. Sie sind umso liebenswürdiger miteinander, je mehr sie sich hassen. Sie haben eine großartige Kenntnis von Edelsteinen und sehen es jedem Schmuckstück an jedem noch so schönen Hals unbestechlich auf zwanzig Schritte an, ob es falsch oder echt ist. In ihren Familien führen sie ein strenges Regiment, gegenüber ihren Söhnen aber sind sie von bezaubernder Schwäche. Geiz ist ihnen nicht fremd, und man hat manchmal das Gefühl, daß es ihnen zu verdanken ist, wenn von den großen Familienvermögen aus früherer Zeit überhaupt noch etwas übriggeblieben ist. Mit Vorliebe sprechen sie ein rasantes Französisch – sind an Dingen der Kunst in konservativem Sinne interessiert, und sagen, soweit es ihren verzweigten Lebensinteressen keinen Abbruch tut, rückhaltlos und unverblümt die Wahrheit. Von ihrem Dienstpersonal werden sie gefürchtet und geliebt, in der Gesellschaft sehen sie auf Rangunterschiede, ohne sich selber daran zu halten, im öffentlichen Leben treten sie überhaupt nicht hervor. Gegenüber der Mode sind sie zurückhaltend, aber man kann nicht sagen, sie hätten keinen Stil.

Nun gibt es in dieser Welt, die von Ahnenbildern umgeben ist, auf den Glanzstücken eines ehemals immensen Besitzes abgeschlossen dahin lebt und den Dingen dieser Welt eine gesunde Skepsis und ein großes Maß an Zurückhaltung entgegenbringt, natürlich auch junge Leute: die Söhne und Töchter aus diesen Familien. Hier sind das Auto und die Segeljacht, hier sind die verschiedenen geistreichen Unterhaltungsweisen der Jeunesse Dorée längst vor die langen Ahnenreihen und die ehrwürdigen Traditionen getreten. Der Unterschied der Generationen ist genauso spürbar wie in jeder anderen Gesellschaft Europas auch, und das Eigenartige ist, daß diese von der Lebensart der Eltern so unterschiedene Weltsicht in der älteren Generation kaum Widerstand findet. Man toleriert und man fördert es sogar, daß die Jugend unter anderen Gesetzen lebt – und vielleicht wäre das nicht ganz so selbstverständlich, wie es scheint, wenn nicht in fast jeder Familie ein Onkel oder ein älterer Vetter leben würde, der sich auf Grund seiner eigenen Erfahrungen zum Fürsprech der Jugend machen würde. Und diese Onkel und älteren Vettern haben sich – manchmal unter dem Risiko ihres guten Namens – nichts auf dieser Welt versagt, sie haben gelebt, wie es ihnen Spaß machte, sie haben alles genossen, was sich bot, sie haben eine Raffinesse des Lebensgenusses entwickelt, die weder mit ihren Mitteln noch Traditionen in Einklang zu bringen war – und zum Teil tun sie es heute noch.

An dieser Stelle ist der schmale Kanal zu suchen, der die ›Aristocrazia nera‹ mit der anderen Gruppe der römischen Nobilität verbindet, die keinen besonderen Namen hat und dem italienischen Königshaus nahesteht. Diese Leute haben es viel leichter. Sie sind nicht an die strengen Gepflogenheiten gebunden, die das Leben im Schatten des Heiligen Stuhles im Laufe der Jahrhunderte entwickelt hat. Und sie nehmen es gern in Kauf, weniger Privilegien und dafür mehr Ungebundenheit zu haben. Unter ihnen gibt es eine ganze Reihe von Gigis und Teddies und Charlies, die in sehr schicken, doppeltgeschlitzten Sportsakkos am Vormittag um halb zwölf die kleinen Bars in der Via Veneto bevölkern und von Hunden, Pferden, von ›Macchine potente‹ (darunter versteht man überstarke Rennautos) und natürlich auch von Filmschauspielerinnen und sonstigen schönen Dingen reden, wobei sie sehr gerne Whisky trinken, wenngleich sie noch nichts gegessen haben. Zum Teil sehen sie sehr gut aus – mager und schmal und elegant, und sie legen größten Wert darauf, daß die Krone über dem Monogramm am maßgeschneiderten Hemd hin und wieder sichtbar wird. Am späteren Abend findet man sie in den einschlägigen Lokalen, wo sie sich benehmen, als gäbe es nur sie auf dieser Welt, aber dabei haben sie so viel Charme, daß ihnen das niemand übelnimmt. Die engsten Freunde, die sie haben, sind die Barkeeper und die Masseure in türkischen Bädern, auch die Grooms der großen Hotels gehören zu ihren dienstbeflissenen Vertrauten – und eine Welle des frivolen Teils des Achtzehnten Jahrhunderts scheint wie ein historisches Parfüm über ihre Gestalten gestäubt zu sein. Wenn sie reden, geschieht es in einem Ton, der aus Blasiertheit und mokantem Dandytum einerseits, Humor und Sarkasmus andererseits wie ein Cocktail gemischt ist, und sie finden, daß ihre Köpfe sich am besten auf dem Hintergrund englischer Reiterstiche ausnehmen, die sie den prunkvollen Gobelins der päpstlichen Palazzi weit vorziehen. Ihre Stimmen haben jenen Anflug von Verrauchtheit, der sich aus jahrzehntelanger Konversation in Nachtlokalen entwickelt, und sie lieben den frühen Morgen, aber nur, wenn er der Abschluß einer angenehm verduselten Party und nicht der Anfang eines Tages ist. Die Frauen ihrer Umgebung sind, wie gar nicht anders zu erwarten, hochrassige, magere, zigarettenrauchende und mit zwanzig Armbändern behängte Geschöpfe, die viel Geld kosten, viel Geld ausgeben und den Männern mit dem doktrinären Charme unabhängiger großer Damen beigebracht haben, daß Geiz das letzte ist, was ihnen imponieren könnte. In diesem, in Rom nicht kleinen Kreis ist Golf ein Sport, den man treiben muß, Poker ein Spiel, das man können muß, eine Jacht ein Ding, das man haben muß. Geld muß man natürlich auch haben, aber Vermögen – das ist schon die Frage. Von dieser Gesellschaft gehen weit mehr Querverbindungen zum Film als zum Vatikan – und dies ist auch der einzige Kummer in der Sache: Ein Mensch dieser Kreise hat es schwer, im Vatikan empfangen zu werden. Nun kann man sich natürlich fragen: Was soll diese ganze Sache, warum gibt es so etwas überhaupt noch, während sich die Atomwolken über unserem Haupte versammeln? Wie kommen wir im zwanzigsten Jahrhundert dazu, uns mit den Lasten früherer Zeiten zu beschäftigen, und woher nehmen diese Leute das Recht, sich als so etwas Besonderes zu fühlen? Ich kann Ihnen darauf keine Antwort geben. Ich kann Ihnen nur aus eigener Erfahrung versichern, daß die Welt um ein höchst unterhaltsames und aufschlußreiches Element ärmer wäre, wenn es das alles nicht mehr gäbe. Es ist vielleicht nicht allzu schwer, den stolzen Edelmann auszurotten, der nur noch von den Verdiensten seiner Ahnen lebt, und es ist sicher nicht unmöglich, den schicken Tagedieb zu besseren Tätigkeiten als zum Whiskytrinken am Vormittag zu bringen. Aber vielleicht sollte man beides unterlassen. Vielleicht wäre es besser, an beider Beispielen zu sehen, daß die Welt nicht nur aus Geld und Verdienst und moralischer Untadeligkeit besteht, und daß in dem Getriebe unserer Tage auch eine Toleranz gegenüber der Vergangenheit verlangt wird. Der übersteigerte Ernst und der gänzliche Mangel an Ernst begegenen sich auf dem Boden Roms in den beiden Gruppen, wie ich sie skizzierte, mit allen geschichtlichen Hintergründen. Und vielleicht ist beides ein unausrottbares Zeichen menschlichen Daseins, vielleicht kann beides nur noch *einen* echten Sinn für uns haben, der alle Seltsamkeiten dieser Art aufhebt: Erkennen zu lassen, daß wir kein Massenprodukt, sondern glücklicherweise noch eine Gesellschaft von Einzelgängern sind.

›Amoroso‹

LA PIÙ BELLA DEL MONDO

Alltag und Liebe
im italienischen Canzone

Es ist kein Geheimnis, daß Italien ein Land für die Frauen ist. Die Signora Bianca wacht in der Frühe auf und schon steht ein Veilchensträußerl vom Signore Roberto auf dem Tisch. Dann kommt ein Telefonanruf, worin viel von Tesoro und Amore und Dolce die Rede ist, dann muß die Dame eine Schachtel mit zweitausend Zündhölzern haben, weil es Unglück bringt, keine Zündhölzer im Haus zu haben und die müssen auch noch mit kleinen Spielkarten beklebt sein – was macht der Mann, er rennt in der ganzen Stadt herum, um diese Zündhölzer zu finden und geht nicht ins Büro. Um zum Friseur zu gehen, der zwei Straßen weiter seinen Laden hat, wird ein Kavalier bestellt, der einen mit dem Auto hinüberfährt, weil die Bleistiftabsätze längere Märsche auf dem Pflaster nicht vertragen. Dortselbst angekommen, streckt die Signora Bianca Hände und Füße aus und wird poliert. Die Rechnung zahlt der Kavalier. Eine kleine Schachtel mit Konfekt gehört zum täglichen Tribut und nachdem der Nachmittag in angenehm intimen Geplauder mit Freundinnen hinreichlich ermüdend verbracht ist, geht man am Abend in eine Trattoria und ißt so viel, daß die Dame am nächsten Morgen unbedingt mit der neuesten Schlankheitskur beginnen muß – die Rechnung zahlt der Kavalier.

Noch habe ich nicht von Modistinnen und ihren Gebilden aus Federn und Seide gesprochen, die der Kavalier zu seiner höchsten Wonne mit aussuchen darf, wobei sein hauptsächliches Vergnügen natürlich darin besteht, sie zu bezahlen. Ein großes Problem ist in diesen wechselreichen Beziehungen zwischen den Signore und den Signori die jeweilige Modefarbe, wobei man bei längerer Beobachtung eine beharrliche Rückkehr entweder zu Rosa oder zu Himmelblau feststellen kann. Daß wir in einem bestimmten Jahr in Italien zum Beispiel eine Überschwemmung in Blau erlebt haben, ging auf einen Mann, mit dem schönen napoletanischen Namen Domenico Modugno zurück, der es möglicherweise satt bekommen hatte, seiner Dame nur immer dieselben täglichen fünfzig Gefälligkeiten zu erweisen und also beschloß, einmal mit einem ganz großen Kompliment sozusagen einen Staatsstreich zu verüben.

Das größte Kompliment, das man seit unvordenklichen Zeiten einer italienischen Dame machen kann, und dem gegenüber Veilchensträuße und Friseurrechnungen in nichts verblassen, ist ein Canzone. Modugno schrieb ein Lied, das heißt besser, er erzählte auf musikalische Weise einen Traum.

»Ich glaube«, sagte er, »daß ich einen Traum wie diesen kaum jemals mehr wieder bekommen werde. Stellt Euch vor, ich habe geträumt, daß ich meine Hände und mein Gesicht blau bemalte und – von einem plötzlichen Wind davongeweht – zu fliegen anfing im unendlichen blauen Himmel. Oh, sagt er, Fliegen, oh, Singen, im Blau gemalt im Blau, glücklich, da droben zu sein, immer höher hinauf, bis über die Sonne, und die Welt verschwand allmählich unter mir, eine süße Musik spielte nur für mich und alles war blau. Aber alle Träume haben ja bei Tagesanbruch ein Ende, der sinkende Mond nimmt sie mit sich fort und da ist das Wunder geschehen, ich fuhr fort, meinen Traum zu träumen in Deinen Augen, die so blau sind wie der Himmel, in den ich hineingeflogen bin.«

Na bitte, das soll ihm einer nachmachen. Als Modugno dieses Lied damals auf dem Festival in San Remo vorsang, sprangen die Leute von den Sitzen auf und sangen sofort mit, und die Begeisterung über den blau in blau gemalten Himmel und den darin herumfliegenden Herrn Modugno hat in Italien für einen Augenblick alle Weltereignisse unwichtig werden lassen.

Es ist Frühling. Alles steht in Blüte, und die Leute nützen jeden Augenblick aus, um sich bereits in neuen Frühjahrskleidern in die Sonne zu setzen – das heißt, die Leute ist zuviel gesagt – eigentlich sind es nur die Herren, denn die armen Hausfrauen haben vor Ostern die Generalreinigung der Familie an Haupt und Gliedern vorzunehmen. Aber die Fenster der Häuser sind schon wieder stundenlang offen und man hört gewaltige Diskussionen über die Straßen und Gassen hinweg während die Wäsche in langen Zügen auf die Drähte hinausgehantelt wird. Dazu hört man: ›Aprite le finestre!‹ – ›Öffnet die Fenster‹, heißt ein Lied, das seit vielen Jahren in Italien im Frühling aus allen Lautsprechern tönt.

La Primavera, der Frühling, ist, wie überall, so auch in Italien, die klassische Zeit dafür, sich frisch zu ver-

4

SANTA MARIA IN TRASTEVERE

Lavierte Federzeichnung von Marianne von Werther im Besitz der Künstlerin

lieben. Der junge Sänger eines lange Zeit gespielten Schlagers mit dem Titel ›Canto della Valle‹ wußte das ebenfalls ganz genau, deshalb versprach er – ach wie süß ist es, im Frühling Versprechungen zu machen! – der Dame seines Herzens:

»Wenn Du sehen wirst, wie die ersten Veilchen herauskommen auf dem Pfad, wo ich Dir begegnet bin, komm zurück, Amore, und Du wirst mich finden. Wenn Du hören wirst, wenn man diesen Canzone singt, den ich Dir schon einmal im Frühling gesungen habe, wirst Du die Seufzer meines Herzens spüren. In einer kleinen Kutsche werde ich Dich erwarten und in mein Tal werde ich Dich fahren, oh, oh, oh, und heiraten werde ich Dich auch.«

Glauben Sie mir: Der Frühling, die Sonne, der blaue Himmel, das Licht, der Wein und die Liebe in Italien sind zu schön, um letzterem Versprechen einen nordischen Ernst beizumessen!

Unser Kapitel heißt: ›La più bella del mondo‹ – ›Die Schönste auf der Welt‹ – es muß also notwendig etwas mit der Liebe zu tun haben. Ich kann nicht umhin, Ihnen jetzt einen Typ von Italiener vorzustellen, der wie gar viele seiner Landsleute die Sache auch ein bißchen theoretisch zu erörtern wünscht. Bevor wir uns also der Frage zuwenden, wer denn die Schönste auf der Welt ist, präsentiere ich Ihnen einen jungen Mann, der im Canzone ›Cos'è un bacio‹ etwa folgende Rede an Sie hält:

»Meine sehr verehrten Damen und Herren, zwar bin ich kein Professor, aber es ist nicht unbedingt notwendig, einen akademischen Grad vorzuweisen, wenn man das

Bedürfnis hat, über die Liebe zu reden. Ich bitte Sie also, folgen Sie mir mit der größten Aufmerksamkeit. In unserem Fall habe ich die Ehre, vom Bacio zu reden – il Bacio ist der Kuß. Und Sie können mir meine Definition ruhig glauben: Was ist ein Kuß? Das Zusammentreffen von zwei Herzen, che sono innamorati, die ineinander fürchterlich verliebt sind.«

Große Weisheiten gibt er ja nicht von sich, aber – und dies ist das Italienische daran, – auf welch graziöse Weise tut der Sänger das im italienischen Schlager, dessen Übersetzung freilich leider zu banal wirkt. Die italienische Sprache klingt halt auch dann noch wunderschön, wenn sie gar nichts Besonderes zu sagen hat.

Die Zeit vom Ostersonntag an ist in Italien die bevorzugte Zeit zum Heiraten. In Rom heiraten im April so viele Leute, daß die Brautpaare manchmal am Kirchenportal Schlange stehen, bis sie dran kommen. Dies ist selbstverständlich nicht nur mit schwierigen protokollarischen Fragen des Vortritts, sondern auch mit erregten Diskussionen darüber verbunden, wer die schönste Braut hat. Eine Hochzeit ist in Italien selten eine Privatangelegenheit, die Öffentlichkeit soll vielmehr daran teilnehmen, und die Nachbarn, die Freunde, die Klienten, die zahllosen Onkel, Tanten und Vettern, deren Freunde und Klienten, die Lieferanten, die verschiedenen Hausmeister, Friseure, Portiers, Tankstellenbesitzer, alles nimmt daran teil.

Es scheint, als wolle man mit jeder möglichen Konzentration das Glück auf das Brautpaar herabziehen – das Glück, das unter dem heiteren Himmel Italiens und angesichts der Verlockung von so viel praller Schönheit ringsherum besonders bei den Ehemännern recht oft ein wechselndes ist. Deshalb gibt es für eine italienische Familie nichts Wunderbareres als eine Goldene Hochzeit, also den Anblick eines Paares, dem es geglückt ist, fünfzig Jahre miteinander zu leben. Die hartgesottenen Sünder überwinden normalerweise bei einer gewöhnlichen Hochzeit ihre Rührung durch den fabelhaften Konsum von Spaghetti und Torten, aber angesichts einer Goldenen Hochzeit brechen sie mit Sicherheit in Tränen aus. Natürlich fällt der Tag der Goldenen Hochzeit auch wieder in den April, wie das ein lange Zeit berühmter Schlager mit dem Titel ›Nozze d'oro‹ verkündete.

In einem anderen Canzone tauchte ein junger Mann auf mit pomadisierter Schneckerlfrisur, den der Frühling melancholisch machte. Wahrscheinlich hatte ihn seine bella Ragazza versetzt, und da saß er nun, merkwürdigerweise hinter einer großen Trommel, und während die Geigen schluchzten und die Saxophone bibberten, wußte der arme, liebeskranke junge Mann nichts anderes zu tun, als auf die große Trommel draufzuhauen. Er war ein richtiger Giovanotto, ein Mensch jugendlichen Alters, der keine Ahnung hatte, was er machen sollte, mit einem Anflug von Leichtsinn und kleinen dunklen Stellen in seinem Charakter, und diesen Giovanotto hatte die Liebe sozusagen verkleinert: Er war nämlich aus lauter Liebeskummer nur noch ein Giovanottino. Aber der Giovanottino hatte Freunde, und einer davon fragte ihn das, was wir ihn auch gefragt haben würden: »Mein lieber Giovanottino, warum um Himmelswillen spielst Du die große Trommel?«

Ähnlich leicht zu erlernende musikalische Betätigungen wie das Schlagen der großen Trommel gibt es in Italien noch mehrere. An erster Stelle ist da zu nennen das Kurbelklavier, das sich durch dreierlei auszeichnet: Erstens hat es eine Tastatur, die vollständig sinnlos ist, weil man es nur mit Hilfe einer Kurbel und eines Schwungrades zum Spielen bringen kann; zweitens ist es grauenhaft verstimmt und drittens kassiert sein Besitzer ein Honorar, wie wenn das Klavier ein arbeitendes Tier wäre. Im übrigen würde diesem wunderbaren Lande etwas Herrliches verlorengehen, wenn die Töne des Kurbelklaviers einmal völlig verstummten.

Denn: Kann man nicht aus den verwehten Klängen eines solchen Kurbelklaviers die ganze merkwürdige Stimmung etwa des italienischen Mittags heraushören, diese gewisse sonnenbeschienene Öde, die scharfen Schatten, das Schweigen, die huschenden Katzen und hin und wieder eine alte Frau mit einem schwarz eingehüllten Gesicht? Zeitloses Bild in Hunderten von italienischen Bergstädten. Schon jetzt hat man dort eine Vorahnung von dem Gran Caldo, von der großen Hitze, die im Sommer auf dem Lande liegt und die Menschen in die schattenreichen Schächte ihrer verwitterten Häuser und Gassen zurücktreibt.

Auch in Rom gibt es solche Viertel, nur ist in Rom die Farbe nicht grau, sondern goldbraun, und die glückliche Stadt hat überdies das Meer nur zwanzig Kilometer vor der Tür. Wenn also der Große Caldo kommt, wird es wie alle Jahre einen großen Auszug des römischen Volkes geben, ans Meer oder in die Berge. Wer aber näher hinsieht, wird bemerken, daß dieses ausziehende Volk zum allergrößten Teil aus weiblichen Personen besteht, die von Scharen brüllender Kinder umgeben, den ausbrechenden Schweiß durch Wolken von Puder stillend, in die freie Natur entfliehen. Wer bleibt zurück: die Männer. Dies ist das Thema eines anderen Canzones, der von den ›Mariti in città‹, von den Strohwitwern in der Stadt handelt. Caldo infernale, höllengleiche Hitze, ognuno sta male, le moglie tutte partite, die Ehefrauen sind alle verreist, con mille bagagli, mit tausend Koffern. Und was macht der Ehemann? Er seufzt, er findet einen Freund, der seufzt auch, sie gehen zusammen ein Eis essen, der Barmann stöhnt, es ist heiß, zu heiß, um die in den Schoß gefallene Freiheit zu genießen. Doch halt, eine Jalousie öffnet sich und sichtbar wird ein himmlisches Wesen, die Cameriera, das Dienstmädchen von der Nachbarschaft. Und der zurückgebliebene Marito sagt:

»Ah, la cameriera, quant' è bona!«

Wissen Sie was ›bona‹ ist? Bona ist ein weibliches Wesen mit kühn geschwungenen Linien. Bona ist etwas, wo einem verlassenen, armseligen Ehemann selbst bei vierzig Grad im Schatten noch das Wasser im Munde zusammenläuft – aber keine Angst, es bleibt bei dieser Bemerkung, denn die Cameriera ist an Bewunderung gewöhnt, möchte Veilchensträuße, bezahlte Friseurrechnungen, elegante Spazierfahrten und außerdem schenkt sie ihr Lächeln nur einem unverheirateten jungen Mann mit ernsten Absichten. Auch davon singt unser berühmter Canzone ›Mariti in città‹, erzählt von den armen, verlassenen, leidenden Ehemännern in der Stadt, deren bessere Hälften schon jetzt daran denken, wohin sie, befreit von häuslichen Pflichten, im Sommer entfliehen können.

Heute ist Sonntag, Ostern wirft seinen Glanz voraus, und der Familienvater genießt drei Dinge, die ihm unter der Woche weder von seiner Ehefrau noch von seiner Geldbörse erlaubt werden: Er schläft, so lange er will, und das ist lang; er ist sicher, daß er ein wunderbares Essen bekommen wird; und er rasiert sich nicht selbst, letzteres ist das Wichtigste. Im frischen Hemd und Sonntagsanzug geht er am Morgen aus dem Haus mit einem furchterregenden Bart im Gesicht. Heute ist er ein Signore, und den Bart übernimmt der Barbier. Damit ist auch noch ein weiterer Genuß verbunden, denn der Friseurladen hat am Sonntag noch etwas von der alten Baderstube, wo man sich trifft, um zu politisieren, um Männergespräche zu führen, um Vertraulichkeiten auszutauschen, manchmal auch ein kleines Geschäft zu machen und Informationen einzuholen, die von den mißglückten Flirts der Söhne großer Häuser bis zu den letzten Prophezeihungen des Wahrsagers im Quartiere sich ausdehnen. Die Stadt ist still, die Autobesitzer tragen die lärmvollen Demonstrationen ihrer eigenen Gewichtigkeit in die unschuldige Campagna hinaus, und aus dem Mund des kleinen Mannes kommt der zufriedene Seufzer: »Quanto si sta bene di domenica« – »Wie gut geht's einem doch am Sonntag.« Es war der Refrain des beliebten Schlagers ›Domenica è sempre Domenica‹.

Eines ist am römischen Sonntag ein kleines Wunder:

Bei den Tausenden von Autos, die in die Campagna hinausfahren, wäre es ganz natürlich, wenn die Leute sich auf dem Lande verliefen, denn schließlich will der Mensch doch etwas von der Natur haben. Das Gegenteil ist der Fall! Ob am Meer oder an den Seen oder in den Albanerbergen: Sie sitzen immer alle zusammen. Sie verpflanzen sozusagen das Gemeinschaftsleben der Stadt auf das Land hinaus, aber wenn einer die wirkliche, reine Campagnalandschaft sucht, so braucht er vor dem Sonntag keine Angst zu haben: er wird sie so unberührt finden, wie man sie sich nur wünschen kann.

Wir wollen aber nicht nur von Rom sprechen, sondern nun noch einen kleinen Abstecher nach Süden machen, in die Terra pugliese, nach Apulien, in einen höchst merkwürdigen, blitzsauberen, weißgetünchten Ort mit dem schönen Namen Alberobello. In Alberobello haben die Häuser eine seltsame Form: Sie sehen aus wie steinerne Pinienzapfen, haben keine Fenster, nur eine Türe, und tragen den reizenden Namen ›Trulli‹. Jeden Tag stehen die Bewohner in der Frühe auf und kalken ihre Trulli neu, und dann kommt der Polizist auf dem Fahrrad und kontrolliert, ob alles sauber ist. Drei wichtige Persönlichkeiten sind auch in Alberobello die drei Friseure, die auf dem Marktplatz ihre Geschäfte haben, und am Montag, ihrem Ruhetag, je bei einem zusammenkommen, um einen ausgezeichneten Jazz zu spielen. Sicher haben sie inzwischen längst auch den Canzone von den ›Trulli di Alberobello‹ gehört, der davon erzählt, daß ein reicher Fremder sich in ein Trullimädchen verliebt habe und aus dem Trullo gar nicht mehr herauswollte, worüber seine Familie in Amerika in Verzweiflung geriet. Auf ein Telegramm ›Ritorna in Famiglia‹ – ›Kehr doch in die Familie zurück‹ hatte der gute Mann nur eine Antwort: »Ich fühl mich hier wunderbar und geh aus meinem Trullo nie wieder heraus«.

Man sagt immer, daß die Italiener geldgierig seien, aber, es gibt genug Lieder, die beweisen, daß das nicht stimmt. Denn in Italien und mehr als in Italien wiegt das Glück der Liebe den materiellen Mißstand auf. Und so können wir jetzt, nachdem wir so viele italienische Canzoni in so verschiedenen Situationen von Amore haben singen hören, den Titel unseres Kapitels, wer die Schönste auf der Welt sei, mit dem Titel eines anderen Canzone beantworten, der sagt: ›Tu sei per me la più bella del mondo‹ – ›Die Schönste auf der Welt für mich bist Du.‹

Und damit kehren auch wir zurück zum blau in blau gemalten Himmel, in dem wir schwerelos und singend dahinschweben, selbst wenn der wirkliche Himmel von trüben Wolken bedeckt sein sollte, zum blau in blau gemalten Himmel in den Augen della più bella del mondo.

›Maestoso‹

LA MAMMA

Die Mutter als Herrscherin in der italienischen Familie

Alljährlich am Fest der Apostelfürsten Petrus und Paulus geschieht in der Peterskirche in Rom etwas, womit verglichen selbst die Heiligsprechungen verblassen. Das Volk von Rom ergreift am Nachmittag dieses Tages nach uraltem Brauch Besitz von der Basilika. Alle Lichter brennen, der Papst-Altar und das Petrus-Grab sind von flammenden Gladiolenblüten übergossen, die Sänger der Päpstlichen Kapelle singen auf zwei Chören stundenlang herrliche Motetten, und das Stadtvolk geht in seiner Kirche spazieren, wie wenn sie ein großer Platz unter freiem Himmel wäre. Es gibt keine Absperrungen, und die duldsame päpstliche Polizei macht erst gar nicht den Versuch, Ordnung in die Massen zu bringen. Der Statue des heiligen Petrus hat man den päpstlichen Krönungsornat angezogen, und Tausende drängen sich an ihren Sockel, um die unter dem Rauchmantel hervorkommende erzene Fußspitze zu küssen. Die weiten Hallen ertönen vom Geschrei der Kinder, deren Väter wieder einmal Gelegenheit haben, die Bedeutungslosigkeit ihrer Autorität zur Schau zu stellen.

Aber das Aufregende an dem ganzen Geschehen sind die Mütter. In fabelhafter Leibesfülle und unbezähmbarer Vitalität steuern sie ihre Familien durch das Gedränge, finden daneben noch Zeit, sich untereinander darüber zu verständigen, daß die Spaghetti-Preise wieder gestiegen sind, sorgen dafür, daß jeder ihrer Bambini exakt mit der heiligen Fußspitze in Berührung gerät und strahlen eine unbesiegbare Wärme von tiefem Gefühl und strahlender Lebenskraft aus.

Die meisten dieser Mütter sind einmal sehr schöne Mädchen gewesen, und vielen von ihnen sieht man es heute noch an. Sie haben jung geheiratet, viele Kinder bekommen, mit wenig Geld wirtschaften und schwierige Ehemänner ertragen müssen. Sie haben von ihrem Lebenstraum Jahr für Jahr ein Stückchen preisgegeben, immer mehr auf die Erfüllung ihrer eigenen Wünsche verzichtet, aber mit Energie und Entschlossenheit an einem festgehalten, was bisher in der Geschichte der Stadt Rom die entscheidende Rolle spielte: an der Familie.

Ohne diese Frauen, von denen man schon in der Antike berühmte Gestalten kannte, wie Cornelia, die Mutter der Gracchen, hätte sich der römische Familiensinn nicht so ununterbrochen bis in unsere Tage herauf erhalten – sie allein haben zäh an den alten römischen Tugenden der Frömmigkeit und Kindesliebe festgehalten, sie allein auch bieten heute noch ein Bild von Sicherheit und Beständigkeit. Noch. Wer heute nach Sankt Peter geht, wird feststellen, daß im Bilde der Familien schon manches fehlt. Es fehlen vielfach die Männer, die es leider nicht mehr für notwendig halten, die schönen alten Gepflogenheiten mitzumachen, und es fehlen auch die Söhne.

Auch ein so heiterer und farbenreicher Anlaß wie dieses Kirchenfest kann den Ernst unseres Gegenstandes nicht überdecken. Auf dem pompösen Hintergrund dieser Volksversammlung des christlichen Rom zeichnen sich nur um so schärfer die Schatten ab, die über der Familienharmonie in Italien liegen. Und die Betroffenen sind die Mütter, die verzweifelt um den Bestand der natürlichen Ordnung kämpfen, ohne noch viel andere Hoffnung zu haben, als die auf den Beistand des Himmels. Ich habe in Sankt Peter in viele Gesichter gesehen und nur sehr wenig Fröhlichkeit darin entdeckt. Was ist im Gange?

Nirgends auf der Welt sind die Mütter stolzer auf ihre Kinder als in Italien. Jeder Bambino ist der beste, intelligenteste und schönste, den es gibt. Begegnet man zum Beispiel im Treppenhaus oder im Aufzug einer Mutter mit ihrem Kind, dann wäre es eine grobe Unhöflichkeit, stumm zu bleiben. Man hat vielmehr die Pflicht zu sagen, daß man schon seit vielen Jahren keinen so entzückenden Bambino gesehen habe, und man muß wenigstens den Versuch machen, auch die dreijährige Signorina oder den vierjährigen Signore mit ins Gespräch zu ziehen, damit die Möglichkeit entsteht, über ihre rapide Intelligenz eine wirkungsvolle Rede loszuwerden. Die Mütter ziehen ihre Kinder nicht nur wie Erwachsene an, sie verlangen auch von aller Welt, daß man die Kinder wie Erwachsene behandelt.

Ein berühmter Zeichner hat diese so souveräne Stellung des Kindes in der Familie einmal auf einem Blatt festgehalten, das den Titel trägt ›Il bambino, che non vuol fare ciao ciao al commendatore‹ – ›Das Kind, das den Commendatore nicht grüßen will‹. Man sieht eine zwanzigköpfige Familie, aufgebaut um einen Bambino, der aus vollem Halse plärrt. Onkel, Großeltern, Kusinen, der Hausadvokat und die Patentante winden sich in Beschwörungskrämpfen zwischen Verführung und Drohung, um den renitenten Knirps dazu zu bringen, daß er dem wichtigsten Hausgast, dem Commendatore, ›ciao ciao‹ sagt. Dieser hat sein süßestes Lächeln aufgesetzt, eine schwer verständliche, verzückte Haltung eingenommen, und aus seinem Munde strömen die ›ciao ciaos‹ in großen Mengen, ohne Resultat. Aber alle Bemühungen zerbrechen an dem Dickkopf des Bambino, hauptsächlich, weil dessen Mutter eindeutig zu verstehen gibt, daß sie diesen Widerstand für ein Zeichen überragender Intelligenz hält.

Eine italienische Mutter wird jeden Versuch machen, einen Lehrer davon zu überzeugen, daß es nicht die Schuld ihres Kindes sei, wenn es das Klassenziel nicht erreicht – also kann man es doch nicht durchfallen lassen. Für jede richtige Mamma ist es ausgeschlossen, daß ihr Kind in der Schule hinter anderen zurückbleibt, weil ihre Welt dabei zusammenbrechen würde. Wenn es aber nun doch Schwierigkeiten gibt, dann haben sie zwei Gründe:

Der Bambino ist zu klein für das, was von ihm verlangt wird, also muß man ihn vor den bösen Erziehern schützen. Und die Lehrer sind ungerecht, also muß man sie bekämpfen. Wünsche, die sich nicht erfüllen, gibt es für den Bambino kaum. Vielleicht ist das der Grund, warum die Kinder in Italien vielfach so altkluge Gesichter haben.

Wird aus dem Kind ein Sohn, so ändert sich nicht viel. Nur eines: ein Kind hat Wünsche, die wenig kosten, ein Sohn braucht Geld. Und hier kommt der Augenblick, wo das Verhältnis zwischen den Eltern sich wandelt. Die Väter kommen mit ihrem Verdienst kaum aus und sehen infolgedessen nicht ein, warum sie dem Sohn eine Macchina kaufen sollen. Die Mütter sind nur selten so klug, sich dann auf die Seite ihrer Männer zu stellen – zumeist versuchen sie, das Auto dennoch durchzusetzen. Grund: es ist unmöglich, daß ein so schöner und intelligenter Sohn zu Fuß geht, wenn der Ragazzo der Nachbarsfamilie einen Fiat fährt. Die Söhne wiederum zeigen sich der Mamma gegenüber vielfach erkenntlich. Sie loben die erstklassigen Spaghetti, die der Vater schon seit Jahren wortlos verzehrt, sie geben ihrer Mutter das Gefühl, die schönste Frau der Welt zu sein, und wenn die Väter die ewigen Auseinandersetzungen um Geld satthaben und sich eine Freundin suchen, dann ergreifen die Söhne leidenschaftlich die Partei der gekränkten Mutter.

Anders ist es mit den Töchtern. Solange sie klein sind, geht es wie mit den Söhnen. Sobald sie anfangen, selber Frauen zu werden, distanziert man sich voneinander. Man kennt sich gegenseitig zu genau, also halten sich die Töchter an die Väter, und sie wissen warum. Die Tragödie beginnt meistens dann, wenn eine hübsche eigenwillige Ragazza in das Alter kommt, in dem sich die Eltern überlegen, wie man sie verheiraten könnte. Dann ist der Vater meistens für Glanz, die Mutter für Reichtum. Der Vater möchte einen Principe mit großem

Namen, die Mutter einen Amerikaner mit vielen Dollars. Obwohl die Tochter meistens keinen von beiden bekommt, wird ihre eigene Wahl ziemlich sicher verworfen. Deshalb liegt, so merkwürdig das klingt, das Problem der italienischen Familie mehr in den Töchtern als in den Söhnen.

Seit dem Ende des letzten Krieges gibt es fast überall in Europa ein Generationen-Problem, wie man es in gleicher Schärfe vorher kaum kannte. Der Stil der Jugend hat sich selten so beträchtlich von dem der Eltern unterschieden. Bei uns haben die jungen Leute durch viele Jahre den Eltern gegenüber den Standpunkt anklagender Einsamkeit bezogen. In Italien gibt es diese Einsamkeit nicht. Das liegt zunächst im Temperament, und dann im völligen Mangel an Stolz gegenüber einer Familie, mit der man sich nicht versteht, auf deren Hilfe man jedoch felsenfest rechnet. An Stelle der Einsamkeit in der jungen Generation tritt in Italien eine verhängnisvolle Kühle. Die Jugend distanziert sich von den Eltern, weil sie versucht, nach Idealen zu leben, selbst wenn diese Ideale wirklichkeitsfremd sind. Die Eltern hingegen erscheinen ihren Kindern als hoffnungslose Materialisten, weil sie in vielen Fällen Wirklichkeit einfach mit Geld-Haben gleichsetzen. Die Vorherrschaft des Themas Geld in den Gesprächen einer Familie, durch Jahre ausgedehnt, hat tatsächlich dazu geführt, daß sich die Jugend daran gewöhnte, die Eltern in erster Linie als eine Quelle materieller Leistungen zu betrachten. Und Schuld daran sind nicht so sehr die Väter, die all das viele Geld aufbringen sollen, sondern die Mütter, die es, nicht einmal für sich persönlich, sondern allein für ihre Kinder begehren.

Für die große Mehrzahl der Frauen Italiens ist das Glück auf die Dauer eine Konsequenz des Geldes. Es haben Jahrhunderte bitterer Erfahrung mit der Flatterhaftigkeit der Ehemänner vergehen müssen, um diese Frauen zu solcher Skepsis zu bringen. Tatsache ist, daß heute eine Mutter ihrer Tochter auf den Weg in die Ehe den Grundsatz mitzugeben pflegt: Sieh zu, daß du zu Geld kommst, denn ob dein Mann dir treu bleibt, ist ungewiß. Wenn der Ehebruch unvermeidlich ist, kann ein Nerzcape ein Pflaster sein. Hat man es nicht, versiebenfacht sich der Kummer. So sind auch heute noch die Mütter Italiens recht geneigt, das Glücksbegehren ihrer Töchter als vorübergehende Schwärmerei zu betrachten, zu deren Verzicht man sein Kind zwingen muß, wenn sich sicherer Besitz dafür eintauschen läßt. Für die Väter in Italien ist eine Ehe in erster Linie eine Frage des Namens, für die Mütter ein Vertrag. Da es den Anschein hat, als sei die Ehe für die jungen Leute hingegen eine Frage der Liebe, klaffen die Generationen furchtbar auseinander.

Man darf sich eine italienische Familie, glaube ich, von vornherein nicht als eine friedliche Angelegenheit vorstellen. Eine fortdauernde ruhige Harmonie ist so langweilig, wie ein allzu lang gespielter Akkord. Es muß Dissonanzen geben, damit die Versöhnung um so großartiger in Szene gehen kann. Der Frieden ist in der italienischen Familie eher das Ergebnis von Krach, als das Resultat von Disziplin. Daß man aber eine so bewegte

Lebensform überhaupt riskieren konnte, hatte seinen Grund in einem tiefen Einverständnis, das von allen Stürmen unberührt blieb. Der Ausdruck von Kummer auf den Gesichtern so vieler römischer Mütter von heute rührt, fürchte ich fast, daher, daß dieses Einverständnis gefährdet ist. Und das hat es bisher niemals gegeben.

Die Liebe der Eltern ist geblieben, die Liebe der Kinder ist geschwunden. In der Stadt mehr als auf dem Land, in den begüterten Schichten mehr als in den einfachen, zugegeben. Auf der Elternseite spielen die Väter dabei eine sekundäre, die Mütter allerdings eine entscheidende Rolle. Denn sie sind es, die kämpfen, während die Väter resignieren. Wissen sie nun eigentlich, worum sie kämpfen?

Ist es Zuneigung, ist es Dankbarkeit, ist es die Sicherheit im Alter? Oder ist es einfach der Zusammenhalt der Familie? Treibt sie die Angst, allein und arm zu bleiben, während die Kinder ihrer Wege gehen? Und wer ist der Feind? Ist es der höhere Lebensstandard, ist es die Zivilisation, das scheinbar preiswerte Vergnügen, die abgestumpfte Moral, die Begehrlichkeit? Nein. Die italienische Mamma kämpft um das Glück. Das Unglück ist, daß sie eine genaue Vorstellung davon hat.

Glück, das ist für ›la Mamma‹ die Sorglosigkeit des Lebens, gesicherte Ernährung, ein bißchen Reputation und das Beisammenbleiben. Sie ist ein Wesen, das nur leben kann, wenn man ihm erlaubt, Wärme zu spenden. Sie hat gar kein Gefühl dafür, daß ihr eigenes Kind, für das sie so viele Opfer gebracht hat, sein Leben nach

Maximen leben will, die nicht die ihren sind. Sie will beschützen dürfen, und sie verlangt nicht viel dafür: ein bißchen Dankbarkeit, das Gefühl, daß ihr Schutz noch gebraucht wird, und die zeitweilige Versicherung, daß ihre Spaghetti sich mit nichts auf der Welt vergleichen lassen. Sie kann nicht einsehen, warum man ihr das verwehren sollte, da sie doch bereit ist, ein Übermaß an Liebe als Gegengabe zu leisten. Da es für sie ein Zufall ist, mit dem sie nicht rechnet, wenn ihr Ehemann getreulich an ihr festhält, konzentriert sich ihr ganzes Denken auf die zärtliche Verbindung mit ihren Kindern. Sie hat sie geboren und mit Mühe großgezogen, also ist es logisch, daß sie weiß, was ihnen guttut, und was nicht. Sie ist intolerant, weil sie nicht einsieht, warum ihr Kind Fehler machen soll, während sie es doch besser weiß. Sie ist unfähig zu begreifen, daß ihr Sohn berufliche Schwierigkeiten haben kann, an denen niemand schuld ist, den sie dafür hassen könnte. Und sie steht fassungslos vor der Tatsache, daß ihre Tochter einen Mann heiraten will, der nur seine Liebe und ein bescheidenes Gehalt bieten kann und kein Vermögen. Sie fühlt sich als der berufene Wächter der Familie, der jede Gefahr im voraus erkennt, und den niemand daran hindern darf, sie abzuwehren. Und weil sie fortwährend damit beschäftigt ist, sich mögliche Gefahren auszudenken, wehrt sie sie sehr oft ab, bevor sie überhaupt eingetreten sind. In einem Augenblick, worin sich in Italien ein fast zynischer Realismus ausbreitet, wie man ihn seit der Renaissance nicht mehr gesehen hat, lebt ›la Mamma‹ in einer Welt der Phantasie, bestenfalls belächelt und schlimmstenfalls verachtet. Und sie ist nicht primitiv genug, um das nicht selbst zu merken. Andererseits fehlt ihr die Kraft, ein anderes Wesen zu sein, als sie ist, nur weil die Umstände es verlangen. Das ist ihre Tragödie.

Weil sie keinen Ausweg weiß, geht sie in die Kirche und betet. Wer lange in Italien lebt, wird beobachten können, daß die Männer und die jungen Leute bestenfalls noch zur Sonntagsmesse in der Kirche anzutreffen sind. Wer außerhalb der Gottesdienstzeit eine Kirche betritt, wird ›la Mamma‹ finden, vor einem Madonnenbild mit vielen Kerzen. Kaum jemals betet sie die traditionellen Gebete der Kirche, das Vaterunser oder den Rosenkranz. Meist sind ihre Augen irgendwohin gerichtet, die Lippen unbewegt. Sie versucht, ihren Trost aus dem Glauben zu schöpfen – und sie ist allein dabei, weil sie weiß, daß ihre Kinder und vielleicht auch ihr Mann im Begriffe sind, auf die Religion zu vergessen. Doch es fällt ihr schwer zu erkennen, daß auch die Religion noch andere Mittel hat als die ihr bekannten, um das Glück ihrer Familie zu retten.

Es liegt nahe, sich zu fragen, was nun in Italien geschehen wird. Werden die Mütter sich ändern? Wird es diese wunderbare Figur ›la Mamma‹ bald nicht mehr geben? Es wäre schrecklich, wenn sie verginge, wie so viele schöne Dinge in diesem Lande schon vergangen sind, und ich glaube es nicht. Aber sie ist in Gefahr, auch wenn es ihr mit großer Anstrengung gelingt, die Mitglieder ihrer Familie noch immer am Peter- und Paulstag nach Sankt Peter zu führen.

Es gibt auch einen Grund, warum sie wahrscheinlich

weiterleben wird, und das ist die Tatsache, daß auch die robustesten Männer in Italien die Zuflucht bei der Mutter nicht entbehren können. Solange es den Kindern gut geht, werden sie ihrer Mutter vielleicht den Rücken kehren. Wenn sie ein Unglück trifft, werden Kindheitserinnerungen wach; sie besinnen sich darauf, daß es in ihrem Leben eine bedeutsame Zeit gegeben hat, in der die Mutter für sie alle Probleme löste. Und daran glauben sie auch als Erwachsene. Wir haben berühmte Beispiele aus der italienischen Kunst, darunter die Oper ›Cavalleria Rusticana‹, worin die Mutter als die letzte Rettung des Sohnes vor der Verzweiflung erscheint.

Es gibt im Verhältnis von ›la Mamma‹ zu ihrem Sohn einen wesentlichen Faktor: die Frau, die dieser Sohn liebt. Solange die Mutter sich stark genug fühlt, wird sie die Wahl des Sohnes zu beeinflussen suchen. Ist aber einmal nichts mehr zu machen, oder ist in der Liebe des Sohnes zu einer Frau ein tragisches Element aufgetreten, dann wird ›la Mamma‹ alles tun, um ihrem Kind die Erfüllung seines Wunsches zu verschaffen. Immer wieder gibt es in Italien Familiendramen wegen zukünftiger Schwiegertöchter. Sie enden mit einem Schlage in dem Augenblick, wo der Sohn aus Verzweiflung die Familienbande zu zerreissen droht. Und hilft auch das nichts, dann gibt es ein Mittel, dem gegenüber jede italienische Mutter ihre Ängste und Befürchtungen fallen läßt: Wenn der Sohn gegen den Willen seiner Familie geheiratet hat und aus dieser Ehe das erste Kind zur Welt gekommen ist. Denn vor einem Bambino, der ihr Enkelkind ist, kapituliert auch die Phantasie von ›la Mamma‹.

Wir sehen schon: ›la Mamma‹ ist viel mehr eine Mutter von Söhnen als von Töchtern. Oftmals ist in einer Familie der Unterschied des Verhältnisses von der Mutter zum Sohn und zur Tochter selbst für Außenstehende leicht abzulesen. Die Schwiegertochter, auch wenn sie arm ist, wird in die Familie aufgenommen, der Schwiegersohn, den die Tochter gegen den Willen der Mutter ins Haus bringt, bleibt oft lange Zeit ein Fremder. Deshalb ist, wie ich schon eingangs sagte, das Problem der italienischen Familie weitgehend ein Problem der Töchter. Denn die jungen Mädchen haben ihrerseits eine Phantasie-Vorstellung vom Glück, die vor ihren Müttern schwerlich bestehen kann. Früher gab es für ›la Mamma‹ Mittel, den Töchtern den Kopf zurechtzusetzen, heute nicht mehr. Und nachdem ›la Mamma‹ nicht nur Mutter sondern auch Frau ist, gelingt es nur schwer, sie davon zu überzeugen, daß die Tochter auch auf eine andere Weise glücklich werden könnte, als sie es sich vorstellt.

Im Grunde ist ›la Mamma‹ nicht geneigt, ihren Töchtern Liebe zuzubilligen, denn sie sind schwach und brauchen infolgedessen Schutz und Sicherheit. Und das dreifache Perlenkollier am Halse ihrer Tochter scheint einer Mutter auch heute noch oftmals erstrebenswerter zu sein als eine ärmliche Liebesheirat. Außerdem braucht ›la Mamma‹ in ihrer eigenen Familie eine Partei. Und ein unvermögender Schwiegersohn ist keine Stütze gegen einen erkalteten Ehemann.

Sind das mittelalterliche Verhältnisse? Keineswegs. Im ganzen Raum des Mittelmeeres leben die Menschen auch heute noch nach einfachen Gesetzen. Darin nimmt die Liebe den ersten Platz ein und die kürzeste Zeit. Die Ehe aber dauert die längste Zeit, hat also mit Liebe nur im besonderen Fall etwas zu tun. Auf ein solches Glück darf man nicht hoffen, findet ›la Mamma‹. Man soll sich also bescheiden, keine Abenteuer eingehen und der Zuneigung und Anständigkeit vor der Leidenschaft den Vorrang geben. In unserem Zeitalter ist das ein fast unlösbares Problem. Zumal war es das in Italien,solange es keine Scheidung gab.

Meine lieben Leser, die Betrachtung der römischen Mütter in der Peterskirche hat uns zu sehr ernsten Fragen geführt. Aber können wir ›la Mamma‹ trotz aller denkbaren Irrtümer wirklich verurteilen? Ist sie nicht doch eine bewundernswerte Frau? Wieviel Kraft verschwendet sie darauf, ein Unglück aufzuhalten, das noch gar nicht existiert. Wieviel Liebe spricht aus der verkehrten Erziehung, die sie ihren Kindern zuteil werden läßt. Wieviel Starkmut gehört dazu, immer wieder zu resignieren, wenn die Kinder sich gegen sie stellen und der Ehemann abtrünnig wird, und doch niemals aufzugeben, damit nur die Familie beisammen bleibt. Wer kann schon den Stab über eine Frau brechen, die nichts für sich will, und für die Ihren nur den Gipfel des Glückes? Ist sie daran schuld, daß ihre Vorstellungen vom Glück ihrer Familie nur noch mit Mühe akzeptiert werden? Noch gibt es hin und wieder einen Sänger, der Worte findet, ihr zu danken, wie es Benjamino Gigli unvergeßlich getan hat. Und das Merkwürdige ist, daß beim Ertönen einer solchen Stimme zum Lob von ›la Mamma‹ in ganz

Italien zuerst diejenigen von der Rührung überfallen werden, die die Absichten von ›la Mamma‹ nicht befolgen.

›Alla Burlesca‹

DIE STORNELLI ROMANI

Die Stadt Rom ist ein geheimnisvolles Wesen. Sie ragt in den blauen Himmel mit ihren Kuppeln, Türmen und Säulen. Sie reicht tief in die Erde hinunter mit den Katakomben und den Schächten der antiken Gewölbe. Sie zeigt ein brausendes Leben in ihren Straßen und ein unantastbar privates in dem Winkelwerk ihrer Gassen.

In ihr leben Menschen, die mit gelassener Hand in die Weltgeschichte eingreifen und andere, denen die Weltgeschichte angesichts eines halben Liters goldgelben Castelliweines vollständig gleichgültig ist. Aus den Lautsprechern tönen die Schmalztenöre mit Tosca-Arien, die Fernseh-Apparate zeigen die neuesten Revuen und in den kleinen Kneipen, in den Bottiglierie, sitzen, gewissermaßen ausgespart aus diesem Getön, die Römer behäbig auf strohgeflochtenen Stühlen an wackligen Holztischen und hören sich einen Sänger an, aus dessen rauher und harter Kehle ein seltsamer Gesang hervorkommt.

Zeitloses Rom. Was der Mann singt, davon war nie eine Note aufgeschrieben. Er hat es vom Großvater gelernt, der noch in der Zeit der päpstlichen Herrschaft dasselbe von seinem Großvater lernte. Lieder, die keinen Anfang und kein Ende haben, von denen kaum jemand weiß, wie sie entstanden sind, die die Begebenheiten der Vergangenheit über Jahrhunderte hinweg zusammenschieben: ›Stornelli Romani‹.

Alles, was unvergänglich ist an Rom, lebt in diesen Liedern: die Herrlichkeit der Stadt, die Armut der Leute, die Sehnsucht, sich satt zu essen, der aufbrausende Stolz gegenüber dem Beleidiger, die Eifersucht auf den Nebenbuhler um die Gunst der Frauen, die Bereitschaft, das Messer zu ziehen, die hinreißende Begabung, ein geliebtes Wesen mit den Ornamenten der gesamten Natur, der Schöpfung, des Weltalls zu schmücken; aber auch die unersättliche Spottlust, die Respektlosigkeit vor den Irrtümern der Hochgestellten, das Mitleid mit den Verarmten, das voraussetzungslose Einverständnis mit dem Abenteuerer, die hintergründige Solidarität mit dem Bankrotteur, die haarscharfe Kenntnis der menschlichen Schwächen, ätzende Kritik und lächelnde Nachsicht. Wo gäbe es eine Formel, um Ihnen auf einmal zu sagen, was alles aus diesen Volksgesängen heraufkommt, immer beladen mit dem überströmenden Gefühl des echten, unverfälschten, voll gelebten Lebens.

Manche von diesen ›Stornelli‹ beziehen sich auf historische Ereignisse, aber immer ist es einer, der sich damit beschäftigt, immer spricht einer aus, was alle sich denken. Nie singen die Römer im Chor, denn jeder von ihnen ist ein ganz besonderer Römer und der Abstand vom anderen ist es gerade, der sie alle verbindet. Viele ›Stornelli‹ sind gar nicht mehr datierbar, sie reichen zurück bis ins Mittelalter, als der heilige Franz von Assisi in seinen ›Laudi‹, den Lobgesängen auf Natur und Schöpfer anfing, die Römer eine neue Art Beten und Singen zu lehren.

Und wenn man die Volkslieder mit ihren merkwürdig verschlungenen koloraturenreichen Melodien hört, kommt einem das nicht vor, als wolle der Sänger all diese langen Singebogen dazu benützen, um auf endlos ausgesungenen Vokalen noch alles dies in sein Lied hineinzulegen, was die Worte nicht mehr auszudrücken vermögen? Weil aber die Worte in sich schon sehr viel Poesie haben, dringt durch diese Art des Singens ein Übermaß von Anschaulichkeit, von Lebensnähe in sie ein. Und deshalb spiegelt sich in den ›Stornelli Romani‹ nicht nur die äußere Geschichte der Stadt Rom, sondern auch die Geschichte ihrer Seele. Und von beidem will ich Ihnen einen kleinen Begriff geben.

Da haben sie sich am Abend zusammengetan, ein Verliebter und ein paar Musiker, etwa vor hundert Jahren und sie schleichen bei Fackelschein über das Holperpflaster von Trastévere, dem ältesten und schönsten und unheimlichsten Stadtviertel von Rom, und von weitem schon zeigt der Liebhaber auf das Fenster, hinter dem die zarthüftige, leichtfüßige, dunkle Trasteverina schläft. Und die Serenata d'amore beginnt.

Halt dich still, mein Herz
Du hüpfst mir zu stark in der Brust
Hier unter dem Fenster dieses kleinen Engels.
Sie schläft und ruht wie ein himmlisches Wesen,
Und ihr winziges Zimmer hat irgend etwas
Ich weiß gar nicht, was, von einer Kirche.
Und eingehüllt ist sie in Lächeln, wie eine Rose –
Ach du Blume meiner Liebe.
Kommt herunter vom Himmel, alle Wunder und seltenen Sachen
Und umkränzt das Bett, worin diese Blüte schläft.

Ihr schönen Engel, klopft ein bißchen an die Fensterscheiben
Macht doch, daß sie ihre lächelnden Augen aufschlägt.
Ihr Nelken und Veilchen und samtenen Rosen,
Kommt und weckt sie mir auf,
Kommt ganz schnell zu der Allerschönsten,
Die der liebe Gott je erfunden hat.
Minzenblüte, während die Stimme dessen, der dich liebt, ertönt,
Erstrahlt der Mond am Himmel und versilbert dich.
Aber um dein Gesicht leuchtet der Glanz,
Den die Sonne auf das Meer breitet,
Und alles singt und lächelt: o Liebe, o Liebe

›Stornello‹, das ist ein Wort, das von ›Storno‹ kommt, dem italienischen Namen für den Mauersegler, der vom Oktober bis zum Mai in großen, kreisenden Schwärmen die Luft über der Stadt und der Campagna Romana durchzieht. Und auch der ›Stornello‹ kreist um seinen Refrain, und um den Gegenstand seines Gesanges. Warum auf den Mai warten, wenn du in Trastevere erleben kannst, wie die Rosen in jedem Monat aufgehen und jeden Monat schöner und duftender? Wenn du sagst, eine Trasteverinerin, dann hast du unter den schönen Römerinnen eine genannt, unter den Sternen aber den Morgenstern. Jeden Abend, wenn die Sonne sich verzieht, fangen in Trastevere die kleinen Engel ohne Flügel das Spazierengehen an, Schneiderinnen, Zigarrendreherinnen und Wachszieherinnen. Wer noch nicht weiß, was an der Liebe dran ist, der soll einmal zwei Abende nach Trastevere gehen, dann wird er schon inne werden, was sein Herz anstellt.

Aber in Trastevere gibt es nicht nur fröhliche, kokettierende Mädchen, welche die Frische reifender Früchte – verzeihen Sie, wenn ich mich so römisch ausdrücke – mit dem blitzenden Temperament ihrer dunklen Augen zur Schau zu stellen wissen. In Trastevere gibt es auch traurige Fischer, ja, gibt es sie wirklich noch?

Es gab sie einmal, als nämlich die Fischer noch von der Tiberlände aus zum Meer hinunterfuhren und am Abend wieder in die Stadt Rom zurückkehrten, weil es an den Gestaden Ostias nicht sicher zu wohnen war. Zu häufig landeten dort die Sarazenen mit ihren grünbeflaggten, kühnen Schiffen und raubten Frauen, Geld und Schätze, und niemand war stark genug, sie aufzuhalten. Damals wohnten die Fischer noch im Schutze der tausendjährigen römischen Mauern und aus dieser Zeit ist wohl das Lied, das der einsame Fischer am Ufer singt, während die Sonne die höchsten Zinnen der Stadt in das rote Gold des römischen Sonnenuntergangs taucht.

Und hier ans Ufer komm ich jeden Abend
Nicht, weil's zum Fischen mir zumute ist,
Allein sein möcht' ich mit mir selber,
Alles vergessen, der Erinnerung leben
Von der mein Herz nicht aufhört zu erzählen.
Wie Schwalben fliegen fort die Stunden
Und viele Frühlingszeiten gehn und kommen
Nur du allein bleibst aus.
Du Blume aller Blumen, die du einst kamst,
Wie eine Morgenröte und wieder fortgingst,
Sonne vor der Nacht

Schwarz ist der Abend, schwarz ist mein Geschick
Ich fische und ich weiß nicht,
Daß meine Hand noch eine Angel hält.
Nur manchmal, wenn der Wind sich hebt im Dunkel
Verlischt mein kleines Licht von Zeit zu Zeit.

Aber es gibt in Trastevere natürlich nicht nur traurige Fischer, sondern auch fröhliche, glücklich verliebte. Hören Sie einen von ihnen:

Was für eine feine Sache das wohl wäre, meine Nina,
Wenn wir zwei in unserer Barke auf das Meer verschwinden [würden
Unter diesem Himmel voller Freuden.
Schön ist das Meer, wenn ichs anschau, wird mir ganz anders,
Ich kann gar nicht sagen, wie,
Ich kann nur einen Stornello singen:
O leichter Meereswind, wenn einer ausfährt,
Im hellen Mond, von dir getrieben,
Wenn er dann nicht schon im Paradies ist,
So ist er wenigstens nahe daran.
Und ich, je länger ich am Ruder stehe,
Umso weiter fahre ich hinaus auf die Höhe des Meeres
Und rudere und singe, an dich nur denk ich dabei;
Und seufze jeden Augenblick:
Ah, Strega bella, si mestassia canto
Schöne Hexe, wärst du neben mir.

Viel Volksweisheit hat sich in den ›Stornelli‹ erhalten. Und so erfahren wir, daß auch der bitterste Essig einmal ein Wein gewesen ist, daß die Fliegen mit Vorliebe auf die mageren Pferde gehen, und daß die Frau des anderen immer die schönere ist. Man soll nicht zu viel Pulver aufsparen, sonst geht der Schuß von selber los, und man soll mit der Tochter zanken, wenn man die Schwiegermutter meint. Wer einen Fisch brät, tut gut daran, mit einem Auge auf den Kater zu schielen; wer eine geizige Frau besitzt, denke daran, daß die Ehen ebenso im Himmel bestimmt werden, wie die Bistümer. Wer einen reichen Mann zu einem Werk der Barmherzigkeit verleiten will, halte sich vor Augen, daß ein voller Bauch nicht ans Fasten denkt. Wer vor dem Richter steht und sich einen Zeugen wählt, bedenke, daß die Eide manchmal runterrutschen wie das Gelbe vom Ei, und wer einen Menschen für ein Lamm hält, schaue nach, ob der Vater nicht ein Wolf gewesen ist. Tafelkonfekt, so erklären uns die Römer, ist bestimmt nicht für die Esel gemacht worden, denn die gehen nach dem Grundsatz vor, daß es gleich ist, ob einer Stroh oder Hafer frißt, wenn nur der Bauch voll wird. Ein großer Fisch verspeist gern den kleinen, und ein Kardinal läuft nie und kommt doch immer zurecht. Und was das Essen betrifft, so lebe man nach dem Grundsatz: Gesundheit ist die Nummer Eins im Leben, ich eß und trink und hab kein weit'res Streben.

Schlimm wird die Sache, wenn die Römer boshaft werden. Und am deutlichsten werden sie, leider muß man das sagen, in ihrer Bosheit gegenüber der Damenwelt. Meine anbetungswürdigen Damen, die Sie dies lesen: Es dreht sich um römische Frauenspersonen, das bitte ich festzuhalten. Es ist unglaublich, aber da erlaubt sich doch so ein respektloser römischer Straßensänger zu sagen:

Du gräusliches Weiberleut,
Wenn du noch ein Jahr lang wartst und noch kein' Mann hast,
kannst' Dir ein Schild umhängen:
Frißt Verliebte.

Das ist schon stark, aber schließlich ist es ja auch nicht so einfach, wenn's einem in der Liebe so geht wie jenem Trasteveriner, der da singt:

Wie der Schnee auf'm Berg, so weiß und rein,
Wie du sie träumst in der Nacht, so schön,
Hat sie's fertiggebracht, daß ich dünn geworden bin
Wie das Röhrl am Brunnen vorm Haus.

Da hat sich wieder einmal einer ruiniert, wie die Römer das heute genau so zu tun pflegen wie vor zweitausend Jahren. Das Seltsame dabei ist, daß sie von ihren Frauen ganz fürchterlich behandelt werden. In Rom hassen sich die Frauen untereinander noch mit atavistischer Leidenschaft, und sie sagen sich dabei die ausgesuchtesten Komplimente über ihr Aussehen. Die Männer aber werden von ihnen als eine Art betörter Leibeigener betrachtet, denen eigentlich nichts Besseres zustoßen kann, als schlecht behandelt zu werden.

Niemand auf der Welt macht einen genaueren Unterschied zwischen dem Verehrer und dem Geliebten, wobei normalerweise der Verehrer die Kosten zu tragen hat, wogegen der Liebhaber Gefahr läuft, bei dem geringsten Seitenblick ermordet zu werden. Niemand findet in Rom etwas Unehrenhaftes daran, wenn ein Mann die letzten Groschen seines Vermögens dafür ausgibt, um der Dame seines Herzens einen Strauß kandierter Veilchen zu verehren, dann verabschiedet er sich mit der Geste eines großen Kavaliers, verbringt den Rest seines Lebens in buchstäblichem Elend und lebt von der Erinnerung an die Tage, als er seiner Nina noch einen Stornello hat singen können wie diesen:

Komm doch hinunter an den Fluß heut abend, schöne Nina,
Das ganze Viertel feiert, und die Nacht ist sternklar.
Komm, du, mit deinen langen, weichen Haaren,
Die so riechen, als wolltest du den Frühling auferwecken
Mitten im Winter.

Was für geborene Dichter sind diese Römer doch! Laßt uns durch, singen sie, Römer sind wir, und in allen Gärten der Welt findet ihr keine schöneren Blumen.

Der Stolz auf ihre wunderbare Stadt gibt ihnen ein natürliches Bewußtsein eigenen Wertes, das unter dem glücklichen Himmel römischer Breiten nicht in Hochmut ausschlägt, sondern in Anmut, Charme, Witz und Geist. Und wie vieler Leiden, Unterdrückungen, Tyranneien, Freiheitsbewegungen und Karnevale hat es bedurft, um dieses Volk so reifen zu lassen. In manchen Stornelli finden sich noch deutliche Spuren großer innerer Kämpfe, die in der Seele des römischen Stadtvolkes zum Austrag kamen. Da ist zum Beispiel ein sehr eindrucksvoller Stornello, der in jeder Zeile eine andere Zeit zum Gegenstand hat.

A tocchi a tocchi – Schlag um Schlag
Suona una campana – eine Glocke läutet
Li turchi son arrivati – die Türken sind gelandet
Alla marina – an der Lände am Meer.

Die Türken, das wissen wir schon, sind die plündernden Sarazenen, die zu tausenden Malen in den ungeschützten mittelalterlichen Landbezirk Roms einfielen, um zu rauben, Schrecken zu verbreiten und den Papst mit Terror in Untätigkeit zu halten. Aber nun hebt die dritte Zeile des Stornello an und plötzlich sind wir, wie im Kaleidoskop, im 19. Jahrhundert. »Li berzajeri alle porte de Roma.« Und die Bersaglieri, gemeint sind die Truppen Garibaldis, die dem Kirchenstaat ein Ende machen sollten, vor den Toren Roms. Dann singt er weiter:

Und du kannst es mir glauben, was ich dir sage, (wir vermuten, daß es einer der Gefangenen in der Engelsburg ist, kurz vor Garibaldis Sturm auf Rom) du kannst es mir glauben, was ich dir sage, du kannst es mir glauben, was ich dir singe: wenn ich herauskomm aus dem Gitter da, dann wird einer sein, der alles bezahlt. Bezahlen muß der Mensch, das ist uralter römischer Glaube. Bezahlen für alles, was er selber angestellt hat, und auch manchmal für das, was die anderen für ihn angestellt haben.

Hören Sie, wie die Gefangenen in der Engelsburg hinter den schweren Gittern ihrer Kerker im flammenden Himmel des Spätnachmittags diese Strophen anstimmen, während zwanzig Kilometer weiter ihre Befreier schon die Lagerfeuer des Biwaks entfacht haben.

Zehn Jahre hab ich daran gewendet,
Ein schönes, starkes Schloß zu bauen;
Den Kastellan sollten die Leute mich nennen.
Und wie es fertig war, und schön geworden,
Da kamen sie und wanden mir
Die Schlüssel aus den Händen.

Auch das wird einer bezahlen müssen, einer von denen, die den Sänger in dieses finstere Gefängnis gesperrt haben. Der Augenblick der Freiheit ist nahe, und die Rache steht vor der Tür.

Woher kommt dieser leidenschaftliche Haß? Heut noch lodert er in manchem Stornello erschreckend. Man kann in einer Trattoria oder Bottiglieria friedlich mit einem Mann zusammensitzen, und dann kommt ein Gitarrist herein, stimmt eine Strophe an, und dein Gegenüber springt auf vom Tisch, schiebt sich den Hut ins Genick, bekommt eine lodernde Düsternis in seinen Blick und singt davon, wie sehr er es ersehnt, von den Bersaglieri befreit zu werden; aus der Engelsburg, in der seit fast hundert Jahren niemand mehr eingesperrt war.

All dieses scheinbar gegenstandslose Gefühl hat seine lebendige Nährquelle in der Campagna, in der Landschaft Roms, die ebenso zur Stadt gehört wie Häuser, Kirchen und Paläste. Noch vor hundert Jahren ist die Campagna ein wüstes und von Räubern bewohntes Gebiet gewesen, und niemand vermag zu sagen, wie viele Römer noch Großväter haben, die in ihrer Jugend zu jenen Typen ehrenhafter Campagnaräuber gehörten, die Ritterlichkeit mit Brigantentum zu verbinden verstanden.

Durch das wilde Gestrüpp der Campagnabüsche ging noch im vorigen Jahrhundert eine unausgesetzte Hetzjagd der päpstlichen Sbirren nach diesen Räuberbanden. Und wenn gar nichts mehr helfen wollte, dann setzte man auch einmal Agenten ein, die sich als harmlose Reisende von den Räubern fangen und auslösen ließen, um deren Verstecke auszukundschaften. Allerdings durfte ein solcher Spion nicht entdeckt werden, sonst gings ihm schlecht. Die Räuber hatten ihren eigenen Ehrenkodex und kannten keinen Pardon. Sie sangen dem Ertappten, kurz bevor sie sein Lebenslicht ausbliesen, noch einen schrecklichen Stornello ins Ohr:

Heiliger Petrus, um Gotteswillen, mach die Türen zu
Und laß in den Himmel keinen ein, der ein Spion gewesen ist.
Denn ein Spion muß zum Tod verurteilt werden, hier und dort.
Darum, heiliger Petrus, um Gotteswillen, schließ die Türen.

Und nun denken Sie, all das ist mehr als hundert Jahre vorbei. Und immer noch ereifern sich die Römer damit, immer noch können Sie in Trastevere die Leute mit leuchtenden Augen und mit zornroten Gesichtern einem Sänger zuhören sehen, der diese alten Gesänge singen kann. Und wie der Zorn, so sind auch Liebe und Trauer über Jahrhunderte hinweg unsterblich geblieben in den Stornelli Romani. Auf dem glorreichen Hintergrund der sonnenüberglänzten Stadt, von der ein alter Stornello sagt, sie sei wie eine schöne Frau, die den Frühling im Haar habe, und der Wind führe hinein und verbreite den Duft über die Welt, auf dem Hintergrund des männlichen Stolzes der Römer über die Unvergleichbarkeit dieser Stadt erheben sich Gefühle und Schicksale unbekannter, längst versunkener Stornelli-Dichter als stets gegenwärtiges Zeichen einer Erkenntnis, die vielleicht die wichtigste durch die Stornelli einsichtige Wahrheit über den Charakter der Stadt Rom ist: die Leidenschaft, mit der sich das Vergangene in Rom vergegenwärtigt, ist der Grund, warum wir mit dem Worte Rom nicht ewige Vergänglichkeit, sondern ewiges Leben meinen.

›Capriccio,
Tema con variazioni‹

DIE ERLEBNISSE DER FAMILIE BATTISTINI

*Das Weihnachtsfest der Familie Battistini**

»Santo Cielo«, sagt am Nachmittag des Heiligen Abends der Cavaliere Olimpio Battistini, als er seine Wohnung betritt, »Heiliger Himmel, ich kann nicht mehr, und ich will auch nicht mehr.«

Er ist bepackt mit Weihnachtseinkäufen, die er in letzter Minute unter erheblichem Aufwand von Stimme und Geisteskraft erstanden hatte, und im Omnibus war die Misere schon angegangen. Die römischen Omnibusfahrer entwickeln nämlich in den Tagen vor dem Fest eine besondere Fahrtechnik, weil vor allem in den Nachmittagsstunden ungefähr dreimal soviel Leute mitfahren wollen als gewöhnlich. Und der Omnibusfahrer denkt: Die Armen, man kann sie doch nicht auf der Straße stehen lassen, wenn ich sie jetzt nicht mitnehme, wird vielleicht in sechs oder zehn Familien der Capitone, der Weihnachts-Aal, nicht fertig, und das wäre eine Katastrophe. Also müssen sie eben mit. Und er fährt in einem heillosen Tempo auf die Haltestelle zu und bremst dann so, daß die Leute im Autobus durch das hinterlistig angewandte Gesetz der Trägheit auf einen Haufen zusammengeschoben werden, in dem keine Nadel mehr zu Boden fallen kann.

Dieser heimtückische Stoß aus dem sozialen Gewis-

* Dieses in ›Concerto Romano‹ erschienene Kapitel wurde hier aus Gründen der Vollständigkeit und zur Wahrung des Zusammenhangs nochmals eingefügt.

sen des Omnibusfahrers traf den Cavaliere Battistini an seiner empfindlichsten Stelle: am Paket mit den Christbaumkugeln, das er vorsichtig vor seinen Bauch gehalten hatte, und aus dem nun ein Klickern ertönte, das ihn zur Verzweiflung brachte. Der Cavaliere Battistini hatte die Christbaumkugeln mit seiner eigenen Leibesfülle erledigt. Da kam auch schon seine Haltestelle.

»Perrrmesso«, rief er, »laßt mich vorbei, perrmesso.«

Der Fahrer wiederholt sein Manöver mit der Fliehkraft – und Olimpio hatte das Gefühl, jetzt ist alles hin. Er versuchte seine sieben Sachen zusammenzuhalten, wurde hinausgezwängt, und als die Preßlufttüre sich wieder schloß, sah er zwischen den Füßen der Passagiere die Ruinen seines Christbaumschmuckes in Staub zerfallen.

Da stand er nun auf der Straße – halb aufgelöst vor Ärger – und es regnete. Nicht sehr, nur ganz fein, aber immerhin: Don Olimpio war ein Römer, und Römer und Katzen vertragen nicht, wenn es regnet. Olimpio Battistini, Ritter der italienischen Republik, Oberinspektor bei der Zentral-Post-Hauptverwaltung, Abteilung Gebühren, einer jener römischen Bürger, von denen schon Mark Anton gesagt hat, daß sie alle, alle ehrenwert seien, stand im Regen vor seiner Haltestelle und sah mit dem Gesicht einer beleidigten Ameise auf den Verkehr in der Via dei Fori Imperiali. Seufzend überquerte er die Straße und bog nach wenigen Schritten in das Haus Via Cavour 305 ein.

Der erste, der ihm begegnet, ist Mastrantonio, der Portier, ein Invalide des ersten Krieges, klein, weißhaarig, kamelhaarbemantelt, mit der üblichen fürchterlichen

Zigarre im Mund. Aus seinen blauen Augen blickt er den Cavaliere an:

»Mbè«, sagt er, »auguri, auguri.«

Mbè heißt eigentlich gar nichts. Mbè oder auch mbò sagt der Mensch, wenn er überhaupt nicht mehr weiß, was er sagen soll. Es heißt, alles zusammen genommen, mein Teurer, ich weiß, es geht dir nicht so wie du gerne möchtest, regnen tuts, Geld haben wir auch keines, und da oben im vierten Stock, da wartet die Weiblichkeit ... du bist ein geschlagener Mann, wir sind alle geschlagene Männer, mbè – auguri; herzliche Glückwünsche!

»Grazie, altrettanti«, sagt der Cavaliere, der seine Pakete schon kaum mehr halten kann, »danke gleichfalls«, worin einbeschlossen ist: du bist auch ein armer Hund, ich weiß ja, wie es dir geht, mit deinem lahmen Bein in dem Loch da unterhalb der Treppe, wo nie ein Strahl Sonne hinkommt – und dann sagt er laut: »aber jetzt mach mir bitte den ascensore auf (den Aufzug), weil ich das allein nicht mehr fertig bringe.«

Darauf der Portier: »mbè, das geht nicht, Cavaliere mio, das ist ganz unmöglich, der ascensore ist hin.«

Olimpio denkt: vier Stockwerke!

Auf der halben Höhe fällt ihm der Christbaumschmuck wieder ein: was werden wir denn hinaufhängen auf den Albero di Natale, der ja sowieso nur ein Besen von einem Tannenbaum ist – und um neun kommen schon die anderen, diese ewig unzufriedene Silvana – es handelt sich um die liebe Schwägerin – und jetzt bekomm ich die Tür nicht auf ... Er verrenkt sich das Kreuz, erwischt mit dem Ellenbogen die Klingel, es läutet auch, aber niemand macht ihm auf. Dafür hört er aus der Küche seltsame, furchterregende Töne. Augusta, die Köchin, singt. Augusta ist ein halbgezähmtes Raubtier aus der römischen Campagna, und die ganze Familie steht unter ihrem Pantoffel. Als sie endlich zur Tür kommt und Olimpio mit dem urrömischen Ruf: »Aooo, cavaliè ...« begrüßt, ist es zu spät. Olimpio kann seine Pakete nicht mehr halten, es gibt einen fürchterlichen Krach, alles liegt am Boden, Augusta hat aufzufangen versucht, der Cavaliere ist über den Läufer gestolpert, und das Resultat der Weihnachtsgratifikation hat sich in vierzehn Schachteln über den Boden verstreut.

Zu allem Überfluß kommt in diesem Moment aus dem hintersten Zimmer die Hoffnung der Familie hervor, der Sohn Glauco, zehn Jahre, über das Christkind vollständig aufgeklärt.

»Aooo«, sagt auch er, »Babbo, dov'è'l ragalo mio, wo ist mein Geschenk«, – und ehe ihn noch jemand hindern kann, zieht er mit Fleiß und Konzentration aus dem nächstliegenden Paket einen Damenhut hervor. Die Köchin siehts, vermutet in dem Hut ihr Weihnachtsgeschenk, wird puterrot und stürzt sich auf den Glauco.

Inzwischen erscheint die Mutter des Hauses, Signora Amelia, würdig und gewaltig, zutiefst erbittert, daß man sie in ihrem mysteriösen Tun in der Küche aufgeschreckt hat. Sie sieht sofort, was geschehen ist, Augusta im Ringkampf mit Glauco, die Weihnachtspakete am Boden – sie springt auf die Köchin zu:

»Du Unglückliche, wirst Du gleich meinen Liebling loslassen« – ohne erst zu fragen, ob Augusta nicht etwa im Recht sein könnte: Der Liebling darf nicht angetastet werden, was immer er auch angestellt hat.

Glauco seinerseits kennt seine starke Position, fängt aus Leibeskräften zu plärren an, Augusta ergeht sich in altrömischen Schimpflitaneien, alle sind mit vollem Herzen an der Szene beteiligt, nur um den Vater, der wie einst Priamus beim Fall von Troja auf den Trümmern seiner Weihnachtsgaben in Klagerufe ausbricht, um den Vater kümmert sich kein Mensch. Er zieht sich in das große Zimmer zurück und bleibt allein mit seinen Sorgen um den Christbaum.

Nun muß man zugeben, daß dieser Albero di Natale wirklich eine heikle Angelegenheit ist. Er hat so lange auf dem römischen Weihnachtsmarkt auf der Piazza Navona gestanden, daß er seine Nadeln schon langsam verliert. Römische Christbäume haben immer etwas Rührendes, sie sind ein bißchen verirrt in diesem waldlosen Land. Man bringt sie aus Südtirol herunter und verkauft sie so teuer, daß sie für viele Familien wirklich ein Opfer bedeuten. In dünnen Bündeln stehen sie in den Tagen vor Weihnachten auf der Piazza Navona und warten darauf, mit künstlichem Schnee bedeckt zu werden, Ketten von elektrischen Lampions zu tragen und von den Kindern im Verlauf des Heiligen Abends stürmisch geplündert zu werden. Im Trubel des Platzes, zwischen den vielfarbig erleuchteten Buden, gehen sie fast verloren, weil die findigen Geschäftsleute inzwischen herausbekommen haben, daß man einen Christbaum auch künstlich herstellen kann – aus einem Gestell, das mit dem Skelett eines Regenschirms eine verzweifelte Ähnlichkeit hat, aber schön stabil und dauerhaft ist, mit Nadeln aus Papier, aber nicht nur grün, auch violett und dunkelrot, glitzernd blau oder weiß. Auf so einen künstlichen Christbaum läßt sich wunderbar eine Kette von japanischen Laternchen à la Butterfly drapieren, was einen besonders effektvollen Kontrast zu den kleinen Schneemännern und Schlittenfahrern bewirkt, die auch am Baum hängen.

Solch ein Bretterladen auf der Piazza Navona ist ein kleines unschuldiges Paradies, in dem die abenteuerlichen Geschöpfe der italienischen Weihnachtsphantasie friedlich nebeneinander leben. Da gibt es große gescheckte Gummitiere, Elefanten, Krokodile und Zebras, dazu bewegliche Pelzviecher mit dem rotwangigen Gesicht von Käthe-Kruse-Puppen, Fassadenkletterer, Kaminkehrer, Harlekins, sizilianische Pferdefuhrwerke, auf deren Karren die Geschichte der Königin Luise von Preußen oder von Wilhelm Tell abgebildet ist – und alles muß möglichst mechanisch sein oder wenigstens genügend Krach machen; denn der aus purem Vergnügen erzeugte Lärm ist eine der großen Wonnen des römischen Weihnachtsfestes. Einer hat sich eine Katze aus Blech ausgedacht, die am Boden herumsaust, sich in regelmäßigen Abständen auf die Seite legt und Miau schreit. Ein anderer verkauft ein Gummigeschöpf, das aus zwei kleinen Ballons besteht, einem kleineren mit einem Gesicht, und einem größeren, das den Bauch darstellt, und wenn man auf den Bauch drückt, wird der Kopf riesengroß und schreit. Ein dritter bietet eine Maus an, die die Fähigkeit besitzt, die Wand hurtig und naturgetreu auf- und abzuklettern. Hinzu kommen zahlreiche Typen von Rennautos mit sternchensprühendem Auspuff und andere angenehme Panik verursachende Erfindungen.

Unter allen diesen Reichtümern hat Olimpio Battistini seine Geschenke ausgewählt. Am meisten brachte ihn sein Sohn Glauco in Konflikt mit sich selbst, denn die Rechenmaschine war notwendig, aber der große Cowboy-Revolver war schön ... Nach längeren Abschweifungen entschloß er sich zu weit mehr: er kaufte gleich die ganze Cowboy-Kombination, original California, eine Trillerpfeife und einen Dolch, und er war selig, als ihm der Verkäufer noch einen Spritzrevolver als Dreingabe überreichte. Im letzten Moment fiel ihm ein, daß der Bambino Gesù, das kleine Wachschristkind in der häuslichen Krippe, seit dem vorigen Jahr nur mehr einen Arm hat, und er widerstand mit Mühe der Versuchung, ein aufziehbares zu kaufen.

Während er den Platz verließ, war er mit seinen Gedanken schon bei ›Upim‹, dem großen Volkskaufhaus, und er hatte kein Auge für den meergrün erleuchteten Obeliskenbrunnen Berninis und für die herrliche, von den Lampenketten nachgezogene Kontur des Platzes, der einmal der Zirkus des Kaisers Domitian gewesen ist und in der Renaissance Stierrennen und künstliche Seeschlachten gesehen hat.

Bei ›Upim‹ war es fürchterlich. Eine halbe Kompanie Carabinieri kämpfte mit ermattendem Mut gegen den Barrikadensturm der römischen Hausfrauen. Olimpio fand sich sofort eingezwängt in den Strom von anbetungswürdigen Damen, die bekanntlich in der Lage sind, sich eine Schlacht zu liefern, um ein Stück Stoff im Weihnachtsverkauf zu erwerben, für das sie nachher nicht die geringste Verwendung haben. Pullover, denkt Olimpio, der das von früheren Jahren her schon auswendig kann, schwarzer Pullover für Luciana. (Luciana ist die Tochter, achtzehn Jahre jung, schon verlobt, aber noch nicht unter der Haube). Die Perlonstrümpfe, die er traditionsgemäß dazu schenken muß, gibt es gleich daneben, aber bei den Schuhen gerät er in Verlegenheit. Sie hat nur gesagt, es müssen ganz schmale, enge, elegante schwarze Schuhe sein, mit hohen Absätzen, nicht dicker als ein Zentimeter, aber die Schuhnummer hat er vergessen. Und noch schlimmer ist es beim Einkauf der – ebenfalls obligatorischen – Ärmelschürze für Augusta, wo die Verkäuferin den Umfang der Dame wissen möchte. Olimpio beschreibt mit der Hand einen beträchtlichen Kreis in der Luft und die Verkäuferin sagt nur: »ahhh – capito.« Endlich findet Olimpio noch ein paar Pelzpantoffeln mit schönem blau-grün-gelb-karierten Schottenmuster –, und dann kehrt er nach Hause zurück, wo der Christbaum auf ihn wartet.

Olimpio steckt den Albero di Natale zunächst in eine große Vase und stellt das Ganze auf ein Tischchen mit drei dünnen Beinen; er versucht das Gleichgewicht durch alte Zeitungen zu fördern, wird aber in seinem Bemühen immer wieder durch Glauco gehindert, der unablässig eine ›Lingua de Menelike‹ haben will – die schokoladene Zunge des abessinischen Kaisers Menelik – höchste Delikatesse für Ragazzi seines Alters.

Als Olimpio dann das Bäumchen gerade so weit hat, bemerkt er, daß ein fremder Mann im Zimmer steht. Aus dem halbverzweifelten Babbo wird sofort wieder der Cavaliere.

»Was wollen denn Sie?«, sagt er barsch.

Der Mann ist ganz verlegen, und sagt, er komme vom Cavaliere Bettoni. Olimpio, der plötzlich denkt, o Dio, es wird doch nicht eine unbezahlte Rechnung sein? – sagt:

»Che Bettoni, was für ein Bettoni? ...«

»Scusi tanto, halt der Cavaliere Bettoni!!!«

Jetzt geht dem Vater Battistini ein Licht auf. Er erhebt sich, murmelt eine Entschuldigung, zückt die Börse zu einem mächtigen Trinkgeld – denn der Cavaliere Bettoni ist der Vater jenes jungen Mannes, der das Opfer von Lucianas Bellezza werden soll – noch ist die Verlobung nicht offiziell, aber es ist doch schon ein sehr gutes Zeichen, wenn der Cavaliere Bettoni, der ehrenwerte Besitzer einer Kuchenbäckerei, einen so großen Korb mit Panettone ins Haus schickt, mit dem unvermeidlichen, trockenen, rosinengespickten Weihnachtskuchen, und dazu noch zwei Flaschen Spumante, der so süß ist, daß einem nach dem ersten Schluck die Lippen kleben, und Blumen für Amelia und ›Giochi di pazienza‹ für den Glauco, Geduldspiele mit winzigen Mäuschen, die niemals in ihre Häuser gehen.

Durch die offengebliebene Tür zieht von der Küche der Duft von gekochtem und gebratenem Fisch herein, und die Eingangsklingel läutet. Heiliger Antonius, denkt der Vater, jetzt mach nur, daß der Baum stehen bleibt, da kommen sie schon.

Es kommen: Silvana, die Schwester von Amelia, in Waschbär-Stola, den dreijährigen Massimo an der Hand, der allerdings schon ein wenig verwüstet aussieht. (Sein Vater, der Schullehrer Lodovico hat ihm, weil er doch der schönste Bambino der Welt ist, eine Rolle Bärendreck am Stand gekauft, und jetzt ist der neue weiße Anzug von Massimo schwarz-weiß.) Dann kommt Mario, der Fidanzato von Luciana, ausgerüstet mit einem goldenen Armband mit eingravierten Namensbuchstaben und Kleeblattanhängerchen. Und dann kommt ›la donna più chic della serata‹, die Madrina, wichtiger als alle Verwandten, die Patin von Glauco, das Goldene Kalb der Familie Battistini, von allen umtanzt, weil sie Soldi hat –, und mit ihrem Auftritt beginnt nun ernsthaft das Fest. Fast unbemerkt kommt auch noch Amelia herein, hochrot und außer Atem, sie dampft noch ein bißchen, und durch die allzu schnell aufgetragene Puderschicht dringen schon die ersten Tröpfchen. Die Schlacht in der Küche ist geschlagen, die Schlacht im Wohnzimmer beginnt.

Niemand hält sich lange mit dem Bewundern des Christbaumes auf (zur großen Zufriedenheit Olimpios) –, man setzt sich sofort zu Tisch. Die Rede verstummt, der Weihnachtsfriede kehrt ein.

Es gibt: ›Antipasti di magro‹ – Vorspeisen ohne Fleisch: kleine Artischocken in Essig und Öl, Sardinen, Oliven, Gurken, Blumenkohlspitzen und Zwiebeln. Dann die traditionelle Weihnachts-Pasta-asciutta: Spaghetti mit Thunfisch. (Davon ißt jeder mindestens einen gehäuften Teller.) Hierauf folgen nacheinander drei verschiedene Arten von Fisch: zuerst ›Pesci fritti‹ – kleine Krebse und Tintenfische, in Öl gebacken und mit Artischocken garniert, dann der berühmte ›Capitone‹, der große Aal aus dem Braccianer-See, und endlich ›Pesce lesso‹, gekochter Fisch von Ostia, mit Zitrone und Öl, aber ohne Mayonnaise.

Dann möchte man meinen, daß sie alle nicht mehr können. Aber sie können noch. Jetzt gibt es ›Frutta secca‹, Nüsse, Mandeln, Mandarinen, Feigen und Datteln, dazu eine Riesenportion ›Dolci‹ – kleine Törtchen, schön farbig und unbeschreiblich süß, dann noch ›Torrone‹, das ist Nougat mit Schokolade-, Vanille- oder Pistazien-Aroma, und den Schluß bildet die ›Zuppa Inglese‹, die ›Englische Suppe‹, ein Gebilde aus einem mit Schnaps getränkten Biskuit-Teig und kandierten Früchten, mit einem ungeheueren Berg von Schlagsahne überdeckt. Auf dem Tisch stehen die großen bauchigen Fiaschi mit Wein, und zu den Dolci macht der Vater Battistini den Spumante auf. Dies löst die Konzentration – und nach einer Weile stellt Madre Amelia befriedigt fest, daß sich das Zimmer langsam in eine Wüste zu verwandeln beginnt.

In den Gesättigten erwacht die Neugier. Jetzt kommen die Geschenke dran. Der Christbaum wackelt. Der Fidanzato, der sich auf ›das Elektrische‹ versteht, soll die chinesische Beleuchtung in Gang bringen. Er kriecht neben den dünnbeinigen Tisch, um den Kontakt in der Wand zu suchen. Glauco und Massimo beschließen, den Sturm auf den Christbaum zu eröffnen, Vater Olimpio öffnet den Mund zu einem Kompliment an die Madrina,

Augusta steht vor dem Spiegel, um ihren Hut zu probieren – da geht das Licht aus. Nur aus dem alten Grammophon ertönt in voller Lautstärke, von Kino-Orgel tremolierend vorgetragen: O du fröhliche...

Inzwischen haben aber über der Stadt Rom die Glokken für die Mette zu läuten begonnen. Heute gibt es keine Straßenbahn und kein Taxi, also begibt sich die Familie Battistini zu Fuß auf das Kapitol, nach Aracoeli.

Unten an der großen Treppe sind schon die Hirtenfeuer zu sehen, und die Schalmeien tönen. Auch dieses Jahr sind die Hirten von den Abruzzen wieder in die Stadt herunter gekommen, gekleidet in Felle, mit Schuhen aus Rinde und Bast. In ihren Schnappsäcken haben sie auch dieses Jahr wieder ein wenig von ihrem scharfen Käse, ein bißchen Salami und Rotwein und einen Packen von Briefen, den ihre Frauen und Kinder in den Bergdörfern an den Santo Bambino geschrieben haben. Immer spielen zwei von ihnen zusammen: der eine auf einer Doppelflöte – der andere auf dem Dudelsack. Vor dem Kircheneingang liegt, mit der Krempe nach oben, ein verwaschener Hut, in den die Kirchenbesucher eine Kleinigkeit hineinwerfen, damit die Wiegenmusik weitergeht.

In der Kirche, zwischen den Säulen, die einmal in heidnischen Tempeln und im Schlafgemach des Kaisers Augustus gestanden haben, warten schon die Franziskaner-Mönche in den kostbaren Goldkleidern, die sie über ihre Kutten gezogen haben, auf den Augenblick, an dem die Große Glocke ertönt, die nur einmal im Jahr geläutet wird und deren Schall auch Rienzi und Michelangelo schon vernommen haben. Wenn die Mitternacht erreicht ist, treten die Mönche auf den Santo Bambino zu, der unter einem weißen Schleier verborgen in der Krippe liegt, nehmen die kleine Gestalt heraus, bringen sie zum Hochaltar und stellen sie auf den Tabernakel. In der Nähe der Sibyllenstätte, ein paar Schritte vom Himmelsaltar des Augustus entfernt, hebt der Diakon an zu singen: In jener Zeit ging vom Kaiser Augustus der Befehl aus... und kaum ist das Evangelium zu Ende, da wird der Santo Bambino von seinem Schleier befreit, alle Lichter in der Kirche flammen auf, und die Leute in der Kirche, der Ministerpräsident und der Vater Battistini, rufen:

»Vedi, vedi, il Santo Bambino, il Bambino Gesù, evviva il Bambino Gesù!« Und die Väter nehmen ihre Kinder auf den Arm, die Orgel ertönt und alle beginnen das alte, reigenhafte Wiegenlied des Christkinds zu singen: »Tu scendi dalle stelle ...«!

Massimo, auf Vater Battistinis Arm, zeigt sich sehr beeindruckt von dem Lichterglanz. Aber später wird er müde, legt seinen Kopf an Olimpios Schulter und schläft ein. Und überall in der Kirche stehen die Väter neben ihren Frauen, mit den schlafenden Kindern an der Schulter, während durch drei Messen die rührende Weise forttönt vom Bambino Gesù, der von den Sternen herunter auf die Erde kommt.

Familie Battistini feiert Ostern

Die Battistinis sind alle mit außergewöhnlich gut funktionierenden Sprachorganen gesegnet, der Vater und Cavaliere Olimpio Battistini, seine Frau Amelia, die achtzehnjährige Tochter Luciana, der erfindungsreiche Sohn Glauco, der künftige Schwiegersohn und Großbäckerei-Erbe Mario und die Köchin Augusta, die das Haus mit ihrem Gesang erfüllt.

Seit Weihnachten hat sich in der Familie Battistini vieles zugetragen; es gab einige Kräche, etwa wegen eines Straußenfederhutes, den Amelia sich eingebildet hat, oder weil Glauco dem Kater Puffi eine Wurst zu fressen gegeben hatte, an der eine lange Schnur angebunden war, und Puffi bekam den Spagat dann nicht mehr raus und nicht mehr rein.

Unzählige Male hatte der Cavaliere Olimpio unter Seufzen und Stöhnen die vier Treppen zu seiner Wohnung zu Fuß heraufsteigen müssen, weil der Ascensore, der Aufzug, kaputt war, und unzählige Male hatte Mastrantonio, der Portier, den Cavaliere darauf vorbereitet, indem er mbè oder mbò sagte, was bekanntlich bedeutet, daß der Mensch überhaupt nicht mehr weiß, was er sagen soll. Im übrigen haben die Mitglieder der Familie Battistini in den letzten Wochen jeder auf seine Weise nur auf ein Ziel zu gelebt – Ostern. Und das begann am Karsamstag vormittag um elf.

5

SENATORENPALAST AM KAPITOL

Lavierte Federzeichnung von Marianne von Werther im Besitz der Künstlerin

Kaum ertönt der erste Glockenschlag, der die Auferstehung ankündigt, da fallen sie sich um den Hals und küssen sich auf beide Wangen und sagen »Auguri, Auguri«, das heißt ungefähr »Alles Gute, viel Geld, immer gut zu Essen, nochmals viel Geld, Glück in der Liebe, für Luciana einen braven Ehemann, für Amelia den Straußenfederhut, für Glauco eine Indianerausrüstung, für Augusta einen Haufen Kinder nach der Hochzeit – und alle möglichst männlichen Geschlechts. Und für alle: ganz, ganz wenig Arbeit«. Das alles heißt – Auguri, Auguri.

Der Glauco, besonders aufgefordert, gut und brav und treuherzig zu sein, auch nicht hinterhältig zu Menschen und Tieren, muß allen das Kreuzzeichen machen, und dann gehen sie an die Wasserleitung und waschen sich die Augen aus, denn am Karsamstag, wenn die Glokken zu läuten beginnen, ist alles Wasser in der Stadt Rom Weihwasser und schützt vor Krankheit. Und da läutet es an der Tür. Olimpio kann es noch nicht sein, der sitzt noch in seinem Büro in der Zentral-Post-Hauptverwaltung, Abteilung Gebühren, und brütet über seiner privaten Finanzlage: Wie soll ers bezahlen, wenn sich die ganze Familie wie üblich zu Ostern von Kopf bis Fuß neu anzieht, rechnen wirs mal aus – neues Kostüm für Amelia, neues Kostüm und Schuhe und Handschuhe für Luciana, neuer Anzug, Pullover, Strümpfe und Schuhe für Glauco, Perlonstrümpfe für Augusta und einen kreisrunden dunkelblauen Hut für ihn selber.

»Sono rovinato«, sagt der Cavaliere – »ich bin ruiniert!«

Er weiß noch nicht, daß nicht einmal ein voller Tag vergangen sein wird, und ein anderer wird in seinem Hause ebenfalls sagen: »Rovinato sono – erledigt bin ich, fertig, aus.«

Inzwischen hat in seiner Wohnung Augusta auf das Läuten die Tür aufgemacht und draußen steht der Portier, Antonio. Ein Paket unterm Arm. Er fragt nach Soramelia, der Hausfrau.

Augusta will ihm das Paket abnehmen, man sieht schon, es kann gar nichts Besonderes drin sein, das Papier ist ganz gewöhnlich, und Antonio gibt sonst nie ein Paket persönlich ab – aber Antonio muß es unbedingt der Signora selber geben. Als sie kommt, hält er eine kleine Rede – er wünsche ihr alles Gute, und er wünsche dem Hausherrn alles Gute, und sie seien doch alle so gute Leute, und er wünsche auch dem ›Bel maschietto‹, dem Glauco, alles Gute – und an seiner Miene ist nichts zu merken, daß der Glauco ihm gestern ein Pulverblättchen in seine halbausgerauchte Zigarre hineinpraktiziert hat.

»Auguri, Auguri«, sagt er, und die Padrona nickt mit dem Kopf und die Augusta nickt mit dem Kopf und die Luciana sagt:

»Grazie grazie troppo gentile – vielen vielen Dank, allzugütig«

Und der Portier geht und geht nicht weg. Endlich umwölkt sich die Stirn der Signora leicht, sie zieht tausend Lire heraus – und da dreht sich der Portier auch schon auf dem Absatz um,

»Oh danke«, sagt er, »zu gütig, das hätte es doch gar

nicht gebraucht, ich wollte doch gar nicht stören, es war ja nur, weil ich das Paket persönlich abgeben mußte.« – In dem Paket war ein Haufen alter Stoffreste von der Schneiderin.

Augusta, in die Küche zurückgekehrt, fängt sofort wieder mit der einzigen Beschäftigung an, die sie mit Eifer betreibt, zu singen.

Amelia, Luciana und Glauco färben Eier. Dabei hat sich Glauco ein neues Spiel ausgedacht. Sein Geist, der über Gebühr häufig in den Jagdgründen der Sioux weilt, denkt – Rothaut.

Er nimmt mit Bedacht einen Span vom Herd, rührt in der roten Farbe, schmiert sich voll, schmiert Augusta voll, schwingt das Holz als Beil über seinem Haupt, der Topf kippt – alles ist rot. Augusta geht ihn waschen, Luciana denkt an Gary Cooper, Amelia verzichtet auf weitere rote Eier.

Olimpio ist immer noch nicht da. Er weiß schon, was zu Hause los ist, er hat es nicht eilig. Es gibt so viele schöne Bars mit einem ausgezeichneten Espresso, man kann dann auch noch ein bißchen auf den Corso gehen und die Illustrierten anschauen mit den vielen schönen Mädchen auf den Titelseiten – zu Hause hat man ja doch nichts zu reden. Er hat Amelia schon gesagt, daß er heute zu Mittag nicht kommt, denn die Amici aus dem Büro hätten ihn zum Essen eingeladen, was eine Lüge ist. Die Wahrheit ist, daß er einfach Angst hat, Angst vor der Lage, in die er kommt, wenn er den Nachmittag zu Hause verbringt.

Denn da passiert in jedem Jahr etwas Unvermeidliches. Der Prete kommt, der Kaplan der Pfarrei, und will die Speisen segnen. Diese Speisen, die man zu Ostern verzehrt, zweierlei Salami, Schinken, Brot, Lammkeule, Käse und Wein, und vor allem Pyramiden von gefärbten Eiern – dies alles wird auf einem großen Tisch im Wohnzimmer aufgebaut und mit einem Battistschleier überdeckt. Aber der jüngste Battistini hat vor dem Schleier keinen Respekt. Ihm kommt's auf die Eier an, und weil es verboten ist, sie anzurühren, kommt es doppelt drauf an.

Olimpio weiß, daß sie jetzt zu Hause den Tisch aufbauen, daß alles fertig ist, um den Segen der Kirche zu empfangen, und daß dann der Geistliche, der in viel zu viele Häuser gehen muß, weil Rom genug Prälaten, aber zu wenig Kapläne hat – daß der Geistliche auf sich warten läßt. Inzwischen kommt die Stunde für das österliche Bad, und dann hat der Glauco keine Aufsicht mehr: Amelia muß noch zum Friseur und Luciana muß zur Schneiderin, und Augusta denkt nur noch an ihren Carabiniere, mit dem sie sich vorgestern verlobt hat.

Und wenn der Kaplan dann mit einer Entschuldigung vor der Türe steht, hat Amelia die Lockenwickler im Haar und Luciana kann nichts anrühren, weil der feuerrote Nagellack an ihren Fingern noch nicht trocken ist, und Glauco ißt mit Behagen das erste ungeweihte Osterei.

Dann kommen tausend ›Scusi, Reverendo‹, und Amelia sagt bestimmt, es sei alles nur, weil der Vater nicht zu Hause sei. Der Vater aber weiß, daß es genau so sein würde, wenn er zu Hause wäre – nur daß er sich vor dem Kaplan genieren müßte. Und das kann der Olimpio Battistini als Ritter der italienischen Republik einfach nicht.

Erst am Abend wird Friede in der Familie Battistini. Augusta ist ausgegangen, Glauco schläft, Luciana trifft ihren Verlobten, Amelia ist auf ihrem Sessel eingenickt und Olimpio liest die Zeitung und rechnet sich den morgigen Toto aus.

»Che Pace«, sagt er, welcher Friede.

Das letzte, was Olimpio noch tat, war ein liebevoller Blick auf die geweihten Speisen auf dem Gabentisch – und das Wasser lief ihm im Munde zusammen, als er daran dachte, wie es morgen früh sein würde, wenn er, unrasiert und im Schlafanzug, sich daran machen könnte, diesen Gabentisch zu plündern. Osterfrühstück, dachte er, hauchdünne Scheiben knoblauchduftender Salami, Schinken aus den Abruzzen, Wein von Frascati, die lebzeltenen Ostertauben vom Schwiegersohn – lauter gute Sachen.

Und am Morgen erhob sich der Cavaliere mit einem patriotischen Lied auf den Lippen und schritt zum Frühstück.

Nichts. Das wurmte ihn schon. Außerdem sah er, daß jemand die Salami bereits in Scheiben geschnitten hatte, und zwar falsch. Nämlich dick, anstatt hauchdünn. Und er fragt, wer das war. Augusta. Natürlich! Und jetzt regt er sich auf und Glauco kommt daher und hat nicht das geringste Verständnis für die Seelenschmerzen seines Vaters – er will schlicht ein Ei. Aber das will er.

»Dame 'n'ovo, dame 'n'ovo!«

Das hält der Vater Battistini nicht aus – und er schmiert Glauco eine saftige Ohrfeige.

Jetzt wird Amelia wild: »Aber Olimpio, was tust Du denn, der arme Glauco kann doch gar nichts dafür, daß Du Dich so aufregst!«

»Wenn ich mich aufrege, rege ich mich auf, heute ist Ostersonntag, da werd ich doch noch das Recht haben, mich aufzuregen!«

Luciana, die auch eine Individualistin ist, und nicht ohne weiteres an das allgemeine Wohl denkt, stürzt sich voller Verzweiflung auf den Vater – sie ist ruiniert – auch sie –, denn die Sartina, diese gräßliche Person, hat das neue Kostüm nicht gebracht, und im alten geht sie nicht auf die Straße und in die Messe geht sie auch nicht, und was werden denn alle ihre Freundinnen denken, wenn sie allein mit einem solchen alten Fetzen daherkommt –

»Dame 'n'ovo, dame 'n'ovo«, sagt der Glauco, wie ein Stehaufmännchen.

»Ma perché«, schreit der Vater, »warum nur geht man am Ostersonntag nicht ins Büro«.

»Permesso – mit Erlaubnis«, sagt es aus dem Hintergrund, der Fidanzato, Lucianas Verlobter Mario, ist eingetreten. Welch ein Glanz. Neue, ganz helle Hosen, ein ins Blaue stechender Rock, beigefarbene Schuhe, feuerrote Krawatte, polierte Fingernägel – ein Bild männlicher Schönheit. Unterm Arm hat er ein riesiges Schokoladenei für Luciana, in dessen Bauch eine Überraschung zu vermuten ist. Wenn der Fidanzato allein noch nicht genügt hätte, so bewirkt es das Ei, daß die Stimmung umschlägt.

Der Vater Battistini zerfließt vor Freundlichkeit (schließlich hat der Mann Geld), Luciana ist ein Täubchen, das gerne, ach so gern das alte Kostüm anzieht, damit der liebe Mario nicht warten muß – alle ziehen ab, einträchtig und friedfertig, in die späteste Messe des Ostertages.

Kaum sind sie aus dem Haus, verfällt Augusta in ihr altes Laster. Ein Pfiff ertönt – und sie öffnet das Fenster: Unten steht in nagelneuer Uniform ihr Carabiniere, tapfer und stark wie Tankred von Lecce.

»Sie sind weg«, sagt sie, »komm rauf!«

Da kommt er an, der Held in Blau, zuerst will er einen Kuß, und dann sagt er – »Che roba, was für Sachen!«

Und dann tut er sich gütlich, und zwischen zwei harten Eiern und zwei Scheiben Salami und zwei Gläsern Wein immer wieder einen Kuß.

Aber plötzlich – die Padroni kommen nach Hause, und der Carabiniere ist mitten im Essen. Was sagt er?

»Rovinato sono!«

Nach der Messe hatte die Familie (Amelia im roten Fuchspelz, Glauco mit weißen Söckchen und Schuhen, und so weiter und so weiter) den Commendatore Pettorutti getroffen, und weil ein Commendatore etwas Höheres ist als ein Cavaliere, hat er die Familie Battistini zu einem viel zu süßen, grünschillernden Aperitif eingeladen. Und dann ergriff der Cavaliere Battistini das Wort, aufgestachelt von Ritterlichkeit, und lud den

Commendatore zum Mittagessen ein. Der wollte gar nicht, aber die Battistinis waren vier und er war allein. Die Masse siegte.

Und nun, an der Wohnungstür nochmalige Komplimente, – dann sagt Amelia, sie müsse nur einen Moment in die Küche, macht die Tür auf – und überrascht Auguste mit ihrem Carabiniere.

Olimpio fühlt eine große Szene nahen. Commendatore, sagt er, Commendatore, Sie können sich nicht umdrehen, Sie können nicht einen Schritt aus der Wohnung tun, schon finden Sie die bewaffnete Macht im Hause vor. Und dann:

»Ich bin der Freund des Maresciallo, des Polizeihauptmanns, also verschwinden Sie, Giovanotto!«

Aber da stinkt es schon: Es ist zu spät, der ›Abacchio‹, der österliche Lammbraten, ist schwarz, angebrannt, ausgedörrt, trocken wie Zunder. Nun holt der Cavaliere, auf den die Schicksalsschläge nur so hereinstürzen, zu einer antiken Bewegung aus, beugt den Kopf zurück, rauft sich die Haare.

Der Schrei des Cavaliere hallt durch die Wohnung: »Mamma mia!«

Der Ruf der Familie Battistini hat einen empfindlichen Stoß erlitten, jetzt hilft nur noch eines! Der Commendatore hat eine ganz neue Macchina und bietet, ein bißchen süß-sauer zwar, aber doch voller Angst, sonst überhaupt um sein österliches Mittagessen zu kommen, der Familie einen Ausflug nach Frascati an. Und sogleich ist alles vergessen – »Andiamo, andiamo!« schreien sie – Glauco will aufs Dach, Luciana kuschelt sich zwischen die Freßkörbe, Amelia lächelt und der Cavaliere sitzt sozusagen auf sich selbst, weil kein Platz mehr da ist.

Als alle endlich verstaut sind, schreit die Augusta plötzlich auf. Der Kater Puffi ist vergessen worden!

Aber Puffi ist gar nicht unglücklich. Tief beeindruckt von der plötzlichen Stille sitzt er ganz ruhig mitten in der großen Diele auf dem Boden und sagt voll Zufriedenheit: Miau.

Familie Battistini fährt in Urlaub

Heute ist in Rom der heißeste Tag des Jahres. Die Stadt ist leer. Die Römer fliehen. Ferragosto – der 15. August.

Durch die Via Cavour radelt ein Eisverkäufer. Von seinem Karren träufelt eine blaßgelbe Vanillespur auf den schmelzenden Asphalt.

»Scemo«, sagt unser Portier, »so ein Depp! Bei der Hitze!«

Dann nimmt er ein nasses Frottierhandtuch vom Hals und reibt sich die Glatze. Der Zustand des Hauses Via Cavour 305 ist der Temperatur entsprechend.

Im ersten Stock sitzt die Witwe des Advokaten Fiorini in der Mitte der Diele, die Füße in ein Wasserschaff gestreckt, und schnarcht.

Im zweiten Stock kniet der Polizeiwachtmeister Giordano auf den Steinfliesen und hämmert am Drahtgestell seines Diensthelmes herum, auf den er sich vorhin gesetzt hat, weil man bei geschlossenen Jalousien so gut wie überhaupt nichts sieht.

Im dritten Stock sind nur zwei ›Gatti‹ zuhause – zwei Katzen, in eine angeregte Diskussion verwickelt, wie der Modellhut der Signora Fortini am besten zu ruinieren sei.

Im vierten Stock wohnt die Familie Battistini, die sich nicht so leicht unterkriegen läßt. Seit den frühen

Morgenstunden gab es bei ihnen großen Betrieb. Die Wirkung der Hitze zeigte sich in den verschiedenartigen Seufzern, die sie in ihre Reden einstreuten. Aber man kann vielleicht doch daran zweifeln, daß diese vielen Seufzer nur von der Hitze kamen.

Jeder in der Familie Battistini hatte außer der Hitze und der bevorstehenden Abreise auch noch einen anderen Grund zum Seufzen – am meisten der Vater Olimpio, der sich erschöpft an die Wand lehnte, als die Familie endlich bei der Türe draußen war.

Es überkam den Cavaliere das Gefühl einer unendlichen Erleichterung:

»Gott sei Dank«, sagte er, »sie sind weiter!«

Und er hatte es geschafft, nicht mitzufahren. Zum ersten Mal in zwanzigjähriger Ehe hatte er es fertigbekommen, seine Freiheit zu erlisten, eine »dringende dienstliche Angelegenheit« hielt ihn »zu seinem größten Leidwesen« in Rom zurück, und Amelia mußte mit der ganzen Familie im Wagen des Commendatore ohne den Capo Familia ans Meer fahren. Kaum waren sie draußen, hatte Don Olimpio die Sorgen schon vergessen.

»Che bella cosa«, sagte er, »was für eine prächtige Sache – la libertà – die Freiheit!«

»Haha«, fuhr er fort, »das tut gut, wieder einmal Herr zu sein im eigenen Haus, ohne diese Weiberleut. Herrschaft, in der Küche schaut's aus, is mir aber wurscht. Spaghetti wär'n halt recht. Aber wie macht man's denn?«

Er versucht, einen Topf vom Herd zu nehmen, wirft ihn dabei hinunter und entschließt sich, die Finger davon zu lassen. Außerdem findet er, daß die Küche nicht besonders zum Verweilen einlädt. Dazu erwacht in seiner Brust ein Drang nach weiblichem Trost.

Allein haben sie ihn gelassen, in dieser Wüste von einer Wohnung, und nicht einmal was zu essen haben sie ihm hergerichtet, und dabei haben sie doch einen solchen Berg Fleischpfanzl mitgenommen.

»Man muß doch einmal schauen, ob die Signora Corinna nicht zu Hause ist, die Nachbarin. Gar nicht schlecht!«, murmelt er.

Und schon ist er draußen auf dem Flur und läutet. Signora Corinna öffnet auch gleich – und bald kann man hören, wie er schäkert, der ›Bugiardo‹, der Heuchler, der Held Battistini, dem noch vor einer Stunde die Knie geschlottert haben, angesichts der Katastrophen, die seine Familie arrangiert hatte. Und jetzt ist er ganz ›Gentiluomo‹, ganz Kavalier.

Vergessen sind Amelias Ohnmacht, Lucianas Tränen und Glaucos Krokodil, vergessen das ganze Drama, das sich heute in den ersten Morgenstunden im vierten Stock des Hauses Via Cavour 305 abgespielt hat.

Es begann um 6 Uhr früh: Augusta drischt an die Türe, um die zarte Tochter Luciana zu wecken. Luciana will aber nicht. Die Augusta soll das Fenster nur wieder zumachen. Und als es dann aber gar nicht mehr anders geht, hat die Tochter des Hauses Battistini nur einen Gedanken: den Bikini.

Inzwischen hat auch das Haupt der Familie, der Vater Olimpio, sich von seinem Lager erhoben, weil er es nicht mehr ausgehalten hat.

Der Sohn Glauco hat von der Tante eine Mundharmonika geschenkt bekommen und übt schon seit einer Stunde. Er sitzt im Wohnzimmer, versunken in seine musikalischen Studien.

Dann passiert folgendes: Glauco ist frech, der Vater will ihm die Mundharmonika entreißen, auf dem Tisch steht eine Platte mit rohen Eiern für den Proviant, Glauco läuft davon, der Vater hinterher, die Eier fallen vom Tisch, das neue grüne Gummikrokodil von Glauco schwimmt in gelber Soße, Glauco ist ganz begeistert und singt:

»Ho rotto le uova – ho rotto le uova – ich hab die Eier zerschmissen, hurra, ich hab die Eier zerschmissen!«

Olimpio sieht rot, erwischt den Sohn beim Kragen, tritt aber in die Eiersoße, rutscht aus, Glauco heult, der Vater schreit, der Boden klebt und das Krokodil ist endgültig zur Strecke gebracht.

In der Küche große Diskussion:

»Was werden wir denn jetzt essen«, sagt die Madre Amelia, »was haben wir denn noch außer den Eiern?«

Augusta muß es wissen. Sie zählt auf:

»Salami, Schinken, Mozzarella – das ist frischer Büffelkäse, Polli – Hühner, Frutta – Obst und Suppli«. – Suppli sind braungebackene Gebilde aus Reis, die entfernt das Aussehen einer Maus haben und deshalb vom Kater Puffi als Spielzeug sehr geschätzt werden.

Augusta schimpft, daß *sie* immer die Wunder tun soll, und daß diese ganze Eierkatastrophe bezeichnend ist für das Familienleben der Battistinis, und wo die Signora denn glaube, daß sie um diese Stunde frische Eier hernehmen solle – vielleicht von der Wach- und Schließgesellschaft, eh? – während dies alles im Gange ist, fegt der Kater Puffi mit einem gestohlenen Suppli den Gang hinunter. Links ein Hieb und rechts ein Hieb und auf dem Boden Reis und Fett – Puffi denkt nicht daran, auch nur ein Korn zu essen, für ordinären Reis ist ein römischer Gatto viel zu arrogant – aber dafür haut er umso lieber drauf.

Jetzt ist der Commendatore Pettorutti gekommen, der alte Freund des Hauses, ein Napoletaner, der von seinen Renten lebt. Er hat einen ganz neuen rohseidenen Anzug an, weiße Schuhe, eine himmelblaue Krawatte, eine rote Nelke im Knopfloch, das Haar pomadisiert und an der Hand ein kleines Bambus-Stöckchen: Der Mann, der weiß, wie schön er ist, der vor dem Hause unten eine ganz neue Macchina, ein blitzblankes Auto stehen hat, und sich jetzt herabläßt, die neidvollen Freunde in die Sommerfrische zu fahren.

Der Commendatore kommt viel zu früh. Die Battistinis sind noch lange nicht fertig. Olimpio, dessen Herz der bevorstehenden Freiheit entgegenschlägt, muß mit dem Commendatore von Mann zu Mann sprechen. Aber der hat zunächst nur eins im Sinn: il caldo!

»Aber hören Sie doch«, sagt Don Olimpio, »natürlich ist es heiß,« (er hat immer noch nichts anderes an als einen kurzhosigen Pyjama) »aber was glauben Sie, was ich heute mache, wenn die weg sind?« – der Commendatore begreift sofort.

6

BLICK ÜBER DIE DÄCHER
VOM MONTE PINCIO GEGEN WESTEN

Lavierte Federzeichnung von
Marianne von Werther
im Besitz der
Künstlerin

»Come vi capisco«, sagt er, »un appuntamentino clandestino – eine heimliche Verabredung, ah, ich kann Sie so gut verstehen. Ich selber, wissen Sie, ich selber bin ja ein Esel, daß ich der Signora Amelia versprochen habe, die Familie hinauszufahren an den Strand, und dabei muß ich jetzt sooo ein Mädchen sitzen lassen – un fior di bella figliola, tatsächlich, eine Blume von einem weiblichen Wesen!«

»Jaa«, sagt Don Olimpio, »Sie opfern sich wirklich für uns auf, aber wenn Sie einmal eine Ausrede brauchen, verfügen Sie nur über mich – ich mache alles für Sie – evviva l'amore!«

In diesem Moment geht die Tür auf, Donna Amelia kommt herein, und die Köpfe des Commendatore und des Cavaliere fahren auseinander. Sie setzen eine Miene auf, die von Treuherzigkeit nur so strahlt. Und um ganz sicher zu gehen, daß Amelia nicht Zeit findet, sich über das Gedanken zu machen, was die beiden vielleicht besprochen haben könnten, stürzt sich Don Olimpio mit seiner ganzen väterlichen sittenstrengen Autorität auf die Tochter. Glauco gibt das Stichwort:

»Papa, schau Dir die an«, und zeigt auf Luciana, »wie sie herumläuft!«

»Momento«, sagt der Cavaliere, »momento. Diese Tochter wagt es, ich sage, wagt es, in diesem ausgeschnittenen Zustand auf die Straße zu gehen.«

»Menala papa, menala, papa – Hau Ihr eine runter, Papa!«, schreit der Glauco, dem schon das Wasser im Mund zusammenrinnt, in der Hoffnung, nicht der einzige Geprügelte dieses Tages zu bleiben.

Amelia nimmt sofort Lucianas Partei, und Augusta stellt fest, daß die Männer, in Fragen weiblicher Schönheit, immer schon Dummköpfe gewesen sind. Beinahe wäre es schon wieder zu einem hübschen kleinen Krach gekommen, da tönt aufs neue die Klingel.

Auf das Läuten geht Augusta zur Türe und macht auf. Draußen steht ein unbekannter Mann. Die Signora wolle er sprechen, sagt er. Augusta findet, daß die Signora jetzt für niemanden zu sprechen sei, und sagt ihm einfach, das sei die falsche Türe, und er solle wieder gehen. Aber der Unbekannte nimmt eine drohende Haltung ein, er geht nicht weg, Augusta wird grob, die Signora hört's und kommt daher. Kaum sieht sie den Mann, entfährt ihr ein Aufschrei:

»Ah – Sie ... jetzt ...«, und fällt in Ohnmacht.

»Ah«, schreit Augusta, »Sie haben meine Signora umgebracht, die Signora gibt ihren Geist auf, Hilfe!«

Olimpio kommt. Furchtbarer Schrei:

»Ist sie tot? Ah, meno male, noch nicht ganz tot!«

Der fremde Mann steht dabei und zeigt sich nicht sehr beeindruckt.

»Sind Sie der Gatte?«, fragt er Olimpio.

»Was wollen Sie überhaupt hier, wer sind Sie, sehen Sie nicht, daß meine Frau ohnmächtig ist, verschwinden Sie!«

»Halt«, sagt der andere, »erst Geld!«

Olimpio ist fertig: »Geld? Wieso??«

Der fremde Mann behauptet, die Signora Amelia schulde ihm eine größere Summe, und er müsse sie heute einkassieren, er singt beinahe:

»Ich brauche meinen Denaro, die Soldi gehören mir!!!«

Der Commendatore kommt hinzu, überblickt sofort die Situation, und als geldgewohnter Napoletaner weiß er natürlich, daß es für eine Hausfrau gar nichts Besonderes ist, wenn sie hinter dem Rücken ihres Mannes Schulden macht.

»Ottocento«, sagt der Gläubiger, »achthundert.«

»Na ja«, sagt der Commendatore, »das geht ja noch, machen Sie sich keine Sorgen!«

»Was«, schreit der andere –

Olimpio dazwischen: »Schreien Sie nicht!«

Darauf schreit der Fremde: »Ich schreie ja gar nicht!«

Olimpio dagegen im höchsten Fortissimo: »Sie dürfen hier nicht schreien.«

»Ah – Commendatore«, sagt der fremde Mann, »achthundert Lire, Sie sind wohl nicht ganz bei Trost – achthunderttausend!«

»Waaas?«, sagt der Commendatore, »ja dann ...«

Und dann geht die Türe auf, und Mario kommt herein, überschwenglich von Olimpio begrüßt, der nicht will, daß der Mario, der doch der reiche Verlobte von Luciana ist, etwas von der Affäre merkt.

Aber es ist zu spät. Mario hat's schon durch die Türe gehört – er geht auf den Gläubiger zu und sagt:

»Signore, sagen Sie mir, werden Ihnen in diesem Hause Soldi geschuldet?«

»Nein«, brüllt Olimpio, »versteh doch Mario, nicht *wir* schulden, ein Freund von uns schuldet –«

»Machen Sie keine Dummheiten«, sagt der Gläubiger, »Sie wissen genau, wer hier schuldet, und wenn Sie mir keine Garantien geben, dann mache ich einen Skandal, einen Skandal ...«

»Waaas?«, sagt der Mario und dreht sich auf dem Absatz um. Die zärtliche Begrüßung Lucianas übersieht er vollständig.

»Nein, mein liebes Kind«, sagt er, »ich habe fünf Backöfen zu Hause, und jetzt gehe ich, aber für immer!«

Aber die Rettung ist nicht fern. Augusta steuert gewaltig wie ein Kriegsschiff auf den impertinenten Creditore zu:

»So«, sagt sie, »jetzt langt's. Jetzt verschwinden S'! Aber schnell. Die Familie Battistini reist jetzt ab. Und Sie halten uns noch lang nicht auf! Raus! Raus!«

Kein Mensch denkt an den Prozeß, der kommt. Glauco ist ganz weg, weil die Luciana sitzengeblieben ist. Der Commendatore schweigt und denkt, das ist die letzte Fahrt, die die Battistinis mit mir machen. Die Signora Amelia hat ihr Bewußtsein wiedererlangt und denkt alles auf einmal: Thermosflaschen, Luftkissen, Sonnenschirm, Brille, Einmachgläser, Roman, Zwirn, Recorder, Katzenfutter, Ansteckblumen, Fleckenputzer, Nachthemd und Lockenwickler.

Augusta ist ungeheuer stolz: Die Familie Battistini wäre schon längst der vollkommenen Zerrüttung anheimgefallen, hätte Augusta nicht mit der Kraft ihrer Arme um sie gekämpft. Luciana überlegt, welches ihrer Kleider wohl am geeignetsten wäre, den Verlust Marios möglichst schnell auszugleichen. Und Olimpio denkt mit verbissener Monotonie:

»Wenns' nur schon weiter wären, wenns' nur schon draußen wären, wenns' nur schon zwölf Uhr wär!«

Auf der Verlustliste des Tages stehen: vierundzwanzig Eier, ein Gummikrokodil, ein Verlobter, sechs von Puffi zerstörte Supplis, und der bürgerliche Frieden. Aber es ist viel zu heiß, um darüber nachzudenken. Olimpio hat nichts anderes im Sinn als das winzige Stückchen männlicher Freiheit, das er dem Ferragosto abgelistet hat.

Familie Battistini fährt aufs Land

Rom, Sonntag morgen, Treppenhaus in Via Cavour 305: An dem Krach, den man hört, sind nicht etwa die ganzen Hausbewohner beteiligt, sondern nur vier Personen. Und die streiten nicht einmal, im Gegenteil, in schönster Eintracht kommen sie die Treppe herunter – eine Treppe übrigens, die den Vorteil hat, aus Marmor zu sein, einen herrlichen Hall zu erzeugen und die damit in den Mitgliedern der Familie Battistini dieselbe Lust weckt, die unsereiner zuweilen verspürt, wenn er in der Badewanne sitzt: nämlich seine Stimme mit Macht erschallen zu lassen. Auch der Hund Silver hat diese Gefühle. Er ist der erste im Zuge und an seiner Leine hängt der Rest der Familie. In einer viermaligen Kreisbewegung, immer um den Drahtkäfig des kaputten Aufzugs herum, rasen sie zu Tal, denn vierzehn Sonntage lang hat es geregnet, vierzehn Sonntage haben sie im vierten Stock darüber gestritten, daß man aufs Land gehen müsse, heute scheint die Sonne und die Battistinis sind nicht zu halten.

Reihenfolge des Aufzugs: Erstens Silver, il cane, eine grauviolette Kreatur, grau dort, wo er Natur ist, violett dort, wo das Halsband abgefärbt hat, das violett sein muß, weil das Halsband von dem Hund der Lollobrigida auch violett ist, der klassische römische Etagenhund, der normalerweise die Kletterrosen der battistinischen Terrasse dazu benützt, um sein Bein an ihnen zu heben.

Zweitens: Glauco, zehn Jahre alt, das Familiengenie, in kariertem Sonntags-Anzug, den Spritzrevolver in der Tasche, die Widerborsten seines Haupthaars mit Brillantine festgeklebt.

Drittens: Augusta, die Köchin, die rosafarbene Schuhe mit bleistiftdünnen Absätzen trägt und ihre ganze Konzentration braucht, um nicht bei jeder Treppenstufe umzuknicken.

Viertens: Sor Amelia, die stets Verzweifelte, die Mutter Battistini, deren Charakter sich am besten damit kennzeichnen läßt, daß sie eine Vorliebe dafür hat, pfannen- oder kasserolähnliche Gebilde, mit gestrickten Blumen garniert, als Hüte auf dem Kopf zu tragen.

Und endlich fünftens: der Ritter Battistini, dem der heutige Ausflug in die Campagna eine längst ersehnte Gelegenheit ist, um wenigstens nach außen hin den Schein jener Autorität zurückzugewinnen, die er innerhalb seiner eigenen vier Wände seit zwanzig Jahren verloren hat.

Vor dem Hauseingang wartet das Auto mit dem gemieteten Chauffeur, man steigt ein, und die Familie Battistini fährt aufs Land.

Man muß wissen, daß der Vater Battistini einen Bruder besitzt, der den Verführungen der römischen Mädchen erfolgreich und lebenslang widerstanden hat. Dieser Bruder, Romolo, ist um sechs Jahre älter als Olimpio Battistini und hat sein väterliches Erbteil dazu benützt, sich aufs Land zurückzuziehen und seine Aufmerksamkeit nur noch dem Gedeihen von Schweinen, Schafen und ähnlichen nützlichen Dingen zu widmen.

Der Onkel Romolo hat das Italienische längst verlernt und begnügt sich mit dem fragwürdigen Dialekt der Campagna, raucht schwarze, überaus stinkende Zigarren, läßt sich von seiner dünnhaarigen Haushälterin ein ausgezeichnetes Essen servieren und hat nur eine Angst im Leben: daß die Verwandten aus der Stadt auf den Gedanken kommen könnten, ihn zu besuchen. Sein zweites Wort ist stets »Qui si lavora« – »Hier, meine Herrschaften, wird gearbeitet, die Stadtleut' sind die reinen Schmarotzer und alles Unglück auf der Welt ist weiblichen Geschlechts«. Der gute Onkel Romolo, er ahnt noch nicht, was heute über ihn hereinbrechen wird.

Seit einiger Zeit hat er auf seinem Hof einen ungerufenen, mit Geduld ertragenen Gast: Luciana Battistini, die zur Erholung aufs Land geschickte Tochter der Familie Battistini.

Wie Sie wissen, haben die Battistinis vor einiger Zeit eine ihrer üblichen Katastrophen erlitten: Luciana, ein wohlproportioniertes achtzehnjähriges Wesen von vielversprechendem Charakter, hatte es trotz angestrengter Unterstützung der ganzen Familie nicht vermocht, den Erben von fünf Backöfen, mit dem sie verlobt war, bei der Stange zu halten. Als die Sache endgültig zu Ende war, erlitt der ›Fisico‹ Lucianas – also die Gesamtsumme ihrer äußeren Reize – einen so starken Schlag, daß der Vater Battistini zu dem Entschluß gekommen war, das Kind aufs Land zu schicken. Man hielt sich nicht erst lange mit Briefschreiben auf, packte Luciana in den Campagna-Omnibus, versah sie mit einem alten gebratenen Huhn und schickte sie dem Onkel Romolo ins Haus.

Und heute nun hatte der Cavaliere Olimpio Battistini die Absicht, seine Tochter nach einem längeren Zeitraum ländlicher Abgeschlossenheit wieder in den Schoß der Familie zurückzuholen.

Außerdem könnte man ja ohne viel Aufhebens dabei noch verschiedenes andere ins Werk setzen. Man würde zum Beispiel ausgezeichnet essen, sehr viel guten Wein trinken, und der Onkel Romolo muß alles bezahlen. Und vielleicht findet man sogar eine Möglichkeit, anstatt Luciana zurückkehren zu lassen, auch noch Mutter, Köchin, Sohn und Hund dem Onkel für einige Zeit anzudrehen. Und dann wäre Olimpio Battistini, der ehrenwerte Oberinspektor bei der Zentral-Post-Hauptverwaltung, wieder einmal für eine Zeit ein wirklicher Cavaliere, ein freier Mann, den nichts daran hindern könnte, alle Welt, besonders die Damen, seine ritterlichen Tugenden in vollem Glanze spüren zu lassen.

Seine Frau Amelia hat während der Autofahrt nicht dieselben Überlegungen. Ihr Gesicht ist von kleinen Tröpfchen überzogen, weil sie so angestrengt damit beschäftigt ist, die zerstörende Reibung zu verhindern, die durch das Holperpflaster der Via Appia Antica zwischen dem wackelnden Blumengebinde auf ihrem Kopf und dem Dach des Wagens entsteht.

Der Sohn Glauco indessen tut das Seine, um die Ankunft auf dem Lande durch wiederholte kategorische Forderungen zum Anhalten zu verzögern – a fare pipi.

Unbetrachtet gleiten die heroischen Grabmäler an der

Via Appia vorüber, und der herbe Ernst der Zypressen wirft keinen Schatten auf die heiteren Gemüter der Familie Battistini. Sie sind alle davon überzeugt, daß – wie schon der alte Horaz sagte – das Landleben das Dasein in der Stadt an Annehmlichkeiten bei weitem übertreffe, daß der Mensch im Grunde nur gedeiht inmitten des Grunzens der ›Maiali‹ und des Geschreis der ›Asini‹, und sie sind alle fest entschlossen, heute ein Höchstmaß körperlicher und seelischer Erholung für sich herauszuschlagen. So kommen sie also aufs Land.

Glauco, der wie durch ein Wunder bisher ohne Ohrfeigen davongekommen ist, schlingt beim Aussteigen aus dem Auto mit Raffinesse die Hundeleine um das ritterliche Bein seines Vaters, empfängt, was ihm gebührt, und beginnt sogleich, sich nach den verschiedenen strategischen Möglichkeiten umzusehen, die die ›vecchia Fattoria‹, der alte Campagnahof, für ihn bietet.

Da kommt auch schon der brave Onkel Romolo, wird geküßt und umarmt, entgeht mit Mühe der Gefahr, daß sich der Blumendraht Amelias in seinem stolzen Bart verheddert – es ist das übliche Bild einer überaus herzlichen Begrüßung, bei der die Battistinis eine ihrer hauptsächlichen gemeinsamen Eigenschaften mit Brillanz zur Geltung bringen: stets alle gemeinsam und in verzweifelter Lautstärke zu reden.

Jetzt kommt Luciana daher, von Milch und Honig überquellend, und alle, selbst der skeptische Onkel Romolo, sind gerührt von dem Überschwang der Gefühle, die bei dieser Begrüßung erzeugt werden.

Die Battistinis waren spät von Rom aufgebrochen,

Augusta hatte in der Frühe die üblichen vergeblichen Weckversuche gemacht, und erst mit einem urtümlichen Schrei Olimpios hatte man sich endlich aufgerafft, den sonntäglichen Morgenschlaf zu beenden.

Infolgedessen kam man erst kurz vor der Mittag-Essenszeit auf dem Hof des Onkels Romolo an, und in den Gemütern der Familie machte sich immer mehr eine einzige Vorstellung breit: Hunger – Essen. Es dürfte aber sicher noch einige Zeit dauern, bis sie sich zu Tisch setzen können, denn der Onkel Romolo hat ja von seinem Glück bisher nichts gewußt. Und auch die Spaghetti dauern ihre Zeit.

Olimpio und sein Bruder Romolo machen inzwischen einen Rundgang durch die Fattoria, wobei Olimpio nicht versäumt, dem entzückten Herrn des Hofes klarzumachen, daß Pferde einen schlechten Charakter haben und jeden beißen, der sich ihnen nähert; daß eine säugende Muttersau ein harmloses Tier ist, das man ohne weiteres streicheln kann; daß er seine Artischocken zu weit auseinandergesetzt hat, und ähnliche Bemerkungen, die ihn als einen unübertroffenen Fachmann der Landwirtschaft ausweisen.

Inzwischen wandelt Luciana ihre eigenen Wege, am Gartenzaun entlang, der gefühlvollen Betrachtung der Fiori, der Blumen, hingegeben. Plötzlich wird sie angesprochen. Da steht auf der anderen Seite des Zaunes der Romeo, dessen Julia sie inzwischen geworden ist, Sor Marco, ein Pächter aus der Nachbarschaft, bürstenköpfig, mit einer von Gedankenarbeit durchfurchten Stirn und liebebewegtem Blick.

Der ländliche Verehrer Lucianas hat allmählich gemerkt, daß die Ankunft der Familie aus der Stadt seinen etwas langsam funktionierenden Eroberungsplänen ein vorzeitiges Ende bereiten wird.

»Was mach ich denn jetzt mit meinen Blumen?«, sagt er. »Die Blumen blühen doch nur für Sie, Signorina Luciana. Wenn Sie weg sind, dann blühen sie bestimmt nicht mehr. Darf ich Ihnen nicht wenigstens zum Abschied noch einen Bacetto geben, einen kleinen Kuß?«

Worauf die Signorina Luciana ein bißchen hin und her überlegt und sich dann gnädig entschließt, einen Handkuß zuzulassen, wie es sich für einen bravo Cavaliere, für einen guten Kavalier, gehört.

Mit Augusta, der Köchin, ist heute irgend etwas los. Die Mutter Amelia hat es schon lange gemerkt, denn normalerweise passiert das nicht, daß Augusta die fortlaufend erfolgenden, sinnlosen Kommandos des Cavaliere Battistini unwidersprochen über sich ergehen läßt – *sie* ist es im Grunde, die das Regiment in der Familie wirklich führt, und heute hat sie, abgesehen von den wenigen zahmen Schreien im Treppenhaus, fast keinen Laut von sich gegeben. Amelia findet Augusta, abgesondert von den andern, an der Unterlippe nagend, mit gesenktem Kopf, im Hausflur, unweit eines Bildes, das den heiligen Antonius, den Patron aller derer, die etwas verloren haben, in seiner liliengeschmückten himmlischen Glorie darstellt.

»Augusta«, sagt sie, »was hast Du denn? Was ist passiert?«

Augusta will erst nicht heraus mit der Sprache. Endlich sagt sie's: Sie hat die venti mila Lire, die zwanzigtausend Lire, die ihr Amelia für die ›Spese‹ gegeben hat, verloren. Und hier endlich findet auch Amelia, die Sanftmütige, Gelegenheit zu einer großen Szene.

Amelia ist in Fahrt, der Blumenstengel auf ihrem Kopf führt einen Ballettanz auf, Augusta will sich umbringen, der liebe Gott und die Madonna werden des öfteren angerufen, das eigentliche Problem ist aber nicht, daß die zwanzigtausend Lire verloren sind, das eigentliche Problem ist, wie sagen wir's Olimpio? Vor lauter Aufregung haben die beiden gar nicht gemerkt, daß inzwischen der längst ersehnte Ruf »Vanmo mangnà« – »Geh'n ma zum Ess'n«, erfolgt ist, und daß der Rest der Familie bereits bei Tische sitzt.

»Wo bleiben denn die beiden Frauenzimmer?«, fragt Olimpio.

Glauco soll sie holen, will aber nicht und kommt um die fällige Ohrfeige nur herum, weil im letzten Augenblick mit süß-saurem Lächeln Amelia und Augusta doch noch bei Tisch erscheinen.

Ein ungeheurer Berg von Spaghetti, Durchschnittslänge ein Meter zwanzig, erscheint auf dem Tisch, und die Stimmung beruhigt sich, weil ja nun endlich das erste konkrete Resultat des Ausflugs erreicht ist: Das Essen, das der Onkel bezahlt, hat begonnen. Dem Vater Olimpio schmecken die Spaghetti so gut, daß er, etwas zu früh, einen ›Discorso‹, einen ›Dischkurs‹, mit seinem Bruder Romolo beginnt:

»Mein lieber Romolo«, sagt Don Olimpio, und sein Goldzahn glänzt, »mein lieber Romolo, mi è venuto in mente una idea – mir ist da eine Idee in den Sinn gekommen – ich mein ja nur – ma red't ja bloß – aber was würdest Du davon halten, wenn wir – Du kennst uns ja, meine Frau und unsere brave Augusta und den Glauco – wenn wir, sage ich, oder besser, wenn Du, Du verstehst mich schon, so für vierzehn oder zwanzig Tage – es würde ihnen ja so gut tun und Du hättest doch auch eine Hilfe ...«

Der Bruder Romolo hat schon kapiert und seinen Antworten hört man die Begeisterung an.

»Figura te il piacere mio – Du kannst Dir gar nicht vorstellen, was Du mir damit für eine Freude machst!«

Also kurz und gut: Olimpio will dem lieben Onkel die liebe Familie aus reiner Sympathie, damit er nicht so allein ist, drei Wochen aufs Land schicken. Und zahlen, sagt er, tut er auch.

»Was«, sagt Romolo, »zahlen, seit vierzig Jahren erzählst Du mir, daß Du zahlst!«

»Glaubst Du vielleicht, ich zahl nicht?« sagt da Olimpio, »wenn Du mir so kommst, dann reden wir gar nicht mehr darüber, dann will ich gar nichts davon wissen.«

Der Glauco, der die Situation begriffen hat, fährt hemmungslos dazwischen:

»Zi Romolo, was bist Du für ein Schwein!«

Die Diskussion ist aber so angestrengt, daß der Glauco nicht einmal eine Ohrfeige kriegt und endlich, endlich, wird der Zio Romolo weich und sagt:

»Mach, was Du willst, jetzt wird endlich gegessen und nicht geredet!«

Dem Onkel schmecken die Spaghetti nicht mehr, den andern umso besser. Olimpio fühlt sich aber von Frau und Köchin bei seinem Feldzug merkwürdig wenig unterstützt. Die beiden reden nicht. Und endlich wird es ihm zu blöd und er fragt:

»Was habt Ihr eigentlich?«

Und da kommt die Geschichte mit den zwanzigtausend Lire heraus.

Der einzige, der sich über die Affäre mit den zwanzigtausend Lire wirklich freut, ist der Onkel Romolo. Und er freut sich noch mehr bei dem, was nun gleich folgt. Glauco fädelt dem Hund Silver den Rest seiner Spaghetti einzeln ein. Und nachdem das bei Tisch zu langweilig ist, hat er sich samt Teller und Hund verzogen und sitzt auf dem Brunnenrand. Nachdem das Spiel dem Silver aber auf die Dauer zu langweilig ist, springt er den Glauco unerwartet an, und diesen Stoß hält der künftige Abgeordnete der Deputiertenkammer nicht aus: er verliert das Gleichgewicht und plumpst hinterrücks in den Brunnen.

Gott sei Dank – jetzt ist die längst fällige Katastrophe endlich da! Das Essen ist hin – Glaucos neuer Anzug hat die Fasson verloren, Silver frißt in Ruhe den Rest der Spaghetti, der Onkel hat ein deutliches Bild vor Augen, wie er die ruhigen Tage seines Landlebens in der nächsten Zeit verbringen wird, und der Vater Battistini beschließt, die Familie am besten gleich da zu lassen. Nur die Tochter Luciana hat gemerkt, daß der Glauco wirklich erschrocken ist und versucht ihn nun zu trösten mit dem einzigen unfehlbaren Mittel, das dem Geschrei des

Bambino ein Ende macht, indem sie ihm ihre mühsam erworbenen Imitationskünste vorführt.

Doch dann senkt sich endlich der Nachmittagsfriede über die Campagna. Die Ereignisse waren glücklicherweise dramatisch genug, um eine allgemeine Ermüdung hervorzurufen und damit die Siesta zu rechtfertigen. Jeder der Beteiligten hat sich in ein ruhiges Eckchen verzogen, und vor dem Hinüberdämmern bewegen die Mitglieder der Familie Battistini die verschiedensten Gedanken in ihrem Herzen.

Olimpio beispielsweise denkt: Zwanzig Tage, hab ich gesagt, na, dann rechnen wir einmal vierzig. Eineinhalb Monate, ist gar nicht so schlecht, da hab ich sie alle los, sogar den Hund.

Die Mutter Amelia überlegt: Vielleicht ist der neue Verehrer von der Luciana doch nicht so schlecht. Er ist ja ein bißchen langsam, aber tanto buono – mbé in somma – ich könnte eigentlich ganz zufrieden sein.

Die Gedanken von Luciana bewegen sich in ähnlichen Bahnen: Der Verlobte ist hin, aber der Sor Marco ist vielleicht doch der Mühe wert, besser als gar nichts ist er auf jeden Fall.

Augusta kann ihre zwanzigtausend Lire nicht vergessen.

Der Onkel Romolo hat Grund zum Grantigsein. Er weiß ganz genau, daß er die Familie vielleicht zwei oder drei Monate nicht vom Hals bekommt, daß Olimpio gar nicht darandenken wird, zu bezahlen, aber das Schlimmste ist die Schwägerin. Non la posso vedé – die Schwägerin, die kann ich nicht ausstehn.

Glauco überlegt: Heute hab ich vom Papa meine Tracht Prügel bekommen. Morgen bringe ich von der Schule einen Fünfer nach Hause, aber dann können sie mich nicht mehr hauen, weil mein Hintern heute schon ganz rot ist.

Sor Marco hat ein Blümchen abgerupft und zupft an den Blättern: Sie liebt mich, Sie liebt mich nicht, Sie liebt mich, Sie liebt mich nicht. Sie liebt mich – ha, mela sposo – die wird geheiratet!

Im ganzen genommen kann man sagen, daß das Resultat dieses Ausflugs nicht hinter den Erwartungen der Familie Battistini zurückgeblieben ist. Der abendliche Frieden der sonnenbeglänzten Campagna senkt sich über die Battistini-Seelen und etwas ganz Unerwartetes tritt ein, etwas, was ihnen bisher kein Weihnachten beschert hat, kein Osterfest und keine Sommerferien: Sie sitzen friedlich beisammen und denken: l'Amore ...

Familie Battistini macht Abitur

Was waren das doch für schöne Zeiten, als die Familie Battistini im Sommer bei strahlendem Sonnenschein samt Hund und Köchin in die Campagna aufbrach, um den dort lebenden, einschichtigen, geizigen und gut essenden Onkel zu besuchen, der in einem Moment der Schwäche sich hatte hinreißen lassen, die Tochter Luciana zur Erholung aufzunehmen – zur Erholung von den Anstrengungen des Lyzeums, den Nachstellungen der Professoren, dem Wackelzustand einer nicht ganz geglückten Verlobung und so weiter. Sie erinnern sich vielleicht noch, wie damals nach einem turbulenten Mittagsmahl der ländliche Friede sich auf die erregbaren Gemüter der Familie Battistini herabsenkte, wie der heilige Antonius auf dem bunten Bild im Hausflur seinen himmlischen Segen dazu gab, und wie sehr die Familie Battistini es damals genoß, einmal ganz und gar eingehüllt zu sein von den freundlichen Geräuschen und den exquisiten Düften des Landlebens.

So haben wir sie verlassen, traulich vereint, friedfertig und glücklich. Und *wie* finden wir sie wieder!

Natürlich befindet sich das Haus Battistini wieder einmal ›in alto mare‹ – auf hoher, und leider auch ziemlich auf- und abwogender See. Noch ist es uns nicht möglich festzustellen, warum sie sich so aufregen – theoretisch könnte man dafür eine sehr große Anzahl von Gründen nennen. Vielleicht hat der Hausherr mit dem Portier Antonio Krach gehabt, weil der Aufzug wieder einmal nicht geht, und weil es Don Olimpio dank seines sanft anschwellenden Gewichts immer schwerer fällt, die vier Treppen zu Fuß hinaufzusteigen. Vielleicht hat man den ewigen Bräutigam der Köchin Augusta, den Carabinieri-Unteroffizier Gennaro Esposito, wieder einmal bei den, von der bewaffneten Macht so geschätzten, illegalen Tafelfreuden in der Küche vorgefunden, von wo ihn die balancierende Autorität des heroischen Familienvaters schon so oft und vergeblich zu vertreiben suchte. Vielleicht auch hat die Tochter Luciana, die doch einmal eine zweite Gina Lollobrigida zu werden träumt, bei Tisch allzu hartnäckig an ihre Formen und nicht daran gedacht, daß die Spaghetti eine heimtückische rote Sauce haben, welche sich auf Pullovern niederzulassen liebt. Vielleicht endlich hat der Sohn Glauco, Battistinis genialer, zehnjähriger Winnetou, auf dem neuen Familienhund Bluffi im Korridor seinen ersten Prärie-Ritt veranstaltet. Endlich käme als Objekt für eine so erregte Auseinandersetzung auch noch der Familien-Chinese aus Porzellan in Frage, der auf dem Vertiko steht; sein Schicksal wurde durch Glaucos Tomahawk besiegelt, dem er den Verlust seiner reizenden Nase verdankt – und jetzt hat er einen derart verblödeten Gesichtsausdruck, daß er nur noch von hinten ein Kunstwerk ist. In Wirklichkeit aber hat die Sache wieder einmal mit einer Diskussion um das liebe Geld angefangen.

Die Mamma fühlt sich in ihrer Ehre angegriffen, denn der göttliche Olimpio behauptet wieder einmal, nicht genug bekommen zu haben. Zehntausend Lire hat er heute früh für die ›Spese‹ – die Haushaltseinkäufe – ausgegeben, und jetzt läßt man ihn am Tisch verhungern. Da wird Madre Amelia ganz wild und zählt ihm auf:

»Pasta asciutta hast Du gekriegt, und Fleisch und Gemüse und Nachtisch, und das alles soll nicht reichen – Du willst ja doch nur dumm daherreden!«

Und daraus sollte nach den geheiligten Regeln des Battistinischen Familienlebens eigentlich eine genußreiche, kontrapunktisch aufgebaute ›Discussione‹ werden. Alle fühlen schon das hübsche elektrische Kribbeln unter der Haut, Olimpio schiebt schon den Kopf in den Nacken – da öffnet sich die Tür.

Herein kommt Luciana, eben aus der Schule, bleich, Hamlet im vierten Akt, gespielt von Eleonora Duse. Stumm ist sie, tragisch verstummt. Hinter den vorsichtigen Fragen von Mamma und Papa verstecken sich die furchtbarsten Verdächtigungen – und wie sie dann zu heulen anfängt und das Wort Examen herauspreßt, da sagt die Familie mit einem Unterton der Erleichterung:

»Aach – das – das machen wir schon!«

Der einzige, dessen Benehmen nicht mit dem der anderen übereinstimmt, ist Olimpio, denn er wittert eine Chance für seine väterliche Autorität:

»Da sieht mans wieder«, sagt er ungefähr, »da hat man Tausende und Tausende ausgegeben – und jetzt? Was machen wir jetzt?«

»Dieses blöde Latein«, sagt darauf mit Überzeugung Madame Amelia, »das sollten sie wirklich abschaffen!«

»Diese Professoren, diese Deppen«, schreit Augusta

dazwischen, »Deppen sind sie, ganz große hinterfotzige Deppen ...«

Und dies alles soll der armen Luciana zum Trost dienen. Vater Olimpio, der dialektisch vorzugehen liebt, stellt indessen an sein Kind die überaus geistreiche Frage:

»Sage mir, Tochter, sind deine Sorgen berechtigt oder unberechtigt?«

Luciana hat nicht die geringste Hemmung, der Familie gegenüber zuzugeben, daß sie nicht vorbereitet ist. Es fällt ihr gar nicht ein, dafür eine entschuldigende Begründung anzuführen, die Familie fragt auch gar nicht weiter danach, sie fühlt sich in ihren Urkräften angesprochen und denkt nur an eins: Wie kann man das arme unschuldige Kind aus dieser schmerzlichen Situation befreien? Was kann man tun, damit sie aufhört zu weinen? Der Mamma Amelia ist diese ganze Tortur sowieso längst zu viel, also wird die holde Luciana kurzerhand ins Bett gesteckt und mit dem Allheilmittel Italiens gegen jede Art von ›Nerven‹ traktiert: mit der ›Camomilla‹, dem Kamillentee, von Augustas kundiger Hand sorgfältig bereitet. Schön zugedeckt, angenehm zerfetzt, von mütterlichem Schutz wärmend umgeben, weint Luciana noch ein bißchen über Tacitus und Horaz, und entlockt dem alles verstehenden Herzen der Mamma das schicksalsträchtige Versprechen, irgend etwas werde auf jeden Fall geschehen, um das Abitur doch noch zustande zu bringen.

»Ed adesso dormi, und jetzt schläfst Du ein bißchen«, sagt die Mamma und bringt das Wunder fertig, daß Luciana ganz und gar auf Tacitus und Horaz vergißt.

Inzwischen ist es Abend geworden, Luciana hat man ins Kino geschickt, damit sie sich zerstreut, und die Familie sitzt, sorgenvoll vereint, um den Tisch und berät.

Glauco, müde der Sioux-Spiele, denkt sich etwas Neues aus: Er hat Zahnweh. Dies bringt Olimpio, der mit den besten Vorsätzen in diese Beratung ging, zur Strecke. Seine Glatze rötet sich vor Zorn, und da kommt auch noch Augusta, von keines Gedankens Blässe angekränkelt, und macht den genialen Vorschlag: man sollte doch Tacito ed Orazio einfach einmal aufsuchen, um mit ihnen über die brave Luciana ein Wörtchen zu reden. Olimpio schreit ihr an den Kopf:

»Cretino che sei, Du bist ein Idiot, Tacitus und Horaz sind doch lateinische Klassiker!«

»Baaahh«, sagt Augusta, »das ist mir doch wurscht, *ich* geh auch zu Klassikern und mach ihnen klar, daß unsere arme Luciana durch das Abitur kommen *muß*«, und dann verschwindet sie in die Küche; in ihrem Herzen ist der Plan fertig; die Professoren Tacitus und Horaz werden schon sehen, mit wem sie es zu tun haben.

Am nächsten Morgen – Phöbus Apollo lenkt seinen Sonnenwagen über dem Kolosseum triumphal in den Himmel hinauf – kommt Augusta, vom Stolz der gerechten Sache geschwellt, in die Schule gegangen und steuert schnurstracks auf den Professore zu:

»Sind Sie Tacito oder Orazio?«

So eine Frage hat der Professore noch niemals gehört, er sagt wahrheitsgemäß:

»Nein, es tut mir leid, ich heiße Virgilio – Vergil!«

»Ah«, sagt Augusta, »dann müssen Sie ein braver Mann sein, denn die schlimmen heißen Tacito und Orazio!«

Und dann geht es los:

»Ihr ruiniert die Jugend, das ist das einzige, was Ihr könnt«, pfeift sie den armen Professore an, und das bringt auch den bravsten Namensvetter Vergils schließlich zum Schäumen. Da der Professore der Sache nach der Särkere ist, muß Augusta schließlich abziehen, und sie ist realistisch genug, sich einzugestehen, daß die Schlacht verloren ist. Dieser Professore wird nichts dazu tun, um dem armen Kind das Leben leichter zu machen.

Aber wie immer, wenn die Lage hoffnungslos, aber nicht ernst ist, greift das Schicksal selber ein – diesmal in Gestalt eines glücklicherweise aus dem Süden Italiens stammenden ›Bidello‹ – ein ›Bidello‹ ist ein Mensch, den wir unter dem strengeren Namen ›Pedell‹ kennen. Und der Bidello sieht die dralle Augusta, die reine Stirn in ungewohnte Denkanstrengung gefaltet, an seinem Ausguck vorbeigehen. »Guarda un pò – da schau her«, denkt er sich und verwickelt Augusta in ein Gespräch.

Ich erzähle Ihnen am besten selber kurz, was die beiden ausmachen. Es handelt sich dabei, um es gleich zu sagen, nicht um eine sehr legale Sache, deshalb dürfen Sie es nicht zu ernst nehmen und vor allem nicht glauben, daß Pedelle in Italien sich in der Regel so zu benehmen pflegen. Zur Entschuldigung des Planes, den unser Bidello jetzt ausheckt, kann aber – selbst wenn man ihn verurteilt – dreierlei gesagt werden: Erstens gefällt dem Bidello die Augusta, und schließlich ist auch ein Pedell ein Mannsbild. Zweitens hat der Pedell schon zu viele Schülerinnen und Schüler kommen und gehen sehen, um über die Wichtigkeit eines Examens noch Vorstellungen zu haben, wie das Gesetz sie befiehlt. Und drittens hat der Pedell eine Frau und sieben Kinder – una moglie e sette bambini – und ein kleiner Nebenverdienst ist doch eine läßliche Sünde wert.

Sie sollten Augustas Gesicht sehen – alles darin drückt ihre Überzeugung aus, daß der Bidello ein Genie ist. Sie lauscht offenen Mundes, während er mit weit aufgerissenen Augen, den Mund an ihrem Ohr, im Tonfall eines anfahrenden Autos den erhabenen Berg der Rettung erklimmt. Also: Die Luciana soll sich keine Sorgen mehr machen, er wird die Sache in die Hand nehmen, denn bei so delikaten Dingen braucht man ja doch einen entschlossenen Fachmann. Wenn die Kommission den ›Compito‹, die Vorlage zur schriftlichen Prüfung, verteilt, soll die Luciana ein menschliches Rühren verspüren und den dafür bestimmten Ort aufsuchen, – den man bekanntlich während der Prüfungsdauer nur ein einziges Mal betreten darf. Dortselbst wäre dann lediglich der Text der Aufgabe zu hinterlegen, welcher vom Bidello daraus hervorgeholt und durch ein nahes Fenster auf die unten harrende Augusta hinabgelassen werden sollte. Dann hätte man nur noch einen Kenner des Lateinischen in die nächste Bar zu placieren, ihn die Aufgabe übersetzen zu lassen, worauf sie in Windeseile wieder in den Gabinetto gelangen, dort von einer einzuweihenden Freundin, die ja davon auch profitieren würde, aufgenommen und in die Klasse zurückgebracht werden sollte. Und dann würde die Luciana eine brillante Lateinaufgabe machen, die Professoren würden mit ihr zufrieden sein, Vater Battistini, ein ehrenwerter Mann, wie wir wissen, hätte seine Seelenruhe, die Frau des Bidello könnte einen phantastischen Sonntagsbraten herzaubern und die Welt wäre in Ordnung gebracht.

Ein glatter Fall von Korruption, meinen Sie? Nein, ein glatter Fall von Mitgefühl, von Bedürfnis nach einer menschlichen Korrektur unmenschlicher Gesetze – wer, wenn er einen klaren Verstand hat, kann denn schon begreifen, daß ein gesundes, flinkäugiges, bildhübsches Mädchen sich von Tacitus und Horaz martern lassen soll? Der Bidello hat mit weitvorausschauender Intelligenz schon bei Augustas Anblick erkannt, daß der liebe Gott das alleine nicht schaffen wird.

Jetzt merken Sie schon, daß wir dem Höhepunkt des Dramas entgegeneilen. Augusta, augenblicklich der Held des Stückes, überlegt: wer soll dieses blöde Latein übersetzen –? Olimpio? Sie zögert. Wenn ders am Ende gar nicht kann? Wenn er vielleicht auch auf eine solche Weise das Abitur gemacht hätte? Nein, Olimpio ist nicht der richtige – sie will auf Nummer sicher gehen, also lenkt sie ihre Schritte zu einem Mann, der in der Familie den Ruf genießt, ein ›Pozzo di scienza‹, ein Brunnen der Wissenschaft, eine Zisterne der Weisheit zu sein. Dieser Mann ist der Avvocato Ermenegildo di Grazia, das wörtlich übersetzt heißen würde: Hermenegild daß Gotterbarm. Er ist ein sogenannter ›Uomo tranquillo‹ – ein nie aus der Ruhe zu bringender, todsicherer Gesetzeslückenspezialist, er ist der Richtige.

Und wir gehen nicht fehl in der Annahme, daß er nicht einen Augenblick zögern wird, die ihm zugemutete gefährliche Aufgabe zu übernehmen.

»Schaun Sie her, Avvocato«, sagt die Augusta, »ho combinato tutto, alles hab ich kombiniert, wunderbar ist die Sache eingefädelt, jetzt müssen nur Sie funktionieren, und den Text ganz schnell übersetzen.«

»Aber geh«, sagt der Advokat, »ich kenne doch den Tacitus und den Horaz so gut, daß es gar keinen Unterschied macht, ob ich einen davon übersetze oder ob ich mit Dir rede.«

Und so wird ausgemacht, daß man sich zu guter Stunde in der Bar neben dem Lyzeum treffen wird, um das große Werk zu vollbringen.

Der einzige, den die Sache nicht schlafen läßt, ist Olimpio. Hätte die Augusta nichts gesagt, so wäre vielleicht alles anders gegangen, aber sie kann doch eine so große, von ihr ganz allein durchgeführte Aktion nicht für sich behalten – zumal sie von dem weiblichen Standpunkt ausgeht, daß den Männern niemals zu trauen ist, wenn sie etwas versprechen. Und so hat sie sich gedacht, schließlich könnte ja vielleicht sogar der Advokat seine lateinischen Lücken haben, infolgedessen wäre es sicherer, ihm den Olimpio auf jeden Fall an die Seite zu setzen.

Und da sitzen sie nun, seit fünfundvierzig Minuten, trinken einen Kaffee, einen Kognak, noch einen Kaffee, noch einen Kognak, und die Augusta – ja, wo bleibt sie denn nur ...

Ah, da ist sie, ganz außer Atem, und nun schaut sich

der Avvocato mit einer Kaltblütigkeit sondergleichen den Text an und beginnt murmelnd zu lesen:

»Tantae mollis erat romanam condere gentem ...«, um dann im Brustton der Überzeugung zu behaupten: »Es ist wirklich Vergil!« Aber kleinlaut fährt er fort: »Bloß sollte man wissen, was heißt ›mollis‹?«

Das ondulierte Grauhaar des Avvocato beginnt sich aufzulösen. Er fragt, ob sie nicht zufällig ein Wörterbuch da hätten? Natürlich haben sie keines. Aber bitte: *warum* braucht er denn ein Wörterbuch? »Aaahh«, sagt der Advokat, »nur um ganz sicher zu gehen – mollis ... mollis ...«

Noch nie in der Geschichte der Ewigen Stadt ist ein Mensch auf einem stählernen Barstuhl so inbrünstig hin und hergewetzt, wie Olimpio in dieser Stunde. Der Schweiß steht auf seiner heroischen Stirn.

»Machen S' doch weiter, Avvocato«, bittet er, »wir werden ja nimmer fertig.«

»Stören S' mich nicht immer«, entgegnet der Avvocato, »ich muß mich konzentrieren, ich übersetze doch immer noch.«

»Himmelherrschaftseitn«, denkt sich der Vergil im Himmel, »jetzt wird der Depp nicht fertig, das arme Mädchen muß doch die Aufgabe kriegen!«, denn er ist ein Römer und deshalb naturgemäß ein Gegner der Professoren.

»Ecco fatto!«

Ahhh, Gott sei Dank, er hats, er hat die Aufgabe fertig. Die Augusta reißt ihm das Manuskript halb in Fetzen, rast über die Straße, wo der Bidello schon das Bein zum

Sprung erhoben hat – und der dramatische Zettel landet am Ort seiner Bestimmung.

Einen Moment Pause für die Battistinis – oder besser, wenigstens für Olimpio und Augusta. Der Advokat wird bekomplimentiert, Olimpio und Augusta gehen nach Hause, man wird beruhigt zu Mittag essen können, die Anstrengung ist vorbei und man genießt das unvergleichliche Wohlgefühl, das die Menschen nach Vollbringung einer großen Leistung zu überkommen pflegt.

Aus dem Radio tönt die angenehme Vormittagsmusik, und Don Olimpio ist so gut gelaunt, daß er sogar den nasenlosen Familienchinesen mit Zärtlichkeit anschaut. Ist doch schön, wenn man sich ohne Schrecken und Furcht auf die Spaghetti freuen kann – und wenn die Luciana jetzt die Prüfung fertig hat, dann kann man getrost daran gehen, ihr einen vernünftigen Mann zu suchen, denn dann ist sie eine ›Ragazza colta‹ – ein kultiviertes Mädchen, die zu kriegen ein Schwiegersohn sich schon was kosten lassen kann.

Die Mamma Amelia in der Küche nimmt die Sache nicht so tragisch, sie vertraut mehr als ihr Gatte auf die weiblichen Eigenschaften der Tochter, und im übrigen, warum soll man sich Sorgen machen, jetzt kann's ja nicht mehr schief gehen, denn ob die Figlia lateinisch kann oder nicht, ist ganz wurscht, Hauptsache ist die ›Bella Figura‹, die gute Figur, die man macht, und wie schön wird es sein, wenn sie ihren Freundinnen erzählen kann:

»Ja, meine Luciana, die ist ein seltener Fall – so lieb, und doch auch ganz hübsch, mit so einer Figur – und dabei kann sie den ganzen Horaz und den ganzen Tacitus auswendig, a memoria – so daß selbst den blödesten Professoren der Mund offen geblieben ist – wo findet man das schon?«

Die Augusta aber denkt sich: »Na, jetzt hab ichs den Battistinis aber wieder einmal gezeigt, – was täten die überhaupt, wenn sie mich nicht hätten – der Olimpio ist doch ein kompletter Hanswurscht, der kann sich jetzt gar nicht mehr aufmanndln, weil *ich* es bin, dem er das Glück seiner Tochter verdankt.«

Luciana aber, ja – was macht Luciana? Wir wissen es nicht, niemand weiß es außer jener kleinen Gruppe hart arbeitender oder scharf aufpassender Menschen, die sich in dem Prüfungszimmer des Lyzeums befinden und einander gegenüberstehen wie die List der Macht: Das Seltsame ist, daß die sanft beseligende Stimmung der Battistinis genau in dem Augenblick eintrat, wo sie glaubten, dem Schicksal die Bahn vorgezeichnet zu haben – und sie wären keine Römer, wenn sie nicht von diesem Moment blind an die Konsequenz der Entwicklung geglaubt und den Rest den himmlischen Mächten überlassen hätten. Alle haben das Ihre getan, warum soll es also schief gehen? Und so träumen sie – Glauco ausgenommen, den das Problem der Wissenschaft noch nicht belastet – dem Mittagessen entgegen, ohne daß ein Schatten auf ihre Zufriedenheit fällt.

Die Nervosität setzt erst bei Tisch ein. Wo bleibt Luciana? Olimpio, ganz Würde und Selbstsicherheit, sagt zu seiner Frau:

»Wo bleibt sie denn nur?«

Da geht die Tür auf, Luciana kommt herein, und was nun folgt, nennt man italienisch ein ›Disastro‹, ein Desaster, es ist eine Katastrophe, der vollständige Zusammenbruch.

In Kürze: Luciana hat die Freundin auf den Gabinetto geschickt, die hat das Blatt auch geholt, hat es aber zuerst selber abgeschrieben, und weil der Avvocato so lange gebraucht hat, war es dann zu spät für Luciana, und sie hat ein weißes, leeres Blatt abgegeben – carissimi famigliari – che disastro, che disastro!

Olimpio schreit auf. Er geht, er haut ab, er kann nicht mehr, er ist erledigt, er schmeißt alles hin, Tausende hat er bezahlt, alles umsonst, was für ein Wahnsinn, sich zu verheiraten, eine Familie wie diese zu gründen, haben Sie verstanden, meine Herrschaften, Junggeselle muß der Mensch bleiben, die Weiber sind der Ruin des ganzen, Tür zu, fertig, aus.

Schweißperlen auf der Stirn, irrt er durch die Ewige Stadt. Er denkt nicht einmal mehr daran, sich die Hosen über dem runden Bauch zurechtzurücken, sie hängen wie Ziehharmonikas über seine Schuhe, ratlos und ziellos schweifen seine Augen über Marmorpaläste und Säulentrümmer, und schließlich läßt er sich ächzend auf der Einfassung der Trajanssäule nieder und verspürt dankbar, wie von unten die Sonnenwärme des Steines wohltuend in ihm aufsteigt.

»Welch eine Situation, o Dio, welch eine Situation, ich kann nicht mehr, ich kann nicht mehr«, sagt er.

Und dann bleibt er sitzen – ohne auf die Zeit zu achten, versinkt er in einen schwerelosen Dämmerzu-

7

MONTE CAVALLO

Lavierte Federzeichnung von
Marianne von Werther
im Besitz der
Künstlerin

stand, schließlich denkt er an gar nichts mehr – wollen wir ihn so verlassen? Man kann ihm doch nicht in diesem Zustand jetzt einfach den Rücken kehren und sich damit ausreden, daß er ja seine Probleme leider selber lösen muß.

Aoou, Don Olimpio, forza, su, auf, mein lieber Freund, nichts ist verloren, fangen wir halt wieder von vorne an – es ist Dein Los, daß Du stets bezahlen mußt, teils für Deine eigenen, teils für fremde Dummheiten – aber vergiß nicht den Satz, den Deine Tochter heute leider nicht auf ihr Blatt geschrieben hat – ›Tantae mollis erat romanam condere gentem‹ – ›So vieler Mühe hat es bedurft, um das römische Volk zu gründen.‹

Familie Battistini macht kurzen Prozeß

Die kleine, harmlose Wohnungsklingel ist inzwischen ein linder Terror der Familie Battistini geworden. Nach der Katastrophe des Abiturs löst ihr freundliches Getön immer schrecklichere Gedanken in den Köpfen der Battistinis aus. Olimpio denkt: »Wer will jetzt schon wieder Geld – o Dio, o Dio!«

Mamma Amelia denkt: »Bitte nicht, lieber Sant'Antonio, nicht den Gasmann!«

Luciana denkt: »Wenn es jetzt wieder nicht der Fotógrafo ist, der mich für die Bella-Seifenreklame knipsen wollte, werd' ich wahnsinnig!«

Glauco denkt: »Haha, gleich gehts wieder los.«

Augusta geht aufmachen.

Da steht ein unbekannter Mann, im dunklen Anzug, Aktenmappe unterm Arm, die Krawatte gelb gepunktelt, ganz Gemessenheit und Brillantine – ein Signore, der Eindruck macht auf Augusta.

Sie kündigt ihn dem Ritter Battistini geschäftig an, und da ist er auch schon im Zimmer und stellt sich vor:

»Sono il notaio Sottopunti.«

Der Notar Unterpunktler! Was kann er wollen? Olimpio ist fröhlicher Laune, weil er sicher ist, mit keinem Notar in Schwierigkeiten zu sein – aber die Stimme des Besuchers wird immer ernster, düsterer, von heimlichem Weh durchzittert, so daß Olimpio schon in Mitleid ausbrechen will, als es herauskommt – ein Verwandter ist gestorben.

»Ach, das tut mir aber leid«, sagt Olimpio, »haben Sie ihn sehr gerne gehabt?«

»Wen«, sagt der Notar, »soll ich gerne gehabt haben, ich hab ihn doch gar nicht gekannt!«

»Ja, aber warum erzählen Sie mir dann, daß er tot ist?«

»Der Mann«, sagt der Notar, »der Mann ... si chiamava John Battistini!«

»È il mio fratello!«, sagt Olimpio ganz konsterniert, »es ist mein Bruder – der arme Zio aus Amerika ist defunto – tot, ganz allein gestorben im fremden Land, und niemand hat er bei sich gehabt, der ihm die Augen zugemacht hätte!«

Der arme Olimpio, jetzt hat er seinen Fratello verloren, der doch erst vor kurzem über den Ozean herübergekommen ist, um die Familie Battistini in Rom zu besuchen, nachdem sich fast vierzig Jahre niemand um ihn gekümmert hatte, der sympathische Onkel John, so ein netter Mensch!

Jetzt kommt die Mamma herein und sieht den Olimpio ganz aufgelöst:

»Wer ist tot – aaach – der Zio John, wie entsetzlich.«

»Nein«, sagt die Augusta, »das ist doch überhaupt nicht zu glauben, er war so ein fescher Kerl, und mir hat er noch den Rock and Roll beigebracht.«

»Du bist eine dumme Kuh, Augusta, da redest Du von Rock and Roll, und der andere ist tot!«

Trauer, echte, tiefgefühlte Trauer senkt sich über die

Familie Battistini. Es ist nicht leicht, einen Onkel zu verlieren, auch wenn man im Grunde gar nicht gewußt hat, was das für ein Mensch war.

Der Notar, ganz Respekt vor dem Familienschmerz, das Taschentuch diskret in der Hand, wartet auf die Glättung der Gemütsbewegung und sagt dann:

»Ja, meine Herrschaften, ich bin aber nicht nur gekommen, um Ihnen diese schmerzliche Mitteilung zu machen, ich bin hier sozusagen als Amtsperson – denn der beweinte Verblichene hat ein Testament hinterlassen ...«

Kompletter Stimmungswechsel. Glauben Sie nicht, liebe Leser, daß die Battistinis jetzt weniger trauern, nur hat das Testament bewirkt, daß sie jetzt inwendiger trauern als vorher. Questi benedetti soldi – das verflixte Geld, das macht aus den Battistinis ebenso wie aus den Mayers und Hubers, je nach Bedarf, sanfte Lämmer und reißende Wölfe.

Welch ein guter Onkel, welch ein treuer, braver, anhänglicher, anbetungswürdiger Onkel! Der Ärmste, er hat sterben müssen, damit die Familie erfahren konnte, was sie an ihm hatte – und tatsächlich hatte sie, solange er lebte, gar nichts von ihm, und er hatte gar nichts von ihr – aber ein Testament schmeißt die ganzen menschlichen Beziehungen über den Haufen, und der Verstorbene hat ja auch ein Recht darauf, mit einer Gloriole geschmückt zu werden, wenn er schon das Opfer auf sich genommen hat, ins Jenseits zu gehen, damit die armen Erben endlich auch einmal was Gutes haben.

Da mischt sich der Notar ein, das Taschentuch der

Schmerzen ist in die Einstecktasche zurückgewandert, der Finger des Rechtes erhebt sich über die trauernden Häupter:

»Ich habe«, sagt er, »volles Verständnis dafür, daß Ihre Neugier ebenso groß ist, wie Ihr Schmerz ... Aber – aber, das Testament ist noch gar nicht geöffnet!«

»Ja, dann muß man es halt aufmachen«, sagt Olimpio, dem Rechtsgeschäfte ein Greuel sind, wenn sie seine Erbschaft verzögern.

»Nein, nein«, erwidert der Notar Unterpunktler und unterpunktelt seine Rede, »so einfach ist das nicht!«

Und er bestellt sie alle, die ganze ehrenwerte Familie Battistini, auf seine Kanzlei, wo der feierliche Akt vonstatten gehen soll.

Ach ja, der Onkel aus Amerika, der hat es gut. Der hat alles hinter sich, außerdem kann er sicher sein, daß alles ganz genau nach seinem Kopf geschieht, während die Familie Battistini – zermürbt von Furcht und Hoffnung, hin- und hergerissen von zweifelnder Dankbarkeit und quälender Geldnot – beisammensitzt und daran denkt, was für Aufregungen dieser Onkel John ihr schon zugemutet hat.

Ihre Gedanken rollen zurück zu einem Tag vor etwa sechs Monaten. Als es läutete, dachte niemand an etwas Schlimmes. Draußen stand, wie schon so oft, ein unbekannter Mann. Er sagte:

»Hallo!«

Die Augusta war platt. Wispernd und flüsternd saust sie ins Wohnzimmer und sagt dem Olimpio, da draußen sei ein ganz komischer Typ, der wolle ihn sprechen.

»Wie schaut der Mann denn aus?«

»Er hat einen Bürstenkopf, eine Krawatte mit goldenen Stachelschweinchen drauf, einen Kaugummi im Mund und das Sternenbanner im Knopfloch!«

Und man würde es nicht für möglich halten, es ist »John – Giovanni – mio caro fratello!« schreit Olimpio.

Was der für ein Zeug redet, ist wirklich allerhand. Dem Olimpio imponiert das mächtig, er hat sofort begriffen, daß dieser Bruder eine Persona importante, eine höchst gewichtige Person der Familie ist, und vergessen sind alle seine finanziellen Sorgen, vergessen ist Lucianas Abitur, vergessen ist der Gasmann, vergessen auch Glaucos zerfetzte Hosen, man muß die Onori di casa, die Honneurs des Hauses machen, man muß dem seit Jahrzehnten verschollenen Fratello zeigen, was Rom und die Römer, was die westliche Kultur, Europa, die zivilisierte Menschheit zu bieten haben, man muß ihm das Bewußtsein geben, daß er einer um Staat und die Zukunft des Vaterlandes verdienten Familie angehört, und in all diesen Vorhaben fällt es keinem Menschen auf, daß der Zio ein ganz seltsames Kauderwelsch verzapft.

Und dann geht es los. Man traktiert den fremden Vogel mit Schokoladenlikör – fatto in casa, garantiert hausgemacht! – wovon er eine ungeheuere Menge verträgt, ohne daß die süße Magenschmiere etwas anderes als die immer häufigere Verwendung des Wortes ›okay‹ bei ihm ausgelöst hätte. Dann fängt Augusta zu kochen an und entdeckt dabei, daß Onkel John einen Hang für das Küchenpersonal hat.

In den nächsten Tagen – Olimpio hat sich vom Büro

freigeben lassen – macht die Familie Battistini eine Stadtbesichtigung all'americana. Olimpio hat das Kolosseum übernommen.

»Jetzt paß auf, was ich Dir erzähle«, sagt er in der unschuldigen Ahnungslosigkeit der Römer gegenüber ihrer eigenen Geschichte, »da drin haben wir ganz große Sachen gemacht, Radrennen haben wir gemacht, schon vor zweitausend Jahren, und der Kaiser Nero hat darin einmal einen Boxkampf mit Giulio Cesare ausgetragen.«

Und die Luciana macht im Angesicht der Engelsburg dem Zio weis, daß hier im Mittelalter die Amerikaner eingesperrt wurden.

Ach, es war ein so sympathischer Besuch – er nahm immer alle in Anspruch, und wenn sie dann am Abend manchmal unter sich zusammensaßen, dann lautete ihr Urteil über den Onkel etwa so:

»Ja, er ist ja nicht besonders gescheit, unser Onkel John. Und von unserer Stadt weiß er rein gar nichts. Bis jetzt hat er auch noch nicht einmal der Luciana eine Bonbonniere und dem Glauco ein Gummikrokodil und der Mamma einen Strauß mit kandierten Veilchen und dem Olimpio einen anständigen Kognak und der Augusta ein Nickelkettchen mit der Aufschrift ›I like Augusta‹ geschenkt – was für ein Onkel! Und er ißt für drei und trinkt für sechs und schnarcht wie ein Cowboy und geht mir langsam auf die Nerven. Denn so benimmt man sich nicht, wenn man aus Amerika kommt!«

Auf dem Kapitol sind sie gewesen, und er hat gesagt: »Molto bello«, auf dem Quirinal sind sie gewesen und er hat gesagt: »Okay«, auf der Piazza di Spagna sind sie gewesen und er hat gesagt: »Kolumbus hat Amerika entdeckt«, vor der Trajanssäule sind sie gewesen und er hat gefragt, wieviel es kostete, wenn man sie kaufen würde, die Augusta ist verrückt geworden und sagt beispielsweise nur mehr »il Lunch«, was Lunch heißt und Mittagessen bedeutet, der Glauco will Fassadenkletterer werden und die Luciana nach Hollywood gehen – nein, es reicht, es reicht!

Und nun ist er defunto.

»Fratello mio ...!«

Vom Augenblick an, da der Familie Battistini die Existenz eines Testaments mitgeteilt wurde, begann in ihrem Innern ein geheimnisvoller Prozeß: la speculazione – die Spekulation. Das Triumpfgeheul, das sie gemeinsam angestimmt hatten, als die überwältigende Nachricht von einer etwaigen bevorstehenden Erbschaft kam, klang langsam ab – und zum erstenmal schlich sich in jedes Gemüt eine vorsichtige Reserviertheit gegenüber allen anderen Familienmitgliedern ein – jeder konnte der Haupterbe sein, ein jeder rechnete insgeheim damit, als der bevorzugte Liebling, das Schoßkind des armen, beklagenswerten, glücklicherweise gestorbenen Onkel John bestätigt zu werden. Und so einigte man sich, ohne daß darüber ein Wort verloren worden wäre, neuerdings auf eine gefaßte Trauer.

Man befleißigte sich, im Kreise seiner Lieben sehr sanft über den Entschlafenen zu sprechen. In fondo era buono – das ist eine ganz hinterhältige Bemerkung – ›in fondo‹ heißt im Grunde, in der Tiefe, in den verborgensten Seelenfalten sozusagen, dort – ja dort war er buono, dort war er gut, der Onkel John – und dann macht man eine Pause und denkt: *wie* gut, das wird sich ja herausstellen, wenn wir wissen, wem er was hinterlassen hat. Niemand wagt es mehr, davon zu sprechen, daß noch vor sechs Monaten das einmütige Urteil der Familie Battistini über den Onkel ganz anders lautete: nämlich, daß er ein Geizkragen sei, ein schrecklich knauseriger Kunde, der niemals, wenn es irgend zu vermeiden war, einen Soldo hervorzog.

Es hat den Anschein, als ob die Battistinis das alles vollständig vergessen hätten. Traut im Salotto vereint, von ernster Zurückhaltung und den besten Meinungen erfüllt, sitzen die Battistinis beisammen, und geben sich die größte Mühe, die vulkanischen Feuer, die in ihren Seelen glimmen, mit der Asche der Trauer zuzudecken. Dabei geht es in ihrem Innern nicht nur um die Soldi – es geht um die moralische Macht in der Familie – der Universalerbe wird für Jahre hinaus der unumschränkte Tyrann des Hauses Battistini sein können, er wird sich jeden Capriccio, jeden Seitensprung, erlauben können, und die anderen werden still sein müssen.

Der, der am meisten hofft, ist Olimpio – denn wenn es ihm nicht beschieden sein sollte, die Soldi in die Hand zu bekommen, fallen die letzten Bastionen seiner Autorität – er, der sowieso schon nichts mehr zu reden hat, weil die zungenfertige, mit der Brisanz des Unlogischen ausgerüstete Weiblichkeit sich regelmäßig gegen ihn verbündet – er, der bisher immer gezahlt und gezahlt hat, ohne dafür auch nur eine Stunde häuslichen Friedens einzuhandeln, er wäre mit Soldi plötzlich wieder der angebetete Olimpio, als der er vor zwanzig Jahren diese Familie in trügerischer Selbsttäuschung ins Leben gerufen hat – und er wäre ohne Soldi ein ausgedientes, malträtiertes, verschossenes Sitzmöbel des Hauses Battistini.

Amelia hingegen spekuliert ganz anders: Sie weiß, daß sie persönlich als Erbe nicht in Frage kommt – hofft aber auf Glauco als Haupterben, denn wenn eines der Kinder das Geld bekommt, wird *sie* es verwalten, nicht der unzuverlässige Olimpio, dem so viel Geld nur zu Kopf steigen würde – weiß man denn, ob er sich nicht sehr bald ein zuckersüßes Püppi anlachen würde, das den vom armen Onkel mühsam erworbenen Schatz verpraßt?

Die Luciana denkt überhaupt nur an Pelzmäntel und einen dicken Brillanten für den kleinen Finger und Schuhe mit vergoldeten Absätzen und einen Luxushund per fare la diva – um eine Diva zu machen – il film, das ist doch das einzige, wonach ihre Träume gehen.

Der Glauco weiß ganz genau, was er will – lauter konkrete Sachen: ein Motorboot, ein Pony, nicht mehr in die Schule gehen, ein Schießgewehr und genügend Knallfrösche, um ein ganzes Jahr an Mensch und Tier im Hause Via Cavour 305 das uralte und traditionsreiche Handwerk der Wegelagerei betreiben zu können.

Ach, der arme Onkel John, er kann ja nicht mehr wissen, welche unheimlichen Gedanken und Wünsche sein Tod in den Herzen seiner Familie aus schlummernden Abgründen heraufgewirbelt hat – ach der arme

Onkel John, Giovanni, defunto, poveretto – in fondo – in fondo era buono!

Die einzige, die an all diese Trauer nicht glaubt, ist Augusta. Hier ihr Küchenmololog:

»Dieser ganze Schmerz«, sagt sie, »ich weiß nicht, ich weiß nicht, es ist alles ein bißchen in Proporzione zu den Soldi, die sich die Battistinis erwarten ... Man wird ja sehen, wenn wir zum Notar gehen, man wird ja sehen.«

Und dann kommt der Tag, an dem das Testament feierlich eröffnet werden soll – der Tag der Tage, an dem die Familie Battistini arm und mager aus dem Hause gehen wird, um schließlich reich und fett zurückzukehren.

Die Eleganz der Familie Battistini ist atemberaubend. Auf dem Kopf der Mamma wackeln die Gardenien, Glauco hat sich in einen Schotten kariertester Herkunft verwandelt, Lucianas linkes Fußgelenk ziert ein platiniertes Sklavenkettchen, und Augusta hat ihre wogende Vorderseite mit einem goldenen Krokodil verziert, das mit seinen grünen Äuglein hin und herblinzeln kann. Olimpio aber, Olimpio kämpft auf dem ganzen Weg einen hoffnungslosen Kampf gegen die Versuchung, sich ein Monokel ins linke Auge zu klemmen.

Der Portier im Hause des Notars, der den Battistinis den Aufzug aufsperrt, empfängt ein Trinkgeld, wie er es sonst nur von Leuten bekommt, die soeben im Lotto gewonnen haben – und wann gewinnt einer schon im Lotto! – und die Spannung ist unerträglich.

Der Notar scheint beeindruckt – alle setzen sich auf die langen hochlehnigen Stühle und machen Gesichter wie Ramses II. Da platzt plötzlich der Glauco heraus: »Devo fare pipi!«

Alles ist ruiniert. Dem Advokaten bleibt das Wort im Halse stecken, wie dem Kaiser Augustus das Stück Pfau, als er von der Niederlage im Teutoburger Wald erfuhr. Nicht etwa, daß man den Glauco jetzt gleich hinausließe auf den Ort, auf den sein Trachten gerichtet ist – Olimpio fragt zuerst einmal, ob denn der Glauco überhaupt unbedingt dabei sein müsse – dann erklärt der Notar, daß dies sehr wohl der Fall sei, dann erkundigt er sich nach Glaucos Vornamen, um eine kleine Ansprache an ihn zu halten, des Inhalts, er möge doch in Respekt der Feierlichkeit der bevorstehenden Amtshandlung, um deren Fortgang nicht über Gebühr hinauszuzögern, tunlichst die größte mögliche Geschwindigkeit in Betracht ziehen ... Und als der Glauco dann wiederkommt, bedankt sich der Notar sehr feierlich, daß dieser sein Rat so wörtlich genommen worden war. Und dann – endlich, finalmente – macht er das Testament auf.

»Ich erspare Ihnen«, sagt er, »die Lesung aller juristischen Präliminarien.«

»Ach ja«, sagt Olimpio, »das interessiert uns ja auch gar nicht, fangen Sie doch bitte gleich mit der Substanz an!«

Und der Notar liest vor.

Nicht zu glauben: Fünfhunderttausend Lire hat der Onkel dem Glauco hinterlassen – eine halbe Million, runde zweitausend Mark – unter der Bedingung, daß der Glauco seine Studien nicht nur abschließt, sondern auch noch spezialisiert – und zwar in der Geschichte der Stadt

Rom, denn – so schreibt der arme liebe gute und anhängliche Onkel John –

»... denn die Mitglieder der Familie Battistini haben mir während meines römischen Aufenthalts genügend bewiesen, wie armselig lächerlich ihre Kenntnisse dieses erhabenen Gegenstandes sind – und sie haben darüber hinaus noch geglaubt, mich für dumm verkaufen zu können, indem sie mir die gräulichsten Bären aufgebunden haben.«

Jetzt sind sie alle aus dem Häuschen: »Ja wie kommt er denn dazu, dieser Mensch, und wir haben uns doch eine solche Mühe gegeben!«

Der einzige, dem an dem Prestige der Battistinis im Augenblick gar nichts liegt, ist Glauco – dessen Triumphgeheul unvermindert durch die notariellen Räume hallt.

Dann geht es weiter – und es wird noch schlimmer:

Zweihunderttausend Lire bekommt die Familie Battistini nur zu dem Zweck, damit sie Bücher über Rom kauft – und der Pelzmantel und der Brillant, salta tutto per aria – alles hüpft in die Luft – löst sich auf in nichts, in Schall und Rauch.

Und von nun an wird es eine antike Tragödie, wo man ja auch von Moment zu Moment glaubt, gräßlicher kann es nicht mehr werden, und dann kommts immer noch dicker. Denn der elende John Battistini schreibt weiter:

»Alles übrige angelegte und flüssige Geld, alle beweglichen und unbeweglichen Güter hinterlasse ich dem Onkel in der Campagna.«

Der Onkel in der Campagna, das ist der alte einschichtige familien- und frauenfeindliche, verbauerte und geldschwere Battistini auf dem Land, den Olimpio und die Seinen vergangenen Sommer besucht haben, wie Sie sich erinnern werden. Dieser Kerl soll jetzt die ganzen Soldi, auf die man schon so eifrig spekuliert hatte, noch in seinen Strumpf kriegen – oh was sind wir blöd gewesen, wie sind wir hereingefallen, hätten wir diesen Okay-boy mit seinem falschen Gebiß doch wenigstens nicht so verpäppelt, alles hinausgeschmissenes Geld, und die Blamage vor dem Notar, und überhaupt, der John war ja verrückt, der war ja gar nicht normal, was soll denn das heißen, der Zio in Campagna – sehr berechtigt daher die Frage des Notars an Olimpio:

»Wer sind Sie jetzt eigentlich, der Onkel aus der Stadt oder der vom Land?«

Fluchtartig, innerlich und äußerlich zerrupft, verläßt die Familie Battistini den Notar. Olimpio geht erst gar nicht nach Hause, sondern direkt zum Advokaten – und der weiß sofort, was man machen muß. Er sagt:

»Olimpio, mein Teurer, kaufen Sie doch einfach ein Grundstück auf dem Lande, dann sind Sie auch ein Onkel von der Campagna und dann fechten wir das Testament an, außerdem war der Mann vertrottelt, und nichts ist leichter zu bezeugen, als daß einer vertrottelt ist!«

Das Feuerchen der Hoffnung flackert ein bißchen auf in dem geplagten Herzen des Ritters Battistini. Vielleicht, vielleicht ist noch nicht alles verloren, morgen, übermorgen, nächste Woche, nächsten Monat – irgendwann *müssen* wir doch gewinnen!

Inzwischen kehrt der Alltag wieder in das Haus Battistini ein, Tag um Tag macht der Olimpio ein langes Telefonat mit dem Advokaten, einmal vertrauensvoll, dann resigniert, dann drohend, dann sanftmütig, dann sorgenvoll, zweifelnd, rabiat, siegessicher, verzweifelt, außer sich – und jedes Mal weiß der Advokat eine Antwort, die nur ein einziges konkretes Wort enthält: domani – morgen! Und eines Tages läutet wieder die Glocke und der Postbote bringt einen eingeschriebenen Brief, worin zu lesen steht, daß der Advokat für siebenundzwanzig telefonische Konsulationen ein phantastisches Honorar fordert – zahlbar innerhalb von drei Tagen; andernfalls der Fortgang des Prozesses leider nicht garantiert werden könnte. Der arme Olimpio – jetzt explodiert er.

So endet die Geschichte von der Erbschaft der Familie Battistini. Onkel John aber ruhe in Frieden.

Familie Battistini macht Karriere

Das tägliche Leben der Familie Battistini in der Via Cavour 305 in Rom wies in der letzten Zeit seltsame und unerklärliche Zeichen des Zerbröselns auf. Bisher war äußerlich alles in seinen gewohnten Bahnen geblieben. Olimpio hatte über die Welt und ihr Schicksal im allgemeinen, über sich und die Frauen im besonderen die üblichen seufzenden Lamentationen von sich gegeben, Augusta ließ aus ihrem geschwungenen Munde ohne Unterlaß die Urtöne der römischen Campagna erschallen, mit deren Hilfe schon die Sabinerinnen es fertigbekommen hatten, daß man sie raubte. Glauco war täglich darum besorgt, die Ruhe des Portiers, der Katzen, des Polizisten und der Waschfrau auf ein gedeihliches Minimum einzuschränken. Luciana hatte in der Illustrierten entdeckt, daß der Sohn des Maharadschas von Kumbilili an gräßlicher Einsamkeit litt. Mamma Amelia hatte in ihrem Herzen den Traum vom späten Glück eines Hutes nicht unterdrücken können, eines Hutes, der mit kanarienfarbenem Zittergras garniert sein sollte.

Wie immer funktionierte der Aufzug einmal ja und einmal nein, wie immer waren die Spaghetti dem Olimpio heute zu weich und morgen zu hart, wie immer fraß der Carabinieri-Freund der Augusta im traulichen Lampenschein der Küche alle Überbleibsel mit gleichbleibendem Appetit auf. Die kleinen Ereignisse und ihre augenblicklichen Schrecken waren immer ernsthaft genug, um die großen Katastrophen der Vergangenheit – die dahingeschwundene Erbschaft, die nutzlosen Investitionen in Lucianas Abitur und ähnliches zu überdecken. Im Angesicht eines einzigen Fünfers, den der Glauco aus der Schule heimbrachte, war man bereit zu vergessen, daß Augustas Lohn schon seit drei Monaten überfällig war und daß man allem Anschein nach den leidigen Prozeß gegen den Advokaten wegen des Testaments verlieren würde.

Dieser Fünfer, den der Glauco eines Tages mit gewohnter unbekümmerter Frechheit zu Hause präsentierte, war das erste Anzeichen, daß in der vitalen Kompaktheit des festgegründeten Lebenstils der Familie Battistini etwas locker wurde. Nicht etwa, weil Olimpio sich mehr als gewöhnlich darüber aufgeregt hätte, sondern weil von diesem Fünfer aus die Gedankengänge Augustas in krausen Bahnen zu kreisen begannen, wovon unsere Geschichte erzählen wird.

Es begann mit der üblichen Predigt Olimpios an seinen Sohn, einer Predigt, der kein Mensch länger als einen halben Satz Gehör schenkte:

»Figlio mio, figlio mio, la scienza – die Wissenschaft, mein Sohn«, sagt Don Olimpio, »die Wissenschaft ist eine Sache, die keinen Scherz erlaubt. Entweder Du bist ein Trottel, dann ist es unnütz zu studieren, oder Du bist ein Faulpelz, dann kriegst Du Prügel!«

»Was«, schreit die Amelia, »Du redest von der Wisschenschaft, Du hast ja nicht einmal die Lateinaufgabe von der Luciana herausgebracht, was erlaubst Du Dir denn überhaupt, mein Kind so anzubrüllen, mein armes Kind!«

»Ja«, sagt der Olimpio, »da hast Du recht, der Bams ist vielmehr Dein Kind als meins!«

»Aha«, sagt die Amelia, »jetzt ziehst Du es wohl schon in Zweifel, daß Du der Vater bist. Aber von wem soll er denn sonst die Blödheit haben?«

»Willst Du damit vielleicht behaupten, daß ich blöde bin?«

»Nein, aber der arme Glauco, siehst Du denn nicht, daß er so klein ist? È piccolo, er ist nicht schuld an dieser ganzen Misere. Schuld sind die Professoren, die immer glauben, der Padre eterno zu sein, diese Sadisten, so ein schöner Bambino ist mein Glauco und ruinieren wollen sie mir ihn! Und Du bist jetzt ganz still, verstehst Du!«

Olimpio, der arme, an die Wand gedrückte Olimpio, schwankt einen Moment, dann aber wirft er die abgebrauchten Waffen seines Zornes weg, läßt nur einen Seufzer hören und verschweigt seine Gedanken. Der Glauco hat inzwischen längst das Weite gesucht, und Augusta ist in die Küche zurückgekehrt, die Stirn in steile Falten gelegt, und man hört es förmlich, wie sie denkt:

»So geht das nicht mehr mit den Battistinis, immerfort Krach, immerfort kein Geld und soviel Nervosismo und Miseria, da muß etwas geschehen! Und wer wird es wieder sein, der den Karren in Gang bringt? Natürlich die Augusta, das Familienvehikel, der Rettungsautomat in diesem Haus. Soldi brauchen wir, Soldi brauchen wir, woher nehmen, Glauco lernt nicht, Schulden haben wir, zahlen müssen wir, gibts denn gar nichts? In der Zeitung ist was gestanden, was ist das bloß gewesen in der Zeitung ...?«

Sie hats gefunden. Ganz atemlos rennt sie zu Mamma Amelia und hat die Zeitung in der Hand und liest vor:

»À Cinecittà cercasi fanciullo prodigio sapendo ballare, cantare, interpretare ... Cinecittà sucht begabten Jungen zwischen sieben und zehn Jahren mit Fähigkeiten in Tanz und Gesang für die Rolle eines kleinen Helden in einem Garibaldi-Film. Vorzustellen morgen vormittag zwischen neun und zwölf Uhr ...«

Die Mamma Amelia ist tief beeindruckt. Sie hat vollständig vergessen, daß der Glauco für sie noch vor einer Viertelstunde der nichtskönnende Sproß Olimpios war, jetzt ist er plötzlich ganz *ihr* Kind. Und natürlich ein Genie. Und das ist die Rettung für die Familie, weil ein Genie beim Film wunderbar bezahlt wird, und dann wird der Hut Wirklichkeit, und der Olimpio hat überhaupt nichts mehr zu reden, und die Herrschaft der Frauen wird vollkommen sein.

Ich, sagt die Augusta, ich bin Cristoforo Colombo, Christoph Kolumbus, der hat Amerika entdeckt, und ich habe etwas viel Wichtigeres entdeckt, den Filmstar Glauco Battistini!

Und nun beginnt etwas Fabelhaftes: Glauco, der Bambino intelligentissimo, der Fünferkandidat, das phantasievolle Kriminalgehirn der Familie, steigt in *einem* Augenblick zum Alleinherrscher des Hauses auf – es ist nicht die Realität, es ist die Hoffnung, die die Gemüter regiert – die Hoffnung auf das Ende aller Schwierigkeiten, die Hoffnung auf das viele Geld, das Honorar des kleinen Glauco – und die Familie beginnt zu leben, als ob der Film bereits gedreht, ein phänomenaler Erfolg gewesen und Hollywood bereit wäre, den Namen der Battistinis unsterblich zu machen.

Glaucos Tonfall ist zunächst noch ganz manierlich, aber die ersten Gelüste nach cäsarischer Herrschsucht äußern sich schon bald – nämlich in dem Augenblick, als Luciana, die ihren Bruder bisher immer nur als einen beklagenswerten Irrtum der Familie angesehen hatte, nun plötzlich beginnt, ihm den Hof zu machen. Sie will nämlich auch zum Film – und das schon seit Jahren – und immer war es vergeblich.

»Da kommt jetzt«, so denkt sie in ihrem Herzen, »dieser Rotzbub daher und kriegt die Rolle eines kleinen Helden – und ich, mit all meiner Pracht, soll leer ausgehen? Nein; ein Flirt mit dem Regisseur wird es zeigen, was ich kann!«

»Du«, sagt der Glauco mit altrömischer Offenheit, »Du kannst ja nur mit dem Bäckermeisterssohn von nebenan schmusen, was kannst Du denn schon?«

Luciana ist keine Tochter Talleyrands, die Kunst der Diplomatie macht ihr Mühe, sie fällt auf die Herausforderung herein und fragt nicht besonders gekonnt dagegen:

»Ja was kannst denn Du?«

»Naturalmente vogliono me, vogliono il bambino prodigio – io sono prodigio, io so cantare, so ballare, so suonare, so fare tutto!«

Da haben wirs, er kann alles. Er ist schon gänzlich

davon überzeugt, daß nicht nur die Zukunft der Familie Battistini, daß auch das Schicksal des Regisseurs, der Primadonna, des italienischen Films, des nationalen Ansehens, des Fortschrittes der Zivilisation von seinem Können und von seiner Laune abhinge.

»Komm nur mit, sagt er, und zeig« (unterstrichen durch unzweideutige Handbewegungen) »ob Du eine Lollobrigida bist!«

Und dann kommt der große Morgen, an dem die weiblichen Mitglieder der Familie wie eine Phalanx unbesiegbarer Amazonen um den piccolo Eroe, den kleinen Helden Glauco gestaffelt, den Feldzug eröffnen, der sie alle auf die Höhe von Ruhm und Wohlstand tragen soll. In den Gesprächen auf dem Weg zum Filmbüro figuriert das Genie des Battistini-Sohnes schon als eine festgefügte Tatsache, und es ist niemand erlaubt, an der außerordentlichen Begabung Glaucos zu zweifeln.

Das Wunderbare an dieser Familie Battistini ist ja überhaupt, daß sie in aller Misere der Gegenwart immer eine herrliche, mit Reichtümern und Glücksgütern verschwenderisch ausgestattete Zukunft vor sich sieht, daß in ihren Herzen immer ein kleines irdisches Battistini-Paradies lebendig ist, daß ihre Vorstellungskraft sie immer wieder dazu verführt, zukünftige Erfolge schon als eine Wirklichkeit anzusehen, die man nicht in Zweifel ziehen darf.

Dies verleiht im Augenblick der Mamma Amelia und der Augusta die Sicherheit des Sieges – und der Luciana die Hoffnungskraft, an dem allgemeinen Aufstieg teilzunehmen. Denn nicht Glauco, sondern die ganze Familie Battistini ist es, die sich jetzt anschickt, Karriere zu machen.

Da sind sie schon angekommen, im Filmbüro, und nach einer kleinen leicht beklommenen Wartezeit öffnet sich die Tür. Es erscheint ein bürstenköpfiger Mann in dunkelblauem Hemd mit gelbseidener Krawatte, der seine cordsamtenen Beine in einem Gehverfahren auf die Battistinis zuschiebt, worin sich die Müdigkeiten von zehntausend Prärie-Ritten und siebentausend Seeräuberschlachten ineinanderflechten. Sehr eindrucksvoll. Nur leider nicht der Regisseur, sondern sein Assistent.

Und der Glauco, der vor dem ganzen Zauber nicht den geringsten Respekt hat, weil er weiß, daß er auch nicht schlechter leben wird, wenn sie ihn nicht nehmen, der Glauco behauptet in Bescheidenheit:

»Ballo, canto, salto, suono – ich tanze, singe, springe, spiele!«

Das Bild ändert sich, als nach kurzer Zeit ein Mann hinzutritt, den der Assistent mit ›Maestro‹ anredet – der Meister, der Regisseur. Welch ein interessanter Mensch. Das Haar grau meliert, ein weiches indisches Tuch um den sehnigen Hals geschmiegt, ganz Duft von Pfeifentabak und Kölnischwasser, wettergebräunt und frauenverwöhnt, und der Samt in der Stimme, wenn er sagt:

»Vieni, caro! – Komm, mein Lieber!«

»Buon giorno«, darauf der Glauco selbstsicher.

»Buon giorno! Che cosa sai fare? – Nun, was kannst Du Schönes?«

»Tutto!«

»Tutto? – Wirklich alles?«

»Si! Ogni cosa: Ballo, canto, salto, suono!«

Der Glauco kann einfach alles: Tanzen, singen, Purzelbäume schlagen, Mundharmonikaspielen.

»Va bene!«, gibt sich der Regisseur belustigt zufrieden. Doch gleich bekräftigt Glauco:

»So fare tutto di qualsiasi cosa! – Ich kann alles, was Sie sich nur wünschen!«

Darauf der Regisseur verführerisch, mit einer seltsamen Frage:

»Sai fare anche un cretino? – Kannst Du auch einen Blödian machen?«

Offenbar muß der kleine Held der Garibaldizeit ein ganz verzwicktes Täuschungsmanöver vollführen – aber da ist der Glauco in seiner Ehre getroffen und sagt im Brustton der Entrüstung:

»Non me l'ha detto mai nessuno. – Das hat mir noch niemand zu sagen gewagt! Cretino a me!!! – Mir, *mir* sagen Sie, ich soll einen Blödian machen?«

Die Mamma kann das überhaupt nicht anhören und sagt:

»Ja was glauben Sie denn überhaupt, mein Sohn soll ein Depp sein?«

Um das Maß voll zu machen, kommt noch einer hinzu. Ach ist der schön: Tutto bello. Er trägt sein Hemd offen bis zum Bauch, damit man die Heldenbrust sieht, schwarz ist sein Haar, Feuer sein Auge, Wonne sein Lächeln – der Primo Attore, der erste Schauspieler, der Hauptakteur – neben Glauco natürlich.

Luciana wittert eine Chance. Einen solchen Mann hat

sie sich immer erträumt – er wird es sein, der sie auf die Höhe des Filmhimmels trägt, er wird sich in sie verlieben – er muß sich in sie verlieben –

»Senta Lei, che è un'attore così importante ... Mein Herr, Sie sind doch so ein bedeutender Schauspieler ...«

»Dica pure, si ...«, entgegnet der Protagonista mit etwas ungeduldigem Wohlwollen.

»Cerchi di mettere una parola buona con il regista che mi faccia fare una partecina! – Könnten Sie nicht ein gutes Wort für mich beim Regisseur einlegen, mir eine kleine Rolle zu geben?«

»Signorina«, versucht da der Schauspieler abzuwehren, »Signorina«, non so ancora vero la responsabilità delle particine, – ich kenne leider den Verantwortlichen nicht, der die Rollen vergibt!«

Der Protagonista reagiert sichtlich nicht ganz so beeindruckt, wie sich die Luciana das vorgestellt hat, denn er muß jetzt – da man ja noch am Anfang des Films steht – den Regisseur bei Laune halten, damit man nicht merkt, wie notwendig er sein Honorar braucht. Aber so leicht kommt er nicht davon. Denn kaum hat er sich wieder entfernt, lauert ihm die Luciana auf – und was die zwei reden, kann man sich leicht vorstellen.

Der bedrängte Schauspieler will nicht unhöflich werden und nimmt seine Zuflucht zu Versprechungen:

»... la prossima volta, Signorina, la prossima volta – das nächste Mal, Sie können sicher sein, das nächste Mal! ...«

Die arme Luciana ist also abgeblitzt – keiner hat gemerkt, was für überwältigende Hüften sie hat, vom Rest gar nicht zu reden – aber wenigstens hat sie (eine echte Battistini!) mit dem Regisseur, mit dem Assistenten und mit dem Star gesprochen, sie hat leise Versprechungen zu hören bekommen für einen anderen Film – und sie wird gar nichts dabei finden, ihren Freundinnen zu erzählen – ach wißt ihr, alle haben sie mir den Hof gemacht, der Regisseur wollte mich zum Essen einladen, der erste Schauspieler wollte mit mir einen Auto-Ausflug machen, aber ich hab natürlich gesagt:

»Ja meine Herren, was denken Sie sich denn eigentlich dabei?«

Wir wollen uns in dem langweiligen Filmbüro jetzt nicht länger aufhalten, und eilen lieber nach Hause in die Via Cavour, wo der ahnungslose Olimpio auf die Rückkehr seiner Lieben wartet. Man hat ihn, schon weil ihn die Sache gar nichts angeht, nur mit vagen Andeutungen davon verständigt, daß mit Glauco ein sensationelles Vorhaben im Gange sei – und nun stürzt das Schicksal über ihn herein.

Der Glauco hat die Rolle bekommen. Es ist ein ungeheurerer Triumph. Olimpio – das gebrannte Kind – glaubt aber erst daran, als die Mamma Amelia die Dummheit begeht und ihm sagt, man habe dem kleinen Heroen schon zweihundertausend Lire Vorschuß gegeben.

»Was«, sagt der Olimpio, wie von der Tarantel gestochen, »zweihundertausend Lire – ja wo sind sie denn, die muß man doch verwalten – das Kind ist ja noch unmündig!«

»Hahaaa«, macht der Glauco, »da wirst Du Dich aber brennen, die kriegst Du nicht!«

Und auch die Mamma – am Horizont leuchtet der Hut mit Zittergras – ist der Meinung, Olimpio habe mit diesem Geld gar nichts zu schaffen.

Damit nicht genug. Der Glauco Trionfatore dreht den Spieß um. Anstatt dem Olimpio, dem bedürftigen gestraften Familienvater, die Einnahmen aus seiner Filmrolle zur Verwaltung anheimzugeben, proklamiert er ein Programm:

»Jetzt«, sagt er, »will ich ein eigenes Schlafzimmer, denn im ›Sgabuzzino‹ schlaf ich nicht länger!«

Der ›Sgabuzzino‹ ist jener dunkle Ort im Hause Battistini, wo der Heißwasserboiler, Olimpios Badehut, Amelias Brautschleier, ein dreirädriger Kinderwagen, eine Mausefalle und Glaucos Bett eine romantische Idylle eingegangen sind – und außerdem will er ein Motorboot, und außerdem will der nie mehr in die Schule gehen, und außerdem will er ein neues Gummikrokodil – und der Olimpio, geblendet vom Glanz des schnöden Mammon, verspricht und verspricht – und das Krokodil will er dem Glauco sogar lebend kaufen – weil er ja doch der große Held nicht nur des Garibaldi-Films sondern auch der Battistinis geworden ist:

»Alles, alles kannst Du haben, Du bist ein kleiner Divo – ein kleiner Göttlicher, Du bist der Stern des Hauses! Meine Damen und Herren, wir haben die große Ehre, Ihnen den berühmten, unübertroffenen Künstler Glauco Battistini anzuzeigen ...«

Die Sache nimmt ihren Lauf. Noch taumeln die Battistinis in Glückseligkeit, noch benebelt sie der Wahn, daß diesmal – nur dieses eine Mal – wirklich alles gut gehen könnte, daß die Soldi in dickem goldenen Strom die vier Treppen herauf und zur Wohnungstür hereinrollen würden – es ist eine glückliche Zeit für das ganze Haus.

Brav steht der Glauco jeden Morgen um sechs Uhr auf, er findet an seiner Rolle einen Riesenspaß, der Regisseur ist auch zufrieden – und selbst die Luciana hat sich getröstet – wenn sie schon nicht selber eine Rolle bekam, so sonnt sie sich doch im allgemeinen Glück, und die Amelia sorgt schon dafür, daß die Düfte des Orients über des Töchterchens hinreißende Gestalt in Fülle ausgegossen werden. Jedenfalls kann man, seit der Glauco filmt, den Aufzug nicht mehr betreten, ohne in die Wonne von Lucianas Parfüm eingehüllt zu werden.

Ach, aber ach – das Schicksal hat auch diesmal den hochfliegenden Träumen der Battistinis irdische Grenzen gesetzt, langsam, auf leise schleichenden Sohlen naht es heran, heimtückisch und hinterhältig, ein ganz besonders hinterhältiges Gespenst: die Influenza. Und eines Morgens wacht der Glauco auf und kann nicht mehr reden.

»Mein Gott, was machen wir denn da – der Glauco muß ja doch zur Aufnahme.«

Es ist sechs Uhr morgens.

Selbst Olimpio hat sich aus dem Bett gerollt – im Schlafanzug, im Nachthemd, im Unterrock stehen sie um den Glauco herum, der mit aufgerissenen Augen im Bett sitzt. Da kommt der Mamma der rettende Gedanke – ein Glühwein wird ihn der Welt, dem Film, der Kunst wiedergeben.

Augusta rast mit fliegenden Lockenwicklern in die Küche, ein halber Liter Rotwein wird aufs Gas gesetzt, eine Zitronenscheibe und entsetzlich viel Zucker dazugetan – und binnen kurzem hört man, daß dem Glauco dieses Getränk außerordenlich schmeckt.

»Bono«, krächzt er, »aber reden kann ich trotzdem nicht!«

Gräßlich. Während sie noch darüber diskutieren, was zu tun sei, schlürft der Glauco in Gemütlichkeit den ganzen halben Liter Glühwein aus – es wird ihm ganz anders, »Halt«, schreit er, »halt das Bett still, das fährt ja im Zimmer herum, haha, ihr habt ja alle zwei Köpfe auf, schau doch nicht so dumm, Augusta; ui – jetzt dreht sich alles, ui ui ui« – und dann wird ihm schlecht.

Was sollen wir noch erzählen – an diesem Tage wurde nicht gedreht, und an den vier folgenden auch nicht – und dann erschien ein Advokat der Filmgesellschaft und teilte mit, daß die Arbeiten an dem Film überhaupt eingestellt werden müßten, weil keine Soldi mehr da seien, um die Gagen zu bezahlen, und mehr als den bereits ausgezahlten Vorschuß können die Battistinis leider, leider nicht erwarten, wenigstens nicht in näherer Zukunft.

Und grau wie ein dichter melancholischer Nebel legt sich der Alltag wieder über die Battistinis, die dichterische Flamme ihrer Vorstellungskraft ist zum Sparbrenner zurückverwandelt, und die tragischen Lamentationen Olimpios schallen neuerlich durch die Hallen des gebeugten Hauses.

›Rondo‹

BUMMEL AUF DER PIAZZA NAVONA

›Piazza Navona‹, will er sagen, aber ›Plaza‹ klingt so schön ausländisch. Der Kutscher heißt Hamlet, 42 Jahre, intimer Kenner römischer Zusammenhänge. Wie viele Römer, so lebt auch er hauptsächlich von den ›Stranieri‹, den Fremden, die von überall her in die Stadt kommen und sich in ihrer Begeisterung leicht davon überzeugen lassen, daß ein armer Kutscher nicht nur für die Dienste bezahlt werden muß, die er leistet, sondern auch für die Schönheit, die er zeigt.

Den Neptunsbrunnen, zum Beispiel. Daß der Brunnen von Bernini sei, ist leider falsch – er stammt aus dem letzten Jahrhundert – aber Amleto wäre kein Römer, wenn er nicht wüßte, wie man komplizierte Dinge vereinfacht – schließlich, ein paar Jahrhunderte mehr oder weniger, was macht das hier aus? Zieh an, Rosina, sagt er zu seinem Pferd, die zahlen heute unser Futter – und kapieren tun sie sowieso nichts.

Früher haben die Leute hier Seeschlachten veranstaltet – aber keine echten – falsche natürlich. Der Schein hat in Rom stets den Vorzug, angenehmer und schöner zu sein als die Wirklichkeit. Dieses ist manchmal grausam. Das Café der ›Tre Scalini‹ kann davon erzählen. Da hat der Padrone vor ein paar Jahren einen Gassenjungen erschossen. Eine schreckliche Geschichte. Eines Tages ertappte er einen Jungen, der eben aus einem Auto ein

8

DIE REITERFIGUR DES MARK AUREL
AUF DEM KAPITOL

Lavierte Federzeichnung von
Marianne von Werther
Privatbesitz München

Transistorgerät stehlen wollte. Er schoß und traf zu gut. Der Junge starb. Seine Familie war arm. Seit dem Unglücksfall lebt sie in erträglichen Verhältnissen. Die meisten Gäste wissen das nicht, aber alle tragen dazu bei.

Solche Alleinherrscher der Piazza sind nicht neu. Im Laden des Antiquars Nardecchia gibt es ein Buch, das einen früheren Piazza-Navona-Helden besingt. Er lebte zur Zeit der letzten Belagerung Wiens durch die Türken und hieß Meo Patacca. In Liedern und Bildern lebt noch heute die Erinnerung an seine Taten. Der Maler Pinelli hat sie am Anfang des vorigen Jahrhunderts überzeugend illustriert.

Meo Patacca war ein römischer Volksheld. Er zeigte Kraft, drohte mit dem Wort, ließ den Säbel stecken und wurde von den Frauen nach Gebühr behandelt. Er sammelte ein Aufgebot, um den Bewohnern Wiens gegen die Türken zu Hilfe zu eilen. Als er seine Leute endlich beisammen hatte, kam die Nachricht, Wien sei schon befreit. Darauf feierte er seinen Sieg mit einem großen Fest. Der Schein ist in Rom oftmals wahrer als die Wirklichkeit.

Und da ist auch der ›Brunnen der vier Flüsse‹ – vier Flüsse, vier Kontinente – Nil, Ganges, Rio de la Plata, Donau. Der Obelisk ist original ägyptisch. Der Schöpfer des Brunnens ist Bernini. Hamlet ist glücklich, daß nicht alle wissen, wer das ist. Das, hat Bernini sich vorgestellt – vor dreihundert Jahren – sei der Ganges, der alle Wasser Indiens in sich sammelt. Damals waren Jesuiten-Missionare aus Rom in Indien tätig. Der Löwe gehört schon zum nächsten Strom, zum Nil. An seinen Ufern wollte der Gründer der Jesuiten, Ignatius von Loyola, den Sultan bekehren. Aber der rätselhafte Strom, der sein Haupt verhüllt, weil niemand seine Quellen kennt, widerstand.

Schwieriger noch war es beim Rio de la Plata. Er war von den Spaniern dem Kreuz unterworfen worden – aber er wehrte sich mit aller Kraft gegen den neuen Glauben. Die Jesuiten-Mission in Latein-Amerika war in vollem Gange – aber der Ausgang ungewiß. Auch der Rio de la Plata hat sein Symbol: den Alligator – Geschöpf aus Berninis Phantasie.

Weniger Sorgen machte Danubius, die Donau, der Heimatfluß der Pferde. Er war schon von alters her christlich gewesen. Wohl drängten die Türken an seinen Ufern herauf. Aber von allen Weltströmen war er der friedlichste und sicherste.

Ungebärdig fließen so die Wasser der vier Weltströme auf der Piazza Navona in ein einziges Becken zusammen. Und mit den Menschen ist es nicht anders. Generationen kommen und gehen – und je mehr das Leben sich zu ändern scheint – umso mehr bleibt es dasselbe. Die Piazza ist wohl ein öffentlicher Platz der Stadt Rom, aber die Römer *besuchen* ihn nicht, sie *bewohnen* ihn. Schaulustig und unbequem, von Geldmangel geplagt, aber nicht beeindruckt, von der Geschichte berührt, aber nicht verändert.

Die Gelegenheit nützen – oder vorbeigehen lassen – die Ruhe nicht suchen, sondern haben – nicht fragen, was ein Mensch wert ist, sondern dulden, daß er da ist – von der Gegenwart nichts verlangen, was die Zukunft noch bringen kann. Das Volk auf der Piazza Navona ist von philosophischer Natur. Genuß mit Maß, Freundlichkeit ohne Zweck, Leben – nicht in kurzen Tagen, sondern in langen Augenblicken. Die Piazza Navona war in der Antike ein Zirkus – und seit damals ist jeder Römer gleichzeitig Artist und Zuschauer in seinem eigenen Leben.

Römer fragen wenig nach ihrer Geschichte. Sie begnügen sich, zu wissen, daß da früher einmal Leute waren, che lo sapevano fare – die etwas zu machen verstanden. Manche von ihnen leben seit Jahrzehnten auf der Piazza, etwa der Professore Domenico Mancini seit 1911.

Er ist Kontrabassist im Orchester von Santa Cecilia, 77 Jahre alt und seit 67 Jahren Mitglied des päpstlichen Chores der Sixtinischen Kapelle.

Professor Mancini ist seit Jahren in Pension, aber das Orchester von Santa Cecilia hat noch immer keinen Nachfolger seines Könnens gefunden – ebenso wie der Sixtinische Chor auch heute noch nicht auf ihn verzichten kann – also spielt und singt er weiter. Auf mancher Hochzeit ertönt seine Stimme, denn er braucht Geld für die Glasfenster, die er der Kirche seines Heimatdorfes in der Campagna gestiftet hat.

Sant'Agnese an der Piazza Navona ist eine der beliebtesten Hochzeitskirchen Roms. Wo einst – vor 1700 Jahren – die heilige Agnes den Scheiterhaufen des Martyriums bestieg, weil sie die Ehe mit einem ungeliebten Heiden nicht eingehen wollte, beugen sich heute die

Söhne und Töchter vermögender Stände mit großem Pomp unter das sanfte Joch.

In Italien ist die kirchliche zugleich die zivile Trauung. Deshalb liest der Priester während der Zeremonie die wichtigsten Paragraphen des Ehegesetzes vor.

Die Frau ist verpflichtet, mit ihrem Mann gemeinsam zu wohnen, ihm die Treue zu halten und ihn in allen Lebensbereichen zu unterstützen. Ein Gesetz, von Männern für Männer gemacht. Wie sie zu Perlen und einem Nerzmantel kommen, wissen die Damen auch ohne Paragraphen.

›Capo della famiglia‹ – Haupt der Familie ist der Mann. Die Frau übernimmt seine bürgerlichen Lebensbedingungen und ist verpflichtet, ihm zu folgen, wohin auch immer er es für nötig hält. Wenn er nichts mehr für nötig hält, übernimmt die Frau sowieso das Regiment.

Von der Empore von Sant'Agnese herab erklingt dann als musikalischer Trost das unerläßliche ›Ave Maria‹ von Schubert: Professor Mancini bei seiner Nebentätigkeit. Der Mann singt Sopran. Mancini ist der letzte Sänger der Sixtinischen Kapelle, der die Kunst des Falsett noch vollendet beherrscht – so wie die Figuren der Heiligen es von früher gewohnt sind. Nach der Abschaffung der Kastraten entwickelte man im Päpstlichen Chor diese Technik, um auch in der Sopranlage die männliche Stimmkraft einsetzen zu können.

Die Namenspatronin der Kirche – die heilige Agnes, ist ein römisches Mädchen von vierzehn Jahren. Sie starb hier standhaft den Tod, mit dem die römischen Behörden die Verweigerung des Kaiseropfers bestraften.

Wie die Piazza in der Antike ausgesehen hat, kann man noch erkennen. Man braucht nur acht Meter unter das heutige Niveau des Platzes hinuntersteigen. Unter den Häusern stecken noch immer die Konstruktionen und Gewölbe des alten Domitians-Zirkus. In der Antike fanden hier 33088 Zuschauer numerierte Plätze, die von der staatlichen Intendanz der Spiele nach einem komplizierten Schlüssel ohne Eintrittsgeld an die Bevölkerung verteilt wurden.

Der Zirkus war den Wagenrennen vorbehalten – einem Sport, der die Stadt in zwei Parteien teilte, die Grünen und die Blauen. Sie befeindeten einander so heftig, daß die Zugehörigkeit zur einen oder anderen Partei eine politische Karriere beschleunigen oder beenden konnte. Vermögen wurden hier verwettet. Die Spiele dauerten den ganzen Tag – und in den Korridoren des Zirkus fanden die Römer alles Nötige, um stundenlang auszuhalten: Näschereien, Limonade, Wahrsagerei und kleine Trattorien.

Als später das Kaisertum zusammenbrach und die Spiele verschwanden, blieben die Händler und die Garköche. Erst im Mittelalter zogen auch sie fort, und die Piazza war nur noch ein Ruinenfeld. In der Renaissance aber kehrte alles hierher zurück, auch die Spiele. Sie sind heute wieder verschwunden, aber immer noch vorhanden sind Händler und Wirte. Man ißt heute anders als damals, aber weder der Appetit noch der Genuß haben sich verändert. Denn schließlich – heiraten ist eine sehr anstrengende Tätigkeit – Sie ahnen gar nicht, meine Damen und Herren, was diese armen Menschen, die nun gerade die Kirche verlassen, alles hinter sich haben – bedenken Sie allein die Familienspionage, die nötig war, um herauszufinden, welche Tante oder Kusine welchen Modellhut aufsetzen würde. Es wäre hoffnungslos, das Verwandtschaftsgeflecht enträtseln zu wollen, das von diesen Hüten gekrönt wird.

Das sind nicht alles Familienmitglieder – auch die Angehörigen der beiden Hausärzte und der Familienadvokaten gehören mit dazu. Alle sind zufrieden, daß es geschafft ist, alle haben ›Bella Figura‹ gemacht – und wie der Sposo – der Bräutigam – jetzt mit seiner Sposa zurecht kommt, das ist nicht mehr ihre Sache. Es gibt ein Lied, das sich mit der Frage beschäftigt: Was wird die Braut am ersten Abend essen, was am zweiten, dritten, vierten und so weiter. Das Menü erweitert sich von Tag zu Tag maßgerecht mit dem Ergreifen der häuslichen Macht.

Erst sind es nur ein paar gezuckerte Erdbeeren, ein Lammkeulchen mit etwas Salat und ein halbes Täubchen – mezzo Piccioncin! Im Laufe von zwölf Tagen kommen hinzu zwei Käsepasteten, drei Wildtauben, vier gefüllte Tomaten, fünf Schweinsripperl, sechs Hähnchen, sieben marinierte Aale, acht gefüllte Oliven, neun Flaschen Wein, zehn Pfirsiche von Marino, elf Schachteln mit Konfekt, zwölf Törtchen und zum Schluß immer noch einmal ein halbes Täubchen. – Mastro Stefano, der Wirt der Piazza Navona, ist für alles gerüstet.

Und dort oben – die Piazza Navona hat nicht nur in der Tiefe, auf dem antiken Niveau, sondern auch in der Höhe, in der Gegenwart, durchaus ihre eigenen Überraschungen – wohnt ein Ausländer, Ästhet und Lebenskünstler.

Seine Verhältnisse gestatten es ihm, seit zwanzig Jahren auf der Piazza Navona ein Haus zu führen, das seinem über die Welt verstreuten Freundeskreis ein römisches Heim bietet. Sehen wir es uns an.

Die Decke der Bibliothek hat noch die Holzbalken aus dem 16. Jahrhundert. An der Wand ein Porträt des letzten österreichischen Kaisers Karl, daneben die Herzogin von Montesquieu von Oskar Kokoschka. Darunter ein japanischer Wandschirm aus der Zeit, als die Shogune am Hof von Kyoto durch Missionare der Gesellschaft Jesu erfuhren, es gäbe in Rom einen Papst, dem die Seelen aller Menschen anvertraut seien. Wenig später errichtete man auf der Piazza Navona den großen Obelisken.

Im Salon empfängt die Dame des Hauses. Da sie augenblicklich auf dem Blumenmarkt weilt, macht ihr Dackel die Honneurs.

Über dem Serviertisch im Eßzimmer: Veduten der Piazza Navona, dann Durchblick in den Musiksalon, Porzellan vom Zarenhof, ein Vanvitelli, der eigentlich van Wittel hieß und von Italien nicht mehr loskam, Silber aus dem England des 17. und 18. Jahrhunderts.

Eine Zeichnung von Cambiaso – Magnascos großer Seesturm – und einer der feinsten Prospekte der Piazza Navona vor zweihundert Jahren. Schließlich – wie fast alles auf langen Umwegen hierher gelangt – die ›Roten Pferde‹ von Franz Marc – eines der großen Bilder der modernen Malerei, von Hitler als entartete Kunst verfemt, durch seine Agenten in der Schweiz versteigert und dort vom Hausherrn erworben.

Hier scheint in einem Privathaus verwirklicht, was für die Stadt Rom in dreitausend Jahren als Lebensprinzip galt: die Dinge des Erdkreises an sich zu ziehen, ihnen ihre Besonderheit zu lassen und sie dennoch zur Harmonie einer höheren Ordnung zu vereinen. Es gibt wohl kaum eine Kombination, die römischer wäre, als ein Blick in solch eine Wohnung.

Vom Balkon aus schaut man auf die Kirchen, auf die Kuppel von Sant'Agnese, von Borrominis raffinierter Horizontkunst über die Piazza gesetzt, oder den Spitzturm der deutschen Nationalkirche Santa Maria dell' Anima – und dann, kaum hundert Meter von der Piazza entfernt, aber ihrem Lärm gänzlich entrückt, auf den Kreuzgang von Santa Maria della Pace. Gebaut hat ihn Bramante, der Onkel Raffaels, 1504. Er war als reifer Architekt nach Rom gekommen, hatte vier volle Jahre nur mit dem Studium antiker Monumente zugebracht und trat dann hiermit hervor – nicht mit einer Nachahmung, sondern mit einer Revolution. Endlich war gelungen, was das Zeitalter bislang vergeblich gesucht hatte: Die Harmonie der Schöpfung und der Musik war für das Auge sichtbar und gegen die Zeit beständig gemacht. Allerdings war man damals weise genug, das Glück nicht vom Leben zu verlangen, sondern von der Kunst.

Die Fassade der Kirche Santa Maria della Pace hat Pietro da Cortona vorgesetzt – ein eleganter Theaterprospekt, großzügig aufgeführt, um einen ›Vicolo‹ –

einen Gassenwinkel, abzuschließen. Angefügt an diesen Komplex aus Beschaulichkeit und Illusion findet sich ein einfaches Haus – das Priesterkolleg Santa Maria dell' Anima, Zentrum der katholischen Deutschen Roms, dessen Besitz bis zur Westseite der Piazza Navona hinausreicht.

Vor vierhundert Jahren war dieses Haus eine Pilgerherberge, in der deutsche Wallfahrer drei Tage umsonst wohnen konnten. Heute trifft sich hier nach dem Gottesdienst die deutsche Kolonie – kleinstädtisch wohl geborgen in dem Betrieb der Weltstadt. Viele dieser Deutschen sind einsam, viele auch mittellos. Soweit es angeht, finden die Bedürftigen Unterstützung, alle aber ein tröstendes Wort. Schwester Teresita hilft Pilgern, die ihre Gruppe verloren haben, auf den Weg nach Hause, vermittelt stellungslosen Wanderern gelegentliche Arbeit und macht die Runde bei den deutschen Insassen der Frauengefängnisse.

So hat die ›Anima‹ ihren Stiftungszweck durch vierhundert Jahre bewahrt, wenngleich sie heute nur noch studierenden Geistlichen deutscher Zunge zur Wohnung dient. Gestiftet wurde das Ganze von einem Niederländer – van Enckenfort – der der Freund des letzten nichtitalienischen Papstes war und von diesem den Kardinalshut erhielt.

Durch Enckenfort kam es auch, daß der unglückliche Hadrian VI. nach einjährigem Pontifikat hier bestattet wurde. Er war der Erzieher Kaiser Karls V. gewesen, ein wohlmeinender ernster Priester, der klar erkannte, in wievielen Punkten Luther mit seiner Kritik an der

Kirche recht hatte. Er zog in Rom ein mit dem Vorsatz, alle Künstler und Gelehrten vom päpstlichen Hof zu entfernen, alle Bauarbeiten früherer Päpste einzustellen und den Vatikan zu einem Kloster zu machen.

Skeptisch begleiteten ihn die Kardinäle. Sie sollten recht behalten. Der weltfremde Idealist rieb sich auf. Als er starb, bekränzten die Römer die Haustür seines Leibarztes mit der Inschrift: ›Es lebe der Befreier des Vaterlandes.‹

Ein anderes Grabmal zeigt Andreas von Habsburg, Kardinal und Erzherzog von Österreich. Ihm folgt ein langer Zug von Deutschen, die den Weg nach Hause nicht mehr gegangen sind. Ihre Gesichter zeigen zum Teil einen Anflug von Verlegenheit – aber der stellt sich vielleicht von selbst ein, wenn man die Wandlungen der deutschen Gesellschaft solange aus der Nähe besieht. Dann eine Gedenkbüste für Ludwig Freiherrn von Pastor, den größten Geschichtsschreiber des neueren Papsttums.

Zumeist sind die Herren, die da dargestellt sind, sehr elegant. Man findet es fast ein wenig schade, daß solche gewinnenden Prälaten mit ihren geistreichen Manieren und ihrer stillen Höflichkeit heute nicht mehr sonderlich geschätzt werden. Allerdings gehören auch die gestandenen Männer, die vor lauter Kraft der Überzeugung nicht rechts noch links schauen können, der Vergangenheit an.

Hier findet sich dann auch der Gedenkstein für den Vater der Landsknechte, den schrecklichen Frundsberg, gesetzt von seinem Sohn. Vielleicht war es die Erinnerung an die Plünderungen der deutschen Söldner in Rom, die den Steinmetz die Inschrift fehlerhaft meißeln ließ.

Schließlich Kardinal Enckenfort, der Stifter der Anima. Er hat richtig erkannt, daß viele Menschen in Rom ratlos werden, wenn man ihnen nicht hilft.

Auf der Zinne des Turms erhebt sich der doppelköpfige Kaiseradler – Wahrzeichen für die Pellegrini – die stets ein wenig verspotteten Rom-Pilger.

Unterdessen ist eine Reisegruppe auf der Piazza Navona angekommen. Miss Galima, eine Holländerin, erklärt einer Gruppe von Ausländern auf Englisch den Zustand der Piazza in der Antike.

Eine Dame von Humor und Kenntnissen – weder die Art, wie sie sich gibt, noch ihre Kleidung verraten, was sie wirklich ist: eine katholische Ordensfrau. Sie gehört der Kongregation der ›Damen von Bethanien‹ an – 1906 in den Niederlanden gegründet. Die Damen von Bethanien widmen ihr Leben ausschließlich nichtkatholischen Christen. Jeder, der Wünsche in Rom hat, ein tadelloses Privatquartier, einen Besuch der päpstlichen Gärten, bekommt sie erfüllt – nur – er darf nicht katholisch sein. Jeder kleinste Dienst, jede Aufmerksamkeit wird denen erwiesen, die durch Erziehung, Herkunft und Bekenntnis ein Vorurteil gegen die Römische Kirche hegen. Nicht Konversion, sondern die Beseitigung von Mißverständnissen ist das Ziel.

Im Schatten der Kuppel von Sant'Agnese unterhalten sie ein Informationsbüro in fünf Sprachen, und in ihrem idyllischen Hof versammeln sich die Gruppen zu den Führungen, bei denen hervorragend erklärt wird – ohne jede Propaganda. Im vierten Stock liegt ihr kleines Hospiz, gleich neben den Privatzimmern der Damen, die durch keine Klausur von der Welt getrennt sind.

Rings um dieses seltsame Kloster breitet sich ›La Terza Roma‹ aus – das dritte Rom. Das erste – ist das antike in der Erde, das zweite – ruht auf dem heutigen Niveau der Stadt – das dritte sind die Dächer.

Schon immer hat ein Teil der Römer auf den Dächern gewohnt. Aber früher waren es in den Bürgerhäusern die kleinsten Leute, in den Palästen die Dienerschaft. Heute zieht, wer auf sich hält, in die Höhe, und die einfachen Leute bleiben in den schattigen Schluchten der Gassen.

Da ist auch an der Südwestseite der Piazza Navona der Palazzo Braschi, von Pius VI. für seinen Neffen erbaut, der letzte der päpstlichen Paläste Roms. Er wurde fertig im vierten Jahr nach dem Ausbruch der Französischen Revolution. Er zählt 365 Zimmer, war aber niemals bewohnt. Heute birgt er das ›Museo di Roma‹ – ohne große Kunstwerke zwar, aber trotzdem eine der hübschesten Sammlungen der Stadt. Hier wird aufbewahrt, was aus früheren Zeiten nicht von der Kunst, sondern vom Leben übriggeblieben ist.

Der Neffe Pius' VI. war allerdings ein solcher Rüpel, daß viele den Einzug der Franzosen begrüßten, nur weil damit die Familienwirtschaft des Papstes verschwand. Ein solcher Papstneffe hatte kein schlechtes Leben. Selbst seine Ölfässer waren Schmuckstücke. Den Inhalt bekam er umsonst – von den Campagna-Gütern, die ihm der päpstliche Onkel geschenkt hatte. Erstaunlich war, daß nach dem Tode des Papstes die Neffen meist alles behielten. Der neue Papst hatte immer noch genug. Die meisten der päpstlichen Fürstenfamilien verdanken dieser Großzügigkeit ihren immer noch bestehenden Reichtum.

Und was sagte das Volk dazu? Nun ja, das Volk bekam einen Augenschmaus, den allerdings nicht zu klein. Seit der Antike ist Schaulust bei den Römern nicht Vergnügen, sondern Leidenschaft. Durch Prunkaufzüge, Ritterspiele, theatralischen Zirkus aller Art ließen sie sich bestechen – selbst zu ihrem eigenen Nachteil. Schauplatz konnte hierfür nur sein – die Piazza Navona.

Man feierte solche Feste in der kalten Jahreszeit, etwa in der Woche vor dem Aschermittwoch, von der in Rom heute noch – obwohl mit weit weniger Berechtigung – gesagt wird: »È Carnevale – ogni scherzo vale« – »Es ist Karneval, und jedes Narrenstück gilt.«

Versetzen wir uns in das Jahr 1634. Karneval des Jahrhunderts. ›Giostra del Saraceno‹ – das Mohrenstechen – eines der größten Feste des Barock. Damals weilte in Rom der Prinz Alexander Wasa, den man für einen Bruder des polnischen Königs hielt. Daß er es gar nicht war, brachte ein Geschichtsschreiber erst später heraus. Auf Papst Urbans VIII. Geheiß hatte dessen Neffe, der Kardinal Antonio Barberini, den Gast mit größten Ehren empfangen. Leider war Alexander Wasa – wie ein Zeitgenosse berichtet – »von säuerlichem und fanatischem Humor«. Einen Tag bevor dieses für ihn veranstaltete Fest stattfand, verließ er Rom und kehrte nicht zurück. Wütend ließ Kardinal Barberini verkünden, man könne in Rom ein Fest auch ohne störrische Ehrengäste feiern – und über die Piazza Navona entrollte sich die ›Giostra del Saraceno‹.

Ein Jahrhundert später waren die Ritterspiele einem neuen Vergnügen gewichen: Man setzte in der heißen Sommerzeit die Piazza unter Wasser und fuhr mit Karossen und Pferden hinein. In den Gefährten saßen die hohen Prälaten der Kurie, die ausnahmsweise nichts anderes im Sinn hatten, als sich gegenseitig naß zu spritzen.

Zweihundert Jahre sind seitdem vergangen – und die Weltströme auf der Piazza Navona werden schließlich auch an uns vorüberrauschen. Ob uns ihre Geschichte anzieht, ob sie in unserer Gegenwart Platz finden, ob unsere Phantasie ihnen folgt – kühl bleibt ihr Hauch, warm ihr Stein.

Auf der Piazza Navona hat das Leben seine guten Seiten. Der Tag gehört der Sonne, die Nacht dem Spiel der Phantasie. Beides zusammengenommen, ist das Glück ein leichtes Ding.

›Pavana‹

IM BAUCH DES MONUMENTS

Es gibt, glaube ich, außer Italien kein Land, dessen Bewohner ihr Nationalmonument wahlweise mit einer Hochzeitstorte, einer Schreibmaschine und einem ausrangierten Gebiß vergleichen. Jahrelang war ich der Meinung, dahinter verberge sich eine Art Entschuldigung für die monströse Häßlichkeit des Denkmals. Heute bin ich davon überzeugt, daß es sich um Kosenamen handelt.

Als ein Journalist auf die Idee kam, man könnte das Marmorungeheuer mit Grünflächen und Bäumen bepflanzen, hagelte es Proteste.

»Ihr tut mir Unrecht«, schrieb der Mann dagegen, »denn auch das Grabmal des Kaisers Hadrian war mit Bäumen bepflanzt.«

Das ist uns gleich, sagte das Volk, das Monument muß bleiben wie es ist.

Und es ist wirklich ungeheuer. Ein Palast, zwei Kirchen und ein paar Häuserblocks mußten fallen, damit man es errichten konnte. Eigentlich ist es eine überdimensionale, vielgegliederte Treppe, die in mehreren Absätzen auf den Kapitolshügel hinaufführt. Daß es sich um das Kapitol handelt, merkt man aber nicht, denn eine riesige querliegende Säulenhalle verdeckt die Sicht auf den ehrwürdigsten Hügel Roms.

Das Ganze hat die Höhe der Peterskirche, die Form

eines antiken Tempel-Altares und die Ausmaße eines Flugzeugträgers. Und es ist tatsächlich ganz mit blendend weißem, verwitterungsresistentem Kalkstein verkleidet. Wenn die Sonne darauffällt, schmerzt das Licht so sehr in den Augen, daß man darauf verzichten muß, die Hunderte von Relief-Figuren zu betrachten, die das Monument bedecken. Gemäß des italienischen Volkscharakters ist kaum eine von ihnen in ruhiger Haltung dargestellt. Auf dem Dach fahren beflügelte Siegesgöttinnen auf bronzenen Viergespannen durch die Luft. Sie sind immer noch ganz berauscht davon, daß sie die Bourbonen aus Neapel hinausgeworfen, den Papst in den Vatikan gesperrt und die Österreicher aus der Lombardei vertrieben haben. Und auf halber Höhe des Treppenwerkes reitet in kriegerischer Haltung der König Vittorio Emanuele II. daher, in dessen Regierungszeit das alles geschehen ist. Er sitzt auf einem Pferd, das so groß ist, daß die Erbauer des Monuments kurz vor seiner Fertigstellung im Bauche dieses Pferdes ein Spaghetti-Essen veranstalten konnten. Unterhalb des Königs-Standbildes hat man den Unbekannten Soldaten beigesetzt und ihm eine Ehrenwache beigegeben, die bei Tag von fast preußischer Regungslosigkeit ist und nur bei Nacht manchmal verrät, daß das erstarrte Stehen nicht unbedingt ein echtes Zeichen von Ehrfurcht sein muß.

Ehrfurcht, das empfindet wohl kein Italiener vor diesem Monument. Liebe empfinden sie alle. Denn dieses Bauwerk verkörpert die Gefühle, die die Zeit vor hundert Jahren beseelten – als Italien die Fremdherrschaft abschüttelte und in der Weltgeschichte zum erstenmal als Nation in Erscheinung trat. Damals hat in Venedig Daniele Manin den erregten Bürgern zugerufen:

»Wir wollen nicht, daß die Österreicher menschlicher werden, wir wollen, daß sie endlich aus Italien verschwinden«. Das ist in Erfüllung gegangen.

In Erfüllung ging allerdings auch das Wort, das der letzte König von Neapel prophetisch ausgesprochen hat:

»Wer die Bourbonen aus Neapel vertreibt, wird ein Jahrhundert lang mit Süditalien Arbeit haben«.

Es war die Zeit *Garibaldis*, die Zeit des Grafen *Cavour*, die Zeit, in der *Mazzini* die nationale Ehre Italiens mit flammenden Worten entfachte. Das Monument beweist, daß es noch kein Jahrhundert her ist, seit Italien sich als Nation fühlen kann und deshalb verbindet heute noch jeder Italiener mit dem Denkmal einen Gefühlswert, der in Deutschland fast völlig verschwunden ist: la Patria, das Vaterland.

Bevor wir davon sprechen, bleiben wir aber noch einen Augenblick beim ›Vittoriano‹ – wie man das Nationalmonument normalerweise nennt. An seiner rechten Seite gibt es eine große, wehrhafte Türe. Darüber steht zu lesen: ›Museo Centrale del Risorgimento‹. Also eine Sammlung von allem, was sich aus der Zeit der Einigung Italiens an Dokumenten und Trophäen erhalten hat. Das Museum ist seit mehr als zehn Jahren geschlossen und harrt seiner Neu-Aufstellung.* Seine

*Reinhard Raffalt schrieb diesen Bericht 1964. Inzwischen wurde das Museum 1970 wiedereröffnet. (Anmerkung des Verlages)

Eingangstüre allein verrät, daß es existiert – und daß das Monument nicht nur eine Schauseite, sondern auch ein Inneres hat. Es gelang mir, dort einzudringen.

Die Hallen, in die man eintritt, sind öde und schwach beleuchtet. Zunächst begegnete ich einer Unmenge von Gips. Gipserne Rosse, gipserne Wagenlenker, üppige, leichtbekleidete Fackelträgerinnen und furchenstirnige Denkerköpfe, auch ein paar Modelle zum Entwurf des Ganzen sind da ziemlich verworren aufgebaut, zwischendrin findet sich auch einmal ein kleines Auto, das ein ehrfurchtsloser Custode inmitten der heroischen Reliquien geparkt hat. Im ersten Stock weite Räume, in denen beschriftete Kisten herumstehen. Aus dem Inhaltsverzeichnis entnahm ich, daß hier zum Beispiel ein allegorisch besticktes Taschentuch aufbewahrt wird, worauf zu lesen ist, es sei der Wille Gottes, Italien frei zu sehen. Vielleicht gehörte es zu der Uniform eines garibaldinischen Freiwilligen, vielleicht trocknete es die Tränen einer mit zahlreichen Kindern zurückbleibenden Gattin – wo hatte ich doch eine solche Szene schon einmal gesehen?

Ja – in einer Revue, in einem Musical, das ausschließlich der Garibaldi-Zeit gewidmet war. Der große italienische Volkssänger Domenico Modugno spielte darin einen Briganten, einen Räuberhauptmann, der durch die Liebe zum Patrioten wird und sich den Truppen Garibaldis zur Befreiung Neapels anschließt. Der Schluß der ganzen Sache war der Abschied des Helden – mit gesticktem Taschentuch.

Sie hätten das Publikum sehen sollen, bei dieser

Szene. Die Leute weinten und lachten und überschlugen sich vor Begeisterung. Mir wurde klar, daß in jedem Italiener heute noch irgendwo ein Garibaldiner steckt. Ich glaube nicht, daß es bei uns jemand gibt, der beim Gedanken an die Kaiserproklamation in Versailles noch in Gefühlswallung geriete. Aber für die Italiener waren die Befreiung von der Fremdherrschaft und die Einigung des Landes ein solches Ereignis, daß sich noch nach hundert Jahren jedermann persönlich daran beteiligt fühlt. Hier liegt ein ungeheurer Wesensunterschied zu uns, und wir täten gut daran, ihn nicht zu belächeln, sondern ernst zu nehmen.

In Italien ist der Nationalismus kein abgenützter Begriff. Das beginnt schon in der Sprache. Wenn ein Italiener ›noi‹ sagt, dann meint er: wir Italiener – im Unterschied zu allen anderen Menschen der Welt ›I Nostri‹ – die Unseren, das kann sein eine Fußballmannschaft, ein Sänger-Ensemble, eine politische Delegation, immer steht das ›wir‹ und das ›unser‹ für italienisch. Kein Italiener würde sagen ›gli Italiani‹, so wie wir ›die Deutschen‹ sagen, wenn wir uns über uns selbst ärgern.

›Noi‹ – das ist ein Begriff, den die Italiener erst am Anfang des vorigen Jahrhunderts kennengelernt haben. Und er hat seine einigende, stolze Wirkung bis heute nicht eingebüßt. ›Noi‹ – damit ist nicht nur die Gesamtheit der lebenden Italiener gemeint, auch Dante und Michelangelo, Marconi und Eleonora Duse sind mit eingeschlossen, und dazu kommt noch die Erde Italiens, das Meer und die Sonne.

In der vorhin erwähnten Revue gibt es eine Szene, in

der die Truppen Garibaldis in der Nacht Siziliens am Lagerfeuer zu sehen sind. Sie singen ein Lied von der Fahne des neuen, geeinigten Italien, und es beginnt mit den Worten: »Mit dem Weiß vom Schnee der Alpen, mit dem Rot vom Sonnenuntergang Siziliens, mit dem Grün der Täler der Toscana werden wir unsere Fahne schmücken ...«

Was ist damals geschehen, daß das Gedächtnis eines ganzen, keineswegs einheitlichen Volkes so lebendig daran hängen kann? Am Anfang des vorigen Jahrhunderts waren Venezien und die Lombardei ein Teil der Österreichisch-Ungarischen Monarchie. Die Toskana und Teile Mittelitaliens lebten unter Herrschern aus dem Hause Habsburg. Die Romagna, Umbrien, Rom und Latium bildeten den Kirchenstaat unter der weltlichen Souveränität der Päpste. Neapel, Süditalien und Sizilien waren ein eigenes, altes Königreich, in dem die Bourbonen die Krone trugen. Ein angestammtes italienisches Herrscherhaus regierte nur in Piemont und Sardinien. Es war das Haus Savoyen.

Die Aufstände begannen im österreichischen Herrschaftsgebiet – obwohl die Verwaltung vorbildlich war, der Wohlstand stieg und die Bevölkerung kaum unter Ungerechtigkeiten zu leiden hatte.

In Neapel begannen Geheimbünde ihre Wirksamkeit, die sich hinter den Symbolen des Köhlerhandwerks verbargen – ›i Carbonari‹. Dichter und Künstler verbreiteten den Geist des italienischen Patriotismus in flammenden Aufrufen, manche wanderten in die Gefängnisse der Fremdherrscher – so der Dichter Silvio Pellico auf den Spielberg nach Brünn. Der Einfluß der in Frankreich und Deutschland ins Werk gesetzten Revolutionen von 1830 und 1848 schürte das Feuer, und der König von Piemont, der das italienische Nationalgefühl in großartigem politischen Instinkt mit seiner Person und seinem Hause zu verbinden wußte, gab schließlich den Ausschlag.

Mit Hilfe der Franzosen unter Napoleon III. wurde in den Jahren 1859 bis 1861 in Italien große Politik gemacht, der General Garibaldi, der mit tausend Freiwilligen in Sizilien landete und wenig später ganz Unteritalien von den Bourbonen befreit hatte, wurde der nationale Heros des Landes, und als 1870, inmitten des Ersten Vatikanischen Konzils, Papst Pius IX. auf der Peterskriche die weiße Fahne der Unterwerfung hissen ließ, war Italien zum ersten Mal in seiner Geschichte eine Nation, ein Staat – und auch ein Volk.

Es handelte sich bei der Einigung Italiens nicht nur um die Beseitigung fremder Herrschaften, sondern auch um die Erringung des Gemeinschaftsbewußtseins aller Menschen, denen die italienische Sprache Muttersprache war. Noch heute sind die Landschaftsgegensätze in Italien unglaublich tief. Ein Lombarde und ein Sizilianer sind von Natur aus so verschieden veranlagte Menschen, daß ein Süddeutscher und ein Norddeutscher dagegen wie Brüder erscheinen. Nur die Sprache und der Stolz, eine Nation zu sein, verbinden die Italiener zu einem völkischen Bewußtsein. Um so erklärlicher ist es, daß das italienische Nationalgefühl so sensibel und verwundbar ist.

An der Einigung Italiens war die Blüte der Nation beteiligt. Neben den Politikern, Staatsmännern, Dichtern und Generälen drang damals ein Mann in das italienische Nationalbewußtsein ein, dessen Namen heute die ganze Welt verehrt: *Guiseppe Verdi.*

Im Jahre 1842 führte man zum ersten Mal seine Oper Nabucco auf. Der Gegenstand der Handlung ist dem Alten Testament entnommen und umfaßt das Schicksal der Juden in Babylon. An einer bestimmten Stelle singen die gefangenen Juden einen Chor der Hoffnung auf die Freiheit, in dem fast kein lauter Ton erklingt. Alles ist Anspannung, leise Entschlossenheit, Zuversicht eines verschwörerischen Patriotismus. Als das Publikum unter den Augen der österreichischen Besatzung das Stück zum ersten Mal hörte, geriet es außer Rand und Band. Man mußte den Chor wiederholen, und Augenzeugen berichteten, es sei niemand im Theater gewesen, der sich nicht von diesem heimlichen Freiheits-Appell unmittelbar berührt gefühlt hätte.

Wie harmlos klingt das heute – wenigstens für uns. Aber täuschen wir uns nicht. Für ein italienisches Ohr ist dieser revolutionäre Sinn der Verdischen Komposition immer noch Gegenwart. Der Risorgimento ist in Italien nicht ein Abschnitt der Geschichte, sondern ein allgemeines, fortdauerndes Schicksal. Der Verlauf der Partisanenkämpfe im Zweiten Weltkrieg ist ohne den Risorgimento nicht denkbar. Und die Musik hat heute noch ihre patriotische Funktion nicht verloren. Als es nach dem Zweiten Weltkrieg um das Schicksal von Triest ging, verbreitete sich in Italien ein Schlager, der völlig aus dem Gefühl jener Einigungszeit geboren ist. Oberflächlich betrachtet klingen seine Worte harmlos: »Fliege, meine Taube, fliege und sage ihr, daß sie niemals mehr allein sein wird«. Das kann die Situation eines jungen Mannes sein, der von seiner Geliebten getrennt ist. Die aber, die wissen soll, daß sie nicht mehr allein ist, heißt Triest.

Aber kehren wir noch einen Augenblick zu Verdi zurück. Er war ein glühender Italiener, obwohl er es immer abgelehnt hat, seine Kunst politisch ausgedeutet zu sehen. Als die Volksabstimmung für den Anschluß Zentralitaliens an Piemont durchgeführt wurde, befand sich Verdi in Busseto. Mit einer Blaskapelle holte man ihn zur Kirche Sant'Agata, die als Wahllokal diente. Ein Augenzeuge beschreibt die Szene:

»Als er endlich am Eingang der Kirche erschien, um seine Stimme abzugeben, brach ein Beifall los, der nur noch ein Schrei zu sein schien, und wenn ich daran denke, sehe ich mich selbst wieder inmitten der Menge, in die Hände klatschen und ›Viva Verdi‹ rufend, und die Augen füllen sich mir mit Tränen. Dieses Genie, der Ruhm, das Vaterland, Gott, das befreite Italien, unser Italien, dessen Namen auszusprechen noch vor kurzen ein Verbrechen gewesen war ... alle diese Gefühle vereinigten sich, begeisterten unsere Seelen, beflügelten unser Herz und befreiten sich endlich in einem Schrei, wie man ihn nie mehr wieder hören wird.«

Dies geschah zu Ehren eines Mannes, der nicht müde wurde, mit seiner Musik, in allen möglichen Verkleidungen, die Befreiung Italiens zu verherrlichen.

Was Verdi gelang: nicht nur den Adel, auch die Macht, die Monumentalität des patriotischen Gefühls zu zeigen, glückte den Erbauern des National-Monuments weit weniger. Immerhin haben sie versucht, jenes flammende Pathos in Stein umzusetzen, das die nationale Erhebung Italiens beseelte.

Daß es mißglückte, liegt zum Teil am Zeitpunkt der Errichtung des Denkmals. Als man den Grundstein legte, war die Mühe vorbei, die Arbeit getan – und der mächtigste Gegner des Risorgimento, der Papst, saß grollend, ein freiwilliger Gefangener, im Vatikan und mußte zusehen, wie sich auf dem Kapitol ein Monument erhob, das die Peterskirche in den Schatten stellen sollte. Als es fertig war, befand sich Italien im Zustand der Erbschaft des Risorgimento, es wollte der Welt den Ruhm zeigen, den Väter und Großväter erworben hatten.

Gegenüber dem getürmten Aufwand an Marmor und Bronze wirken die Reliquien und Trophäen, die im Museum auf ihre Wiederaufstellung warten, armselig, bescheiden, aber echt und eindrucksvoll. Von ihnen, nicht von dem künstlichen Prunk der Schauseite geht jener Geist aus, der den Nationalstolz Italiens geboren hat.

Es gibt eine Art zweiter Nationalhymne Italiens: ›La Leggenda del Piave‹. Der Piave ist ein Fluß in Oberitalien, der sowohl in den Kämpfen des Risorgimento gegen die Österreicher, als auch im Ersten Weltkrieg eine historische Rolle spielte. Das Lied endet mit den bezeichnenden Worten: »Und der Piave murmelt leise: hier kommt der Fremde nicht mehr weiter.«

›Lo straniero‹, der Fremde – das ist seit dem Risorgimento ein neuralgischer Begriff in Italien. Wer auch nur einen Fußbreit italienischen Bodens mit seiner Macht beherrscht, begeht ein Sakrileg. Kein Volk hat einen solchen Sinn für die Heiligkeit und die Unantastbarkeit seines Territoriums entwickelt. Und aus diesen Quellen kommt die tiefe innerliche Entrüstung, die in allen Italienern entsteht – ob sie es zeigen oder nicht – wenn ein Fremder sich auf italienischem Boden benimmt, als ob er zu Hause wäre. Mit jedem Ausländer, der – manchmal in naiver Unbefangenheit – ein moralisches Recht auf italienische Dinge oder italienisches Leben geltend macht, erwacht aufs neue das Gefühl, dem schon Papst Julius II. dreihundert Jahre vor dem Risorgimento beredten Ausdruck gab: »Fuori i Barbari – Hinaus mit den Barbaren!«

Als Ausländer ein Heimatrecht in Italien zu erwerben, gelingt nur dann, wenn man bereit ist, Gast zu sein und es zu bleiben. Was man ernten wird, ist Freundschaft, eine Freundschaft ohne Neid, ohne Falsch, ohne Hintergedanken, die über alle politischen Fährnisse hinweg bestehen bleibt. Auch dies – das Bewußtsein der Freundschaft, des Zusammenhalts in Gefahr, ist eine Blüte des Risorgimento, auch sie finden wir verherrlicht durch Guiseppe Verdi.

Aber nicht nur die Auffassung von Freundschaft, auch das Ideal der Liebe, das heute noch in Italien verbreitet ist, hat viele Wurzeln in der Geschichte der italienischen Einigung. Bis zum Ende des 18. Jahrhunderts war in Italien die Liebe eine Angelegenheit des

Glücks. Im Risorgimento wurde sie ein Gegenstand des Heroismus. Der Widerstreit von Pflicht und Neigung, der Ruf des Vaterlandes, der dem Ruf des Herzens widerspricht, der tragische Zwiespalt in der Seele Aidas, die den Mann, den sie liebt, als Feldherrn zur Vernichtung ihrer Heimat ausziehen sieht – dies alles hat Tausende anonymer Vorgeschichten in jenen bewegten Jahrzehnten, da auf dem Boden Italiens sich Heere, Revolutionskommandos, Freiwilligenverbände und ausländische Truppen bekriegten und besiegten. Seit jenen Tagen ist in Italien die heroische Liebe gleichbedeutend mit dem Verzicht. Das Vaterland beansprucht seither das stärkere Gefühl.

Und schließlich ist noch etwas aus dem Risorgimento lebendig geblieben in den Italienern – das heikelste Problem ›i preti‹. ›Il prete‹, das ist der Geistliche – im Gegensatz zum ›Sacerdote‹, dem Priester. Am Anfang des Risorgimento hatten viele gehofft, der Papst würde sich an die Spitze der Einigungs-Bewegung stellen. Als dies mißlang, kehrte sich der Groll der Nationalisten gegen den Vatikan und seine Anhänger, man unterwarf den Papst, befreite Rom von der geistlichen Herrschaft und duldete das Wirken des Klerus nur noch mit Mißtrauen.

Heute ist das längst vorbei, geblieben ist aber ein gewisser Vorbehalt gegen alles, was die Soutane trägt. In manchen Gegenden Italiens wurzelt dieses Mißtrauen so tief, daß es in den Aberglauben des Volkes Eingang gefunden hat: Man macht das Abwehrzeichen gegen den bösen Blick, wenn man einem Geistlichen begegnet. Dabei ist das Land katholisch geblieben – die Frömmigkeit wurde von all dem nicht berührt. Doch ist – zum Beispiel in Rom – noch immer unvergessen, daß die Angehörigen des vatikanischen Hochadels, die Fürstenfamilien, aus denen Päpste hervorgegangen sind, vom Tage der Eroberung Roms durch Garibaldi an bis zum Abschluß des Lateranvertrages, also durch 59 Jahre, Fensterläden und Portale ihrer Paläste geschlossen hielten. Auch für diesen sehr ernsten Gegensatz zwischen der Kirche und dem Risorgimento finden wir eine grandiose Dokumentation bei Verdi, in der Begegnung zwischen König Philipp und dem Großinquisitor, in der Oper ›Don Carlos‹.

Diesem Großinquisitor, dem autoritären Vertreter kirchlicher Macht, merkt man allerdings nicht mehr an, welche weltlichen Zustände im Kirchenstaat er mit seiner Würde zu bedecken hatte. Denn es gab nicht nur die ›Preti‹, es gab auch – und sie lebten unter dem Krummstab keineswegs schlecht – es gab auch die ›Briganti‹. Im Süden von Rom, in den Pontinischen Sümpfen, in den Abruzzen, bis weit hinein ins Neapolitanische trieben sie ihre bösen Scherze, raubten, plünderten, erpreßten. Die Päpste gingen gegen sie vor, der König von Neapel schickte vierzigtausend Mann gegen sie – aber wirklich erledigt hat sie erst Garibaldi, dem sie in Scharen zuliefen, Straffreiheit erhoffend – und vielfach auch erhaltend.

Das Räuberleben – was kann es Schöneres geben? – hat heute in der Erinnerung der Italiener eine gewisse Verklärung erfahren – der ›Brigante generoso‹, der großherzige Räuberhauptmann ist eine romantische

Figur geworden – und als solcher taucht er auch in der eingangs erwähnten garibaldinischen Revue auf. Und er bietet, inmitten des ganzen nationalen Selbstgefühls, ein herrliches Objekt zu Ironie und Persiflage.

Diese Gedanken kamen mir in den verlassenen, gruftartigen Sälen des verpackten Risorgimento-Museums, im Bauch des National-Monuments.

Als ich wieder heraustrat in das weißflimmernde Sonnenlicht und an den vielen pathetischen Reliefs entlangging – wußte ich plötzlich, daß das ruhmsüchtige letzte Jahrzehnt des vorigen Jahrhunderts an dem Monument eine Figur vergessen hatte, die wichtiger wäre, als alle die symbolischen Verkörperungen des italienischen Heroismus: den ›Cantastórie‹ – den Geschichten-Sänger, der von einer Generation zur andern die Erzählung der Schicksale weitergibt, aus deren leidenschaftlichem Verlauf sich endlich die Nation Italiens wie der Phönix aus der Asche in das Licht der Geschichte erhoben hat. Daß seine Melodie von leichter Melancholie getragen wird, soll nur besagen, wie sehr auch im größten Siege noch die Vergänglichkeit des menschlichen Bemühens eingeschlossen ist.

›Grave‹

DER TAG EINES PAPSTES

Die Morgendämmerung über der Stadt Rom wird zur Frühjahrszeit begleitet von einem rhythmischen Glockenschlag, der sich als ein feines Netz von Läutwerk über die sieben Hügel ausbreitet; leise genug, um die Schläfer nicht aufzustören und genügend vernehmbar, um denen, die wach sind, den Tag zu verkünden.

Wenn über dem Kolosseum das Frühlicht heraufkommt, beginnt der ehrwürdige Campanile von Santa Maria Maggiore zu schlagen; die dünnen Stimmen des Turmes vom ›Heiligen Petrus in Ketten‹ fallen ein; aus dem burgartigen Geviert des Palazzo Venezia dringt die Markus-Glocke hervor; vom Kapitol herunter läutet Aracoeli, und über dem Grabe des heiligen Ignatius tönt die Glocke von Gesù. Die Kirche der heiligen Agnes im alten Stadion des Kaisers Domitian erreicht mit ihrem Schall die Ufer des Tiber – und endlich verkündet auch die Basilika des heiligen Petrus im Vatikan die Zeit des Morgengebetes.

Das ist der Augenblick, in dem die Peterskuppel, noch von der Nacht her schwach erleuchtet, wie eine große blasse Sonne über dem Westen schwebt, bevor sie im steigenden Licht die Festigkeit des Steines wiedergewinnt. Einen Moment lang zwischen Tag und Nacht scheint die ungeheure Steinfrucht über dem Apostelgrabe ein durchsichtiges, von innen her durchstrahltes

Gebilde zwischen Himmel und Erde zu sein; Rom hat keinen feierlicheren Augenblick. Versetzen wir uns zurück in einen der ersten Märztage des Jahres 1956. Der soeben beschriebene feierliche Augenblick fiel auf die Minute genau zusammen mit dem Öffnen der Türe, durch die der achtzigjährige Papst von seinen Privatgemächern her im dritten Stockwerk des Apostolischen Palastes die Hauskapelle betrat.

Um diese frühe Stunde ist in der Vatikanstadt noch alles ruhig. In den schwach erleuchteten Gängen der Sacri Palazzi Apostolici hallt der gemessene Schritt der Schweizer Garden, die die Runde machen. In der Sakristei der Basilika sind zwei Mesner damit beschäftigt, die Meßgewänder und die liturgischen Geräte für eine große Zahl von Geistlichen vorzubereiten, die heute – aus vielen Ländern kommend – am Grabe des Apostels Petrus zelebrieren werden. Noch sind die Türen des Vatikanischen Geheimarchivs verriegelt, und der Palast des Heiligen Offiziums, der Sitz der Kongregation für die Reinerhaltung des Glaubens, zeigt noch kein Licht. Die Fensterläden des Staatssekretariats sind geschlossen, die Funktürme der Vatikanischen Radiostation werfen noch ihre rotblinkenden Signale in den ergrauenden Himmel, und nur aus dem Äthiopischen Kolleg, dem einzigen Priesterseminar innerhalb der Vatikanstadt, ertönen die Morgengebete.

Der Vatikan wird auch untertags schweigsam bleiben, auch heute. Sein Lebensgeräusch gleicht in gewissem Sinne dem Surren eines Hochfrequenz-Generators, leise, stetig und unerklärlich; Zeichen einer auf engstem

Raum konzentrierten, sicher gesteuerten Energie von nicht meßbarer Kraft. Die tagsüber in den Vatikan eindringenden Menschenströme werden in abgedichtete, traditionelle Bahnen geleitet – in die Audienzsäle und in die Vatikanischen Sammlungen – und ihr lärmendes Getriebe dringt nicht in die Bezirke ein, von denen das Kirchenregiment seinen Ausgang nimmt.

In der päpstlichen Hauskapelle herrscht Schweigen. Der Heilige Vater kniet auf einem Betschemel vor dem kleinen Altar; niemand ist bei ihm, und um diese Stunde scheinen die kilometerlangen Gänge, die Hunderte von Zimmern und Sälen, die Treppenhäuser, Säulenhallen und Höfe und die zinnenbewehrten Mauern eine einzige, durch viele Jahrhunderte geduldig und kompliziert errichtete Befestigung zu sein, um das Oberhaupt der katholischen Kirche im konzentriertesten Augenblick des Tages – beim Gebet – vor der Welt in Schutz zu nehmen.

Wie jeder einfache Priester beginnt auch der Papst seine Vorbereitungen zur Messe mit einer Betrachtung, deren Gegenstand er sich selbst auswählt. Niemand weiß bis jetzt, was heute morgen das Thema dieser Betrachtung war. Aber es könnten die Worte sein, mit denen das Eingangsgebet der heutigen Messe beginnt und die Pius XII. wie kein anderer Papst auf sich beziehen könnte: Ego autem apparebo cum iustitia in conspectu tuo – ich aber werde vor Dir erscheinen in Gerechtigkeit.

Als der Kardinal Eugenio Pacelli am 2. März 1939 als Pius XII. aus dem Konklave hervorging, wählte er zu seinem Wappenspruch die Devise: ›Opus iustitiae Pax‹ –

›Der Friede ist ein Werk der Gerechtigkeit.‹ Alle, die sich des Vorzugs rühmen durften, Mitarbeiter dieses Papstes zu sein, bestätigen übereinstimmend das universale Rechtsgefühl Pius' XII., seine Auffassung, die Justitia sei die göttliche Kraft, der die Weltgeschichte das Fortschreiten verdankt, und seine Überzeugung, daß erst mit der Vollendung der Welt am Jüngsten Tage auch die Gerechtigkeit vollendet sein werde. Bis dahin bringt in der Verantwortung des Oberhirten der katholischen Christenheit das Mißverhältnis zwischen der Gerechtigkeit und der Wirklichkeit ein Maß an Leiden hervor, dem man nur mit einem Übermaß an Wachsamkeit, Nüchternheit, Geduld, Diskretion, Einsicht und Verzicht begegnen kann – in einem Wort: mit dem Glauben. Als Pius XII. in einer Audienz einmal einen kleinen römischen Jungen fragte, was er später werden wolle, bekam er zur Antwort: »Ich möchte Papst werden«. Die Umstehenden bezeugen, sie hätten niemals bei einem Menschen den momentanen Ausdruck einer solchen Trauer beobachtet wie bei dem Papst, als er sich mit den Worten abwandte: »Oh, armes Kind«.

Um 7.15 Uhr morgens betrat der Kammerdiener die Hauskapelle, um dem Heiligen Vater beim Anlegen der liturgischen Gewänder zu helfen und bei der Messe zu assistieren. Die Farbe des Meßgewandes vom Tag ist die Farbe der Fastenzeit, violett – die Farbe der Buße.

In sie gekleidet schritt der Mann, der sein Leben auf dem Stuhle des Petrus als eine stellvertretende Bußübung auffaßt, über die Lesung der Geschichte Josephs und seiner Brüder zum Evangelium des heutigen Tages fort:

In jener Zeit sprach Jesus zu den Scharen der Juden und Hohenpriester folgendes Gleichnis: »Ein Hausvater pflanzte einen Weinberg, umgab ihn mit einem Zaun, grub darin eine Kelter und baute einen Turm. Dann verpachtete er ihn an Winzer und verreiste. Als die Zeit der Weinlese kam, schickte er seine Knechte zu den Winzern, damit sie die Früchte in Empfang nehmen sollten. Die Winzer jedoch ergriffen seine Knechte: den einen schlugen sie, den anderen töteten sie, den dritten steinigten sie. Wieder schickte der Hausvater Knechte, diesmal mehr als vorher. Aber die Winzer verfuhren mit ihnen ebenso wie mit den früheren. Zuletzt sandte er seinen Sohn zu ihnen, indem er dachte: vor meinem Sohne werden sie Ehrfurcht haben. Als aber die Winzer den Sohn erblickten, sprachen sie untereinander: das ist der Erbe, kommt, wir wollen ihn umbringen und sein Erbe in Besitz nehmen. Und sie ergriffen ihn, stießen ihn zum Weinberg hinaus und töteten ihn«.

»Homo erat paterfamilias« – mit diesen Worten beginnt das Evangelium – »es war einmal ein Hausvater«. Heute noch wird der Papst der Paterfamilias der Christenheit genannt; in dem gleichen Sinne, in dem das Wort in der römischen Antike gebraucht wurde: nicht nur als Ernährer und Erhalter der Seinen, sondern als ihr Gesetzgeber, ihr väterlicher Lehrer, ihr gütiger Richter. So haben sich bis hinauf zum Gipfel der kirchlichen Hierarchie die besten Grundlagen des römischen Heidentums in der christlichen Wahrheit erhalten, die stets auch eine menschliche Wahrheit ist.

Der Hausvater trägt nicht nur die Würde, er trägt auch die Last seiner Stellung; und was dem Paterfamilias im Evangelium des heutigen Tages mit seinen Winzern widerfuhr, das ist den Päpsten im Laufe der Geschichte selten erspart geblieben: den einen schlugen sie, den anderen töteten sie, den dritten steinigten sie.

So war es dem Pontifikat Pius' XII., vorbehalten gewesen, die Zerstörung der kirchlichen Organisation in China zu erleben. In den Zeiten der Krise schützt die Stufenfolge von Instanzen, die um den Heiligen Vater aufgebaut ist, den Papst nicht vor den verzweifelten Hilferufen, die auch aus den fernsten Teilen der Welt zu ihm dringen.

Die Katholische Kirche gestattet es ihren Priestern nicht, bei der Feier der heiligen Messe an einer beliebigen Stelle innezuhalten und betrachtend oder kommentierend zu verweilen. Nur an zwei bestimmten Punkten der Liturgie darf der Priester persönliche Gebete einfügen: beim Gedächtnis der Lebenden vor der Verwandlung von Brot und Wein, und beim Totengedenken nach der Konsekration.

Die Messe des Papstes, die normalerweise wie die eines jeden Priesters etwa eine halbe Stunde dauern sollte, dehnte sich manchmal bis zu einer vollen Stunde aus, weil Pius XII. in äußerster Gewissenhaftigkeit die Wünsche nach Gebetseinschließung zu erfüllen trachtete, die auf den verschiedensten Wegen zu ihm gelangen.

Da rief eine Frau während der großen Audienz in der Benediktionsaula von Sankt Peter aus der Menge heraus dem Papste zu: »Heiliger Vater, beten Sie für meinen Sohn in Rußland.« Ein junger Missionar ging zu den aufständischen Tuaregs in den Süden der Sahara. Ein Bischof, gezeichnet von Folter und Kerkerhaft in China, forderte das Gebet des Papstes für die zurückgebliebenen Katakomben-Christen. In Ost-Afrika brachen zwei Nonnen in einem Lepradorf unter der Last der Fürsorge um die hoffnungslosen Schwerkranken zusammen. Eine römische Familie, die der Papst seit Jahrzehnten kennt, hatte eine Tochter, deren Ehe zerrüttet ist. In der Stadt Jerusalem bekriegten sich zwei nichtchristliche Staaten, während die größten Heiligtümer der Christenheit infolge einer erbitterten, sektiererischen Rivalität von verschiedenen christlichen Bekenntnissen zu verwahrlosen drohten.

Im Memento der heiligen Messe drängt sich die ganze geistliche und menschliche Sorgenlast eines Mannes zusammen, der aus der Antike den Titel des obersten Priesters übernommen hat, des ›Pontifex maximus‹. Pontifex heißt: der Brückenbauer.

Um 7.30 Uhr, nach Beendigung der heiligen Messe und der Danksagungsgebete, begibt sich der Papst in sein Wohnzimmer und nimmt ein leichtes Frühstück ein. Früher bestand es nach Landesart in der Hauptsache aus einem Cafè latte, dem italienischen Milchkaffee, und frischem Gebäck; seit seiner Krankheit ißt der Heilige Vater eine leichte Suppe und ein oder zwei Bisquits. Dabei hört er die Morgennachrichten von Radio Italiana. Dann öffnet er die vier Vogelkäfige, die Vögel fliegen heraus. Der Heilige Vater füllt ein Glas mit Wasser, die Vögel trinken daraus, es ist eine winzige franziskanische Atempause vor dem Abrollen eines ungeheuren Tagewerkes, in dem genau sechs Stunden und fünfzehn Minuten für den Schlaf und dreißig Minuten für die Mittagspause vorgesehen sind. Nur mit der Uhr in der Hand ist es möglich, den Tag eines Papstes ohne Versäumnis zu bestehen. In dieser Hinsicht gleicht der Papst dem ärmsten Mönch aus dem strengsten Orden der Kirche, dessen Tag eine ununterbrochene Folge von strikten Befehlen ist. Jeder unter dem Papst dienende Prälat hat im Vergleich zu ihm ein geradezu freizügiges Leben.

Dabei hat der Papst die Pflicht, jedem von den vielen Menschen, die er täglich sieht, das Gefühl mitzugeben, etwas Besonderes empfangen zu haben. Er muß stets der Gebende sein. Nach dem Urteil aller Besucher erfüllte Pius XII. diese Pflicht mit einem großen und ganz persönlichen Charme. Um das zu können, informierte sich der Papst genau über seine Besucher; über ihre Herkunft, ihre Pläne und ihren Charakter, auch über ihre Wissensgebiete und Interessen – er hatte eine niemals ermüdende Fähigkeit zur Kontaktbildung entwickelt, und in allem, auch in scheinbar geringen Dingen, vertrat er mit Virtuosität und Überlegenheit die Belange der Kirche. Das bedeutete eine ununterbrochene Konzentration auf das Notwendige, eine niemals versagende Kontrolle seiner Gedanken und Reaktionen; es zwang zu Kürze und Prägnanz des Ausdrucks, und erforderte das stets wache Bewußtsein, daß unter Umständen auch das geringste Wort, das beiläufigste Eingreifen geschichtliche Konsequenzen haben kann.

Das Tagewerk eines Papstes mit seinem fast übergangslosen Wechsel von Aufgaben verlangt die Ausschaltung allen Gefühls, wo es um sachliche Entscheidungen geht; es ist bekannt, daß der Papst am Telefon sofort einhängte, sobald das rein sachliche eines Gesprächs erledigt war.

Der Vatikan ist aber nicht nur das exakt arbeitende Gehirn eines weltumspannenden Apparates, der Vatikan ist auch ein durch das Weltgeschehen nicht verletzbarer Kraftspeicher, ein geheimnisvoller Teil der übernatürlichen Grundgestalt der Kirche. Das alles ist enthalten im Tag eines Papstes: Die stete Balance in dem unaufhörlichen Ineinanderwirken von Welt und Geist, von offenbarter Wahrheit und natürlicher Erfahrung; die Fähigkeit, im täglichen Weltgeschehen die Wirkungen des göttlichen Planes anzuerkennen; die nüchterne Beurteilung der Möglichkeiten des Christentums, und eine weise Behutsamkeit im Aufstellen von Grundsätzen – die ja dann für die Erzdiözese München–Freising etwa genauso Geltung haben müssen wie für den Steyler Missionar, der im Inneren Neu-Guineas etwa einen unbekannten Volksstamm entdeckt hat; Grundsätze also, die nicht nur jetzt, die auch noch in den nächsten Jahrhunderten bestehen müssen. Unter der Voraussetzung, daß die Kirche keineswegs nur ein Teil der Weltgeschichte ist, sondern über alles hinweg eine heilsgeschichtliche Funktion hat, erklärt es sich, daß dem Papst der Titel ›Stellverteter Jesu Christi‹ beigegeben wird, dem man in Rom die Worte anfügt: ›gloriosamente regnante‹ – ›glorreich regierend.‹ ›Glorreich‹ bezieht sich hier nicht auf das Leben oder die Regierung des

Papstes, sondern auf die Gloria Dei als den letzten Sinn aller Geschichte.

Um 8.45 Uhr öffnete sich die Tür zum Arbeitszimmer des Papstes, ein Monsignore trat ein und kniete nieder. Es war der Substitut des Staatssekretariats, der für die internen Angelegenheiten des Vatikans, für die sogenannten ›Affari Ordinari‹ zuständig war.

Pius XII., der lange Jahre als Kardinal dem Staatssekretariat vorstand, hatte in seinem Pontifikat nach dem Tode von Kardinal Maglione die Funktionen des Kardinal-Staatssekretärs wieder selbst übernommen. Es war der Posten, dessen Ansehen in der Welt durch ihn so sehr vermehrt wurde. Die beiden höchsten Beamten des Staatssekretariats, dieses wichtigsten päpstlichen Ministeriums nach dem Heiligen Offizium, waren damals die Pro-Staatssekretäre, von denen der eine vergleichsweise das Amt eines Innenministers, der andere das eines Außenministers bekleidete. Beide Prälaten hatten täglich Audienz beim Heiligen Vater, und zwar immer vor allen anderen Besuchern. Was in dieser ersten Arbeitsstunde des Papstes behandelt wurde, waren die Angelegenheiten der Kirche in der Welt. Die Berichte der Nuntiaturen, der päpstlichen Vertretungen bei den Regierungen der verschiedenen Länder, wurden dem Papst vorgelegt. Sie sind zumeist in italienischer Sprache abgefaßt und enthalten keinerlei Anrede oder Höflichkeitsformel. Nur ganz selten geschah es, daß der Papst an den Rand der Schriftstücke Bemerkungen schrieb, wie sie bei anderen Päpsten berühmt geworden sind; er gab zumeist nur einen mündlichen Kommentar, zeigte allerdings dabei oft über Jahre hinweg ein erstaunliches Gedächtnis. Man weiß, daß er schon als Schüler auf dem römischen Gymnasium ganze Schulstunden im Wortlaut nachschreiben konnte.

Solche Nuntiaturberichte können deutlich zeigen, wie sehr das Weltgeschehen in das Leben der Kirche eingreift, wie elastisch die Kirche darauf reagieren kann und wie viele Rücksichten von ihr täglich bedacht werden. Lassen Sie mich dafür einige Beispiele geben:

In Afrika hatten sich die Gebiete Nyassa, Nord- und Südrhodesien zu einer Zentralafrikanischen Union zusammengeschlossen. Bis dahin waren diese Länder, in denen zahlreiche Missionare tätig waren, als apostolische Vikariate verwaltet worden. Sie hatten der Kongregation der ›Propaganda fide‹, dem päpstlichen Ministerium der Glaubensverbreitung unterstanden. Die neue Union hatte nun den Papst veranlaßt, in diesen Gebieten den missionarischen Status aufzuheben und die kirchliche Hierarchie in ihrem normalen Leben einzuführen, mit Bistümern und Sprengeln, Bischöfen und Pfarrern. Ein solcher Schritt hatte natürlich auch seine politischen Konsequenzen: Die Rechtsstellung der Bischöfe, die ungehinderte Ausübung katholischer Lehrtätigkeit an Schulen und Seminaren, die Freiheit der Ausübung des Kultes mußten von der Regierung des neuen Staatsgebildes garantiert werden. Solange das Gebiet von apostolischen Vikaren verwaltet worden war, waren zum Beispiel die Inhaber dieses Amtes versetzbar. Gewählte Bischöfe hingegen sind an ihren Ort gebunden; sie wurden natürlich im Falle Zentralafrikas immer mehr aus den Reihen der Eingeborenen-Priester genommen.

Ein anderer Nuntiaturbericht stellte beispielsweise die Maßnahmen dar, mit denen die Regierung Indiens unter gleichzeitiger Versicherung der vollständig ungehinderten Religionsübung die Einreise katholischer Missionare nach Indien zu verhindern gesucht hatte. Ein solcher, im Nebel zwielichtiger diplomatischer Mitteilungen verschwimmender Fragenkomplex konnte einmal, zum Beispiel bei einem Staatsbesuch des indischen Premierministers im Vatikan, Gegenstand eines Gesprächs auf höchster Ebene werden.

Aus Südamerika traf der Bericht des Argentinischen Nuntius über die Beziehungen der Kirche zu der Nachfolgeregierung Juan Perons ein.

Oder: Der Heilige Vater hatte sich entschlossen, dem Deutschen Bundeskanzler Konrad Adenauer den Orden vom Goldenen Sporn zu verleihen; die dazugehörige Urkunde wurde ihm zur Unterschrift vorgelegt. Es ist vielleicht interessant, den Wortlaut gerade dieser Urkunde zu lesen, in der Übersetzung aus dem Lateinischen. Zugleich ist dieses Dokument ein Beispiel für den kurialen Stil, der auch in der Übersetzung manchmal noch an die Formen antiker Rhetorik erinnert:

Geliebter Sohn, Gruß und Apostolischen Segen.

Gern ergreifen Wir eine Gelegenheit, denen, die gemäß dem ihnen übertragenen Amt Staaten in rechter Weise lenken, Unsere Zuneigung zu erzeigen und ihnen eine besondere Ehrung zu erweisen.

Um so lieber tun Wir das, wenn Inhaber eines so bedeutenden Amtes sich auch durch ihren Glauben auszeichnen. Denn christliches Leben und Wirken der Regierenden trägt in hohem Maß zu einem echten Frieden der Völker, zu deren Glück und wahrem Fortschritt bei.

Da Wir nun von Dir wissen, daß Du schon seit mehreren Jahren der deutschen Regierung vorstehst und Dich großen Ansehens erfreust, gefällt es Uns, Dich in öffentlicher Anerkennung Deiner Verdienste durch einen hervorragenden Ehrentitel auszuzeichnen.

So erwählen, ernennen und erklären Wir Dich durch dieses Schreiben zum Ritter des Ordens der MILITIA AURATA *oder vom Goldenen Sporn und nehmen Dich in die aller Ehren volle und einzigartige Gemeinschaft und Zahl dieser Ritter auf. Wir gestatten Dir deshalb, geliebter Sohn, die den Rittern dieses Ordens zustehende Kleidung anzulegen und seine besonderen Insignien frei und ungehindert zu tragen, nämlich den silbernen Stern auf der linken Seite der Brust anzuheften, und das goldene, achteckige gelb emaillierte Kreuz, das in der Mitte den erhabenen Namen der Jungfrau Maria trägt, oben von einer Waffentrophäe und unten von einem goldenen Sporn geziert ist und an einer goldenen Kette hängt.*

Damit aber beim Tragen sowohl der Kleidung als auch dieses Kreuzes und Sternes sich kein Unterschied ergebe, lassen Wir Dir die beigefügten Anweisungen überreichen.

Gegeben zu Rom Sankt Peter, unter dem Siegel des Fischerringes, am achtundzwanzigsten Tag des Monats Dezember, im Jahre 1955, dem siebzehnten Unseres Pontifikats.

PIUS PP. XII.

Das waren ein paar Themen, wie sie in der Morgenkonferenz zwischen dem Papst und den beiden Pro-Staatssekretären besprochen worden waren. Der Umgangston, der bei diesen Gesprächen gepflogen wurde, war sachlich und unzeremoniös. Die beiden Pro-Staatssekretäre waren beinahe die einzigen Persönlichkeiten im Vatikan, die von dem Zeremoniell des päpstlichen Hofes, wenn nicht ganz, so doch weitgehend entbunden waren.

Vatikanische Diplomatie – das war von jeher in der Welt ein von Bewunderung wie von Anfeindung begleiteter Begriff. Tatsache ist, daß die Kunst der glatten Zunge, der unverbindlichen, wachsamen und geschliffenen Rede, die Kunst einer ebenso leisen wie brillanten Höflichkeit, das Sicheinstellen auf die jeweilige Qualität des Gegenüber auf den glatten Marmorböden des Vatikans mit größerer Virtuosität geübt wird, als irgendwo anders in unserer Welt, in der die Diplomatie immer mehr gröberen, demagogischen Mitteln weichen muß.

Es gibt in Rom verschiedene Kollegien – meist nüchterne und unkomfortable Stätten – von gewandten und weltoffenen jungen Priestern bevölkert, aus deren Reihen die diplomatischen Vertreter des Vatikans in die Welt gesandt werden.

Pius XII. hatte schon als junger Geistlicher jenes Erziehungsgeheimnis der höheren Ränge katholischer Priesterschaft erfahren, das, abgesehen von der selbstverständlichen theologischen und philosophischen Bildung, hauptsächlich in der vielfältigen Übung einer einzigen Tugend besteht: der Tugend der Diskretion.

9

BLICK ÜBER DIE DÄCHER

BEI SANTA MARIA DELLA PACE

Lavierte Federzeichnung von
Marianne von Werther
im Besitz der
Künstlerin

Diskretion im vatikanischen Sinn ist nicht nur sympathische Mischung von Takt, Schweigsamkeit und Mitgefühl – Diskretion ist hier gemeint im Sinne einer ganz persönlichen und kritischen Unterscheidungsgabe, und das ist nicht nur eine Eigenschaft, sondern das Programm einer Lebenseinstellung.

Pius XII. besaß den bis zur äußersten Sensibilität ausgebildeten Spürsinn für die kaum noch erkennbare Grenze, wo die Schwächen im menschlichen Charakter ihren Anfang nehmen.

Die Tugend der Diskretion in dieser tieferen Bedeutung ist in der vatikanischen Diplomatie stets auch als Lehrmeisterin für das Verständnis der Weltgeschichte betrachtet worden. Nur eine solche klare Fähigkeit der Unterscheidung setzt die vatikanische Diplomatie in die Lage, die Irrtümer, Fehler und Schulden, die irgendwo in der Kirche vielleicht vor dreihundert Jahren gemacht worden sind, heute mit selbstverständlicher Bereitschaft zu bezahlen. Zugleich aber ist diese Diskretion und deren unablässige Übung im täglichen Leben für die päpstlichen Diplomaten eine der Grundlagen jener nur sehr schwer erklärbaren Distanz gegenüber Welt und Menschen, – einer Distanz, die nicht nur trennt, sondern auch verbindet.

Es dürfte kaum einen Besucher im Vatikan gegeben haben, der diese Distanz nicht verspürt hätte. Die Geschichte hat um die Person des Papstes ein sehr kompliziertes Zeremoniell aufgebaut, eine Kultur des Abstandes, die auf eine unerklärliche Weise wirksam ist.

Zwischen der Sala Clementina und der Tür des päpstlichen Arbeitszimmers liegen zehn größere und kleinere Säle, die der Besucher, den der Papst in Privataudienz empfängt, zu durchschreiten hatte. Im ersten Saal standen die vatikanischen Hofbediensteten, der zweite diente tagsüber den Schweizern und nachts den päpstlichen Gendarmen als Wachraum. Im dritten Saal traf der Besucher auf eine Gruppe der Palatingarde; im vierten Saal hielten sich die diensthabenden Offiziere der Schweizer- und der Palatingarde auf; der Saal der Nobelgarde schloß sich an; dann kam der ›Thronsaal‹, der den höheren Offizieren der Schweizergarde und den Ehrenkämmerern vorbehalten war. Die Türe zum sogenannten Geheimen Vorzimmer war von zwei Nobelgardisten mit gezogenem Säbel bewacht; und von hier aus waren noch einmal drei Säle zu durchmessen; der ›Saal der Päpste‹, dann der ›Saal des Heiligen Johannes‹, in dem der wirkliche Geheimkämmerer Dienst tat, und schließlich der ›Kleine Thronsaal‹, der den feierlichen aber intimeren Audienzen vorbehalten war.

Doch diese Flucht von Vorzimmern ist nur ein äußeres Mittel, wodurch die Distanz, die den Papst von der Welt trennt, auf die Besucher einwirkte. Wer einmal erlebt hat, wie zwei Kardinäle sich miteinander unterhalten, wird wissen, daß dies zumeist in einem genau abgemessenen, liebenswürdigen und taktvollen weisen Tonfall geschieht, der sich von den Umgangsformen zwischen Purpurträgern und Personen, die im Range niedriger sind, durch ein kleines, aber spürbares Maß von kollegialer Vertrautheit unterscheidet. Ein Kardinal kann immer noch mit einem Kardinal wie mit einem

Freunde reden – der Papst kann das nicht. Er hat keinen Nachbarn mehr, er ist eine völlig isolierte, von jeder Anlehnung an den Nächsten ausgeschlossene Person. Trotzdem hat der Besucher im Gespräch mit dem Heiligen Vater einen sehr bestimmten Eindruck von menschlicher Nähe. Es bedeutet für den Papst gegenüber jedem seiner Gesprächspartner immer wieder eine persönliche Anstrengung, die durch seine Würde gegebene Distanz zu überwinden. Es ist das Gleichgewicht zwischen Erhabenheit und Güte, das das Wesen der Distanz zwischen Papst und Welt bestimmt.

Um 10 Uhr ertönte im vatikanischen Palast ein Glokkenzeichen, das den Beginn der Tabellen-Audienzen ankündete. Jeder der Besucher, der in einer Tabellen-Audienz vorgelassen wird, weiß den Zeitpunkt seiner Audienz schon ein Jahr vorher. Die Organisation dieser Audienzen unterstand dem Obersten Kämmerer, einem der wichtigsten Würdenträger der Vatikanischen Paläste. Ohne seine Einwilligung war es nicht möglich, den Papst zu sehen.

Der in den Tabellen-Audienzen zum Heiligen Vater gerufene Personenkreis umfaßte alle jene Amtsträger, die in regelmäßigen Zeitabständen dem Papst über ihre Arbeit berichten müssen. In erster Linie waren es die Kardinäle und Prälaten der päpstlichen Kurie, die bei den Tabellen-Audienzen erschienen.

Lassen Sie sich jetzt nicht ermüden durch die lange Reihe der Würdenträger, die ich aufzähle: Es handelte sich um die wesentlichen Elemente der päpstlichen Regierung. Es erschienen: Der Kardinal-Sekretär der

Kongregation des Heiligen Offiziums, der die Aufgabe hat, über die Reinerhaltung des Glaubens zu wachen. Der Kardinal-Sekretär der Konsistorien-Kongregation, des päpstlichen Ministeriums für den Klerus, er schlägt dem Papst die Ernennung von Bischöfen, Koadjutoren, apostolischen Administratoren vor, bei ihm trifft der alle fünf Jahre geforderte Rechenschaftsbericht der Bischöfe ein, er ist der Leiter der Seelsorge für die Auswanderer von Europa nach den Ländern Amerikas, die Schiffskapläne der großen Passagierdampfer in aller Welt werden von ihm auserwählt. Der Kardinal-Sekretär der Kongregation für die orientalische Kirche, zu seinem direkten Amtsbereich gehören die Einrichtungen der katholischen Kirche in Ägypten, der Sinai-Halbinsel, in Eritrea und Äthiopien, in Cypern, Griechenland, im Dodekanes, Iran, Irak, Libanon, Jordanien, Israel, Syrien, in der Türkei und in Afghanistan. Er hat sich mit den Beziehungen zwischen den Gläubigen des orientalischen Ritus, die den Papst anerkennen, und den christlichen Kirchen des Orients, die ihn nicht anerkennen, zu beschäftigen. Der Kardinal-Präfekt der Kongregation für die Disziplin der Sakramente, er ist zum Beispiel zuständig für alle Probleme, die sich hinsichtlich des Ehesakraments ergeben können. Auch die Frage der Gültigkeit von Ordensgelübden gehört in seinen Bereich.

Der Kardinal-Präfekt der Konzils-Kongregation, Haupt des Ministeriums für die Disziplin von Klerus und Laien, in seiner Hand liegt die Überwachung des katechetischen Unterrichts. Er ist zuständig für Pfarrer,

Kanoniker, Brüderschaften, fromme Gesellschaften, für die katholische Aktion, fromme Stiftungen, Kirchengüter und Steuern.

Der Kardinal-Präfekt der Religiosen-Kongregation, ihm unterstehen alle Ordensgesellschaften einschließlich der Dritten Orden. Jede Änderung der Regeln oder der Konstitutionen, auch die Neugründung von Ordensgesellschaften, fallen unter sein Amt.

Der Kardinal-Präfekt der Kongregation ›De Propaganda Fide‹, dem das gesamte Missionswesen und alle mit der Mission zusammenhängenden Stiftungen unterstehen.

Der Kardinal-Präfekt der Kongregation der Riten, seinem Bereich gehören die Heilig- und Seligsprechungen an, die Korrektur der liturgischen Bücher, die Pflege der Zeremonien, die Überwachung der Sakramente, die Anerkennung von Reliquien und die historische Erforschung des Lebens der Heiligen.

Der Kardinal-Präfekt der Zeremonial-Kongregation, der für die liturgischen und profanen Zeremonien am päpstlichen Hofe und an der römischen Kurie zuständig ist.

Der Kardinal-Präfekt der Studien-Kongregation, ihm unterstehen alle katholischen Seminare und Universitäten.

Der Kardinal-Präfekt der Kongregation von der ›Reverenda Fabbrica di San Pietro‹, ihm untersteht die Administration der Güter und Besitzungen der Peterskirche, die Verwaltung und Instandhaltung der Basilika und die weltberühmte Moasiken-Werkstätte.

Zur Tabellen-Audienz erscheinen weiterhin in regelmäßigen Abständen der Großpönitenziar des Papstes, dem das Beichtwesen untersteht, und der Dekan des obersten päpstlichen Appellations-Gerichtes, der ›Sacra Romana Rota‹, die für alle kirchlichen Fälle zuständig ist, welche nicht ausdrücklich anderen Instanzen vorbehalten sind. Bei ihr werden zum Beispiel die Aufhebungsverfahren von kirchlich geschlossenen Ehen behandelt.

Dann folgt der Präfekt des Obersten Gerichtshofes der Apostolischen Signatur, des Kontrollgerichtes für die Entscheidungen der ›Rota‹, ferner der Kardinal-Vikar, der im Auftrag des Papstes die römische Diözese verwaltet; der Großalmosenmeister mit besonderen Bittgesuchen, der Direktor der Vatikanischen Museen, der Gouverneur der Vatikanstadt, der Direktor der Vatikanischen Radiostation, der Chef-Redakteur des ›Osservatore Romano‹, der Präfekt der Vatikanbibliothek, der Direktor der Vatikanischen Sternwarte, der Rektor der päpstlichen Universität Gregoriana, die Generäle der großen Orden bei besonderen Anlässen. Einen eigenen Turnus innerhalb der Tabellen-Audienzen haben die Bischöfe der katholischen Welt, die alle fünf Jahre zu dem sogenannten ›Ad-limina-Besuch‹ nach Rom kommen müssen. Nicht ganz so regelmäßig werden die beim Heiligen Stuhl beglaubigten Botschafter vom Papst empfangen, jedoch gehören sie mit in den Bereich der Tabellen-Audienzen.

Wenigstens sechs von diesen höchst verschiedenartigen Würdenträgern empfing der Papst jeden Vormittag. Hinzu kamen Staatsbesuche und Sonderaudienzen, die den Mitgliedern gekrönter Häuser, Persönlichkeiten des öffentlichen Lebens und Künstlern gewährt wurden.

Gegen zwölf Uhr hielt der Papst an zwei Tagen in der Woche in der Benediktionsaula von Sankt Peter oder in der Sala Clementina eine allgemeine Audienz.

Viele hundert Menschen, Pilgergruppen, Neuvermählte, christliche Vereine, Gläubige und Nichtgläubige, Katholiken und Nichtkatholiken, sind in die Stürme von Beifall und Zurufen ausgebrochen, die Pius XII. begleiteten, wenn er erschien.

Hier müssen wir eine kleine Begebenheit erzählen. Kurz nach dem Krieg beteiligte sich ein amerikanischer Oberst mit den katholischen Soldaten seines Regiments an einer allgemeinen Audienz. Als der Heilige Vater daranging, den Segen zu spenden, empfand der Amerikaner Gewissensbisse, an einer fremden Kulthandlung teilzunehmen.

»Ich bin nicht katholisch«, sagte er, »darum kann ich Ihren Segen nicht empfangen.«

Darauf der Papst: »Dann nehmen Sie die Segenswünsche eines alten Mannes.« Der Oberst kniete nieder.

Wenn sich die ›Sedia Gestatoria‹, auf der der Papst sich durch die Menge tragen ließ, in einem sorgfältig abgesperrten Korridor des Vatikanischen Palastes auf die Marmorfliesen senkte, umgab den eben noch umjubelten Pontifex wieder die Stille und Abgeschiedenheit. Der Zug des Hofstaates schritt durch hallende Gänge bis zu dem Aufzug, in dem der Papst wieder in seine Privatgemächer zurückkehrte. Dort begab er sich sofort in die Kapelle, um, wie alle Priester der katholischen Kirche, die erste Hälfte seines Breviergebetes vorzunehmen.

Es ist sehr wichtig, sich vorzustellen, daß anderthalb Stunden im Tagewerk des Papstes Pius XII. dem Brevier vorbehalten waren. Anderthalb Stunden brachte der Papst damit zu, uralte und ehrwürdige Gebete von den Psalmen Davids bis zu den Predigten und Homilien früherer Päpste, flüsternd zu sprechen. Er hätte die Macht gehabt, jeden Priester der Kirche von dieser großen Belastung seiner täglichen Zeiteinteilung zu entbinden – aber kein Priester wird das Breviergebet versäumen, wenn er nicht buchstäblich vor Übermüdung darüber einschläft, weil ja auch das härteste Tagewerk der Erde, das Tagewerk des Papstes, das Breviergebet enthält.

Hier ist der Papst ganz Priester. Vor seiner Wahl hatte Pius XII. viele und lange Jahre im Dienst der vatikanischen Diplomatie zugebracht. Niemals war es ihm vergönnt, der bescheidene Hirt einer kleinen Herde zu sein, niemals hat ihn seine geistliche Laufbahn dazu kommen lassen, als Seelsorger tätig zu sein. Als Papst hatte er mit einer übermenschlichen Disziplin an dem Grundsatz festgehalten, daß jeder, der ihn ernstlich brauchte, auch Zugang zu ihm hatte. Viele hundert Male wiederholte Pius XII. in diesen großen Audienzen eine Reihe von Sätzen in den verschiedensten Sprachen, in jeder versuchte er – und mit Erfolg – die Menschen durch eine kleine Variante, durch einen persönlichen Zusatz innerhalb seines vorher überlegten Textes an sich zu ziehen.

Er, dem es ein Leben lang verwehrt war, sich um das Heil einzelner Seelen zu kümmern, weil er sich immer um die ganze Kirche kümmern mußte, brachte es dann über sich, einem Bauern aus den Abruzzen, den er in einer der großen allgemeinen Audienzen angesprochen hatte, auf dessen Wunsch mitten unter den Leuten in einer Fensternische des Saales die Beichte zu hören.

Nach der Lesung des ersten Teiles des Breviers in der Kapelle, nahm der Papst die Mittagsmahlzeit ein. Er war dabei immer allein. Einer seiner Vorgänger, der heilige Pius x., der unter der vatikanischen Einsamkeit besonders litt, hatte diese isolierten Mahlzeiten nicht ausgehalten. Eines Tages erklärte er, man möge zugleich mit seinem Gedeck auch das seines Privatsekretärs auflegen. In den Wandelgängen des Palastes stellte sich eine gelinde Aufregung ein, und schließlich wagte ein Zeremoniar, den Heiligen Vater ehrerbietigst auf das geheiligte Herkommen hinzuweisen, daß der Papst allein zu speisen habe. Darauf Pius x.:

»Seid Ihr sicher, daß der heilige Petrus allein speiste?«

Das Gedeck wurde aufgelegt.

Pius xii. indessen war zu der alten Sitte, die seit dreihundert Jahren besteht, wieder zurückgekehrt. Er zog das Abhören der Mittagsnachrichten von Radio Italiana der Gesellschaft eines Tischgenossen vor. Eine berühmte Ausnahme bildete die Aufforderung, die Pius xii. während des letzten Besuches von Kardinal Michael von Faulhaber bei der Verabschiedung leise an den Überraschten richtete:

»Vi invitiamo a pranzo.«

Es gab das übliche Mittagessen: Gemüsesuppe, eine Scheibe Fleisch, Käse und Früchte.

Unmittelbar nach dem Essen begab sich der Heilige Vater für einige Minuten in die Kapelle und warf dann einen Blick in die vom Staatssekretariat bereits gesichtete Post. Dann folgte eine genau abgemessene halbe Stunde der Ruhe. Im Grunde sind diese kargen dreißig Minuten alles, was von den vielfältigen und phantasievollen Erholungsweisen früherer Päpste übriggeblieben ist. Weder die heiteren Fahrten des päpstlichen Hofes in Blumenbooten auf dem Tiber unter Julius III., noch die Jagdritte Urbans VIII., noch die berühmten, stundenlangen Spaziergänge Benedikts XIV. sind heute für den Papst denkbar. Auf die Minute genau beendete der Heilige Vater seine Siesta, um aus der vorliegenden Post so viel auszuwählen, wie er spazierengehend in einer Stunde bewältigen konnte.

Pünktlich um 14.30 Uhr fuhr dann der alte Cadillac mit der Nummer SCV I an der Rampe des Aufzugs vor, um den Heiligen Vater in einen bestimmten Bezirk nahe der Südmauer der vatikanischen Gärten zu bringen. Das Nahen des Wagens auf der Strecke zwischen dem vatikanischen Palast und dem überdeckten Gang, in dem der Papst spazierenging, wurde von Posten zu Posten durch ein leichtes Händeklatschen angekündigt. Zu dieser Stunde war die Peterskuppel für die Besucher gesperrt, die Angestellten der benachbarten vatikanischen Radiostation waren angewiesen, nicht aus den Fenstern zu sehen, die beiden zum Schutze des Heiligen Vaters bestimmten päpstlichen Gendarmen blieben in großem

Abstand zurück und vollkommen allein ging Pius XII., Aktenstücke und Briefe lesend, eine Stunde lang hundert Meter hinauf und hinunter. Zur selben Zeit gab die vatikanische Radiostation Nachrichten durch, etwa die:

Der Substitut des Staatssekretariates Seiner Heiligkeit überreichte Papst Pius XII. das erste Exemplar des Tätigkeitsberichtes des Heiligen Stuhles für das Jahr 1955.«

Wir geben daraus einen Überblick:

Im vergangenen Jahr wurden 152 neue Oberhirten ernannt und 21 neue kirchliche Jurisdiktionsbezirke errichtet. In den Vereinigten Staaten von Amerika wurden 16.611 Einwanderer durch die Kirche in den Ankunftshäfen betreut. 14 neue religiöse Orden und Kongregationen wurden gebilligt. 1.079 Jahresberichte von Klöstern und Instituten wurden geprüft. Die Statistik der Kongregation für Glaubensverbreitung teilt mit, daß in den ihr unterstehenden Gebieten 28.343.964 Katholiken, 2.816.737 Katechumenen, 24.367 Geistliche, 9.426 Laienbrüder und Priesterstudenten, 60.250 Ordensfrauen, 127.725 Lehrer, 449 Ärzte und 6.060 Krankenpfleger lebten. Die Dombauhütte von Sankt Peter hat eine vollständige Restaurierung der Decke der Apsis in der Basilika in Angriff genommen. Von den 378 gerichtlichen Auseinandersetzungen, die am höchsten kirchlichen ›Gerichtshof der apostolischen Signatur‹ behandelt wurden, erging in 376 Fällen ein endgültiges Urteil. Das Gericht der ›Sacra Romana Rota‹ fällte im vergangenen Jahr 247 Urteile über die Nichtigkeit von Ehen, zwei über Separationen, eines über die Anfechtung von Urkunden und eines über Arbeitsrecht. Bei der ›Sacra Romana Rota‹ studieren gegen-

wärtig 104 Geistliche und 21 Laien aus Italien, Spanien, Frankreich, den Vereinigten Staaten, Afrika, Kolumbien, Polen, Libanon, Deutschland, Philippinen, Litauen, Brasilien, Belgien, Korea, Tschechoslowakei, Japan, Jugoslawien, Luxemburg, Malta, Mexiko, Palästina, Syrien und Venezuela. Bei den vergangenen Examen haben sechs Kandidaten sämtliche Prüfungen bestanden und damit den Titel ›Advokat bei der Sacra Romana Rota‹ erworben. Die vatikanische Bibliothek wurde im vergangenen Jahre von 1400 Forschern besucht. Im Vatikanischen Geheimarchiv befaßten sich Geschichtsschreiber mit den vorbereitenden Arbeiten zur Herausgabe der apostolischen Briefe Innozenz III., Urban VIII., Innozenz VI. und Pius II. Die Abtei Sankt Hieronymus in Urbe setzte die Vorbereitung der Herausgabe der ›Bücher der Weisheit‹ und der ›Bücher der Propheten‹ fort. Durch die päpstliche Kommission für christliche Archäologie wurden an verschiedenen Stellen Italiens neue Katakombensysteme entdeckt, die zum Teil vollkommen unbekannt waren.

Die Päpstliche Römische Archäologische Akademie hat ihre Forschungen am Grab des Romulus und an anderen Stellen des Forum Romanum fortgesetzt. Die vatikanischen Sammlungen wurden im vergangenen Jahre von 557.000 Personen besucht. Die berühmten Fresken des Raffael, die ›Schule von Athen‹ und die ›Begegnung des heiligen Leo mit Attila‹ wurden gewissenhaft konsolidiert und restauriert. In der Päpstlichen Kommission für christliche Kunst wurden 260 Baupläne für neue Kirchen, Pfarr- und Gemeindehäuser geprüft, 341 Pläne den maßgebenden italienischen Regierungsstellen übersandt. Die vatikanische Sternwarte hatte den Fotoatlas der Sterne und Gestirne mit den letzten 50 Aufnahmen der sogenannten vati-

kanischen Zone nunmehr vollendet. Damit waren die Arbeiten an dem geplanten Himmelsatlas abgeschlossen. Sie wurden im Jahre 1891 begonnen. Für die von der Kirche durchgeführten karitativen Hilfsaktionen hatte Papst Pius XII. im Jahre 1955 ungefähr eine halbe Milliarde Lire zur Verfügung gestellt. An den Heiligen Vater wurden im vergangenen Jahre 26.234 persönliche Bittschriften gerichtet.

Um 15.30 Uhr kehrte der Papst in sein Arbeitszimmer zurück, um sich erneut den Berichten, Dokumenten, Eingaben und Statistiken zu widmen, die seiner Kenntnis oder Entscheidung bedurften.

Es gibt nur wenige Menschen, die Einblick in den Wortlaut solcher Akten haben. Für die Außenstehenden werden die Schriftstücke des Vatikans erst zugänglich, wenn sie Geschichte geworden sind. Dreißig Jahre müssen vergehen, ehe die weißen Schnüre in den Stahlschränken des Geheimarchivs von den Aktenbündeln genommen werden. Eine Eigenschaft ist allen diesen Dokumenten gemeinsam: Der aus Vorsicht und Klarheit, Zurückhaltung und Sachlichkeit gemischte Stil ihrer Sprache, den man in aller Welt – mit einem berechtigten Anflug von Bewunderung – den Kurialstil nennt.

Um anzudeuten, um welch feine Unterscheidungen es geht, ein Beispiel: Seit mehreren hundert Jahren ist es üblich, daß der Papst Bittgesuche, die seiner persönlichen Entscheidung vorbehalten sind, durch seinen Namenszug billigt oder verwirft. Merkwürdigerweise unterschreibt er in diesem Falle nicht mit dem Namen, den er als Papst trägt.

Unter dem Gesuch der ›Gesellschaft Jesu‹ an den Papst Paul III. im 16. Jahrhundert, worin die Jesuiten um die Erlaubnis bitten, von der Seelsorge weiblicher Wesen entbunden zu werden, steht von der Hand des Papstes:

»Fiat Alexander« – »So sei es, Alexander.«

Paul III. war unter dem Namen Alexander Farnese geboren. Und so schrieb denn auch Pius XII. unter Bittschriften und Eingaben dieser Art: »Fiat Eugenio.« Dies hat mit dem Kurialstil insofern etwas zu tun, als der Papst durch die Unterschrift mit seinem Taufnamen die Verbindlichkeit seiner Entscheidung für die Zukunft einschränkt, und es jedem seiner Nachfolger überläßt, sie wieder aufzuheben.

Unter dieser Perspektive ist der Kurialstil nichts anderes als die nuancenreiche Spiegelung einer klaren Ordnung. Das Unnachahmliche dabei ist, daß diese Formulierungen, selbst wenn sie Härten zum Ausdruck bringen müssen, stets mit einem Höchstmaß an Takt geschrieben sind.

Dieser Arbeitsperiode des späten Nachmittags gehörte auch die Durchsicht der Korrekturabzüge der päpstlichen Zeitung ›Osservatore Romano‹ an, die Pius XII. stets selbst vornahm, wenn es sich um die Veröffentlichung einer seiner Reden handelte. Diese Reden, ihre Vorbereitung, das Studium ihres Stoffes und ihre endgültige Formulierung nahmen einen großen Teil der nachmittäglichen Arbeitszeit des Heiligen Vaters in Anspruch.

Es war von einem bestechenden Reiz, die gelassene

Souveränität des Papstes über Geschichte und Weltschicksal in einer solchen Rede zu erleben. Wer konnte in der Welt außer ihm einen Satz sagen wie den folgenden: »Unser Vorgänger Bonifaz VIII., hat am 30. April 1303 an die Gesandten des deutschen Königs Albert von Habsburg folgende Worte gerichtet ...«

Um 20 Uhr unterbrach der Heilige Vater die Arbeit, um in seiner Kapelle den zweiten Teil des Breviergebetes zu verrichten. Um 20.30 Uhr nahm er seine Abendmahlzeit ein, hörte dabei wieder Nachrichten, und ließ sich anschließend von seinem Kammerdiener eine persönliche Auswahl von Schallplatten vorspielen. Um 21 Uhr versammelte sich in der Kapelle die Hausgemeinde des Papstes: Fünf Kreuzschwestern aus Menzingen im Allgäu. Manchmal durften auch Waisenkinder um diese Stunde die Kapelle betreten, oder der Heilige Vater lud Arbeiter ein, um mit ihnen zusammen den Rosenkranz zu beten.

Von 21.30 bis 24 Uhr war das Eckfenster im dritten Stock des apostolischen Palastes, hoch über den Kolonnaden, wieder erleuchtet. Dieses einzige noch erleuchtete Fenster über dem nächtlichen Petersplatz war in der ganzen Welt berühmt. Was uns daran bewegte und ergriff, war der Gedanke, daß dieser achtzigjährige Mann nach einem solchen Tagewerk, nachdem er die Ruhe des Abends in den zwanzig Minuten Musik schon wohltuend verspürt hatte, sich mit einer unfaßbaren Anstrengung Tag für Tag erneut aufraffte, noch einmal anzufangen, noch einmal zu arbeiten, noch einmal zu entscheiden, zu regieren und zu verantworten. Erst wenn die Glocke von

Sankt Peter die Mitternacht schlug, verlöschte das Licht. Sechseinviertel Stunden – und wieder begann der Tag eines Papstes von neuem.

›Pastorale‹

AUSFLUG ZUR VILLA DES HORAZ

Der römische Dichter Horaz wünschte sich einst ein kleines Feld, einen Garten, eine Quelle nah am Hause und etwas Wald dazu. Man kann es ihm heute noch bestätigen, daß ihm die Götter mehr gegeben haben, als er zu wünschen schien. Die Villa, die er in den Bergen über Tivoli besaß, umfaßt wesentlich mehr als ein kleines Feld, einen Garten, eine Quelle und etwas Wald – allerdings ist auch dies alles in schönem Überfluß vorhanden. Aber das Haus, das der Mittelpunkt dieses Besitzes war, würde uns heute eher als ein kleines, sehr luxuriöses Schloß vorkommen. Es war auch wirklich des Dichters ganzer Stolz, und wenn er seinem Publikum der ersten und verwöhntesten römischen Gesellschaft das Landleben als Ideal der Einfachheit und der Gesundheit hinstellt, wenn er die übersättigten und abgefeimten Genießer des Augustus-Zeitalters auf die Reize hinweist, die das stille und unbeschwerte Leben fern von der Stadt zu bieten hat, so geschieht das fast immer mit Hilfe eines kleinen Lobliedes auf seine Villa und auf den unermeßlich reichen Freund und Gönner, der sie ihm schenkte, den etruskischen Fürsten Maecenas, den Minister des Kaisers Augustus.

Es läßt sich nicht leugnen – Horaz hat diese Villa nicht als Frucht mühevoller Arbeit und Plackerei erworben, er hat sie eingesteckt als einen großzügigen Tribut, den sein

Förderer dem virtuosen Talent des ursprünglich ziemlich mittellosen Dichters zollte. Man sieht, Verse von der geistreichen Schärfe und dem überlegenen Spott des Horaz waren vor zweitausend Jahren in Rom so hoch im Kurs, daß man dafür eine Villa geschenkt bekommen konnte, die an Luxus die Landhäuser der heutigen römischen Millionäre weit übertraf.

Man hat lange nicht gewußt, wo diese Villa lag. In der Renaissance, als in ganz Europa die Wiederentdeckung antiker Dinge eine größere Sensation war als heute das Sechstagerennen, in der Renaissance forschte man eifrig nach dem Verbleib des Hauses, von dem Horaz unablässig redet.

Manche versuchten, die Lage der Villa durch den Vergleich moderner geographischer Namen mit solchen aus den Werken des Horaz festzustellen, andere nahmen die Lokaltradition zu Hilfe, die ein paar Trümmer in der Nähe des Klosters Sant'Antonio bei Tivoli mit dem alten Dichter verband, und noch am Ende des 18. Jahrhunderts glaubten ein Advokat aus Tivoli und ein französischer Geistlicher die Stelle entdeckt zu haben – aber alle hatten unrecht.

Recht hatte der schon im 17. Jahrhundert mit deutscher Genauigkeit forschende Topograph Holstenius, dem niemand geglaubt hatte – er fand auf einem Ritt durch die Sabinerberge in der Nähe des Dorfes Licenza den Ort, wo unter einem dichten Gestrüpp von blühenden Hecken die Ruinen des Horazischen Landhauses verborgen waren.

Man muß sagen – er hatte es nicht schlecht, der raffinierte Lobredner des Landlebens. Die Villa war alles andere als einfach – was man heute davon sieht, gibt noch einen ziemlich genauen Begriff, wie man in diesem Hause gelebt hat. Zwar erreichen die noch vorhandenen Mauern nirgends die Höhe auch nur eines Meters über dem Boden, aber der Grundriß des Gebäudes ist gänzlich erkennbar, die Fußböden sind zum großen Teil erhalten – und die Ergänzung des Übrigen in der Phantasie ist einem durch die außerordentlich geschickte Verwendung von blühenden Sträucherwänden leicht gemacht: Überall dort, wo nämlich heute die Mauer aus Stein fehlt, ist eine Wand aus Grün.

Der Ort ist weder mit dem Auto noch mit dem Motorrad zu erreichen – man muß sein Fahrzeug unten auf der Straße lassen und dann über einen unbeschreiblich holperigen Steinpfad ein kleines Gehölz bergauf durchqueren.

Horaz hatte es natürlich damals leichter, er ließ sich tragen – oder er ritt auf einem sanften Maultier den Berg herauf, freundlich gewiegt durch das leichte Geschaukel, die Stirn in die für einen Dichter unerläßlichen denkerischen Falten gelegt. Am meisten kommt man der Sache nahe, wenn man diese Horazische Villa als Platz für ein Frühstück im Freien wählt – und sich dazu das frische Wasser aus der immer noch ergiebig strömenden Quelle des Dichters schöpft.

Die archäologischen Befunde und verschiedene Beschreibungen, die Horaz selbst gibt, lassen erkennen, was alles zu seinem Besitz gehört hatte. Zunächst ein einstöckiges Wohnhaus mit zwölf Räumen und zwei

Höfen, daneben eine vollständige Badeanlage, ein zentraler Garten, ein kleiner Waldbestand von Ulmen und Eichen, eine großzügig gefaßte Quelle am Berghang, ein Baumgarten und ein großer Weinberg, so angelegt, daß die Obstbäume den Reben als Stützen dienten. Dazu noch ein Olivenhain, der zu dem kleinen Fluß im Tal hinunterreichte – und dann soviel Felder für Getreide und soviel Weidefläche, daß fünf Bauernfamilien und acht Sklaven zu seiner Bewirtschaftung notwendig waren.

Der Eingang zur Villa lag im Süden, in der Blickrichtung des Tales. Man durchschritt zuerst einen kleinen Hain, dann kam eine Art Vorhalle, dort saß der Pförtner in seiner Loge. Von innen zeigte sich, daß diese Vorhalle ein Quadriportikus war, eine offene, rechteckig angelegte Säulenhalle, die einen weiten Hof umschloß: 76 Meter lang und 34 Meter breit, in der Mitte ein großes, mit geschliffenen Marmorplatten ausgekleidetes Bassin – ein Fischteich mit Springbrunnen, umstanden von breiten, üppigen Blumenbeeten. Dies war der große Empfangsraum des Hauses, der Ort, wo man sich in Schatten und Kühle niederließ, um den Besuch von Klienten, Bittstellern, Nachbarn, Bauern oder Amtspersonen entgegenzunehmen.

Kleine Pfade führten durch den Garten bis zur Front des Haupthauses. Über eine Freitreppe gelangte man zu einer gedeckten Veranda und von dort aus direkt in den großen Speisesaal. Hier sehen wir heute nur noch den Fußboden in einem feinen geometrischen Schwarzweißmuster mosaiziert, einen Fußboden, dessen vollständiges Intaktsein inmitten dieser Ruinen die lebendige Gegenwart der einstmaligen Bewohner dieses Hauses sofort hervorruft.

Hier, über diese glatten, zarten Steinchen mag der schlanke Fuß jener schönen Dame gegangen sein, die unter dem Namen Lalage sich in das Bewußtsein wohl aller jener eingeschlichen hat, die jemals am Gymnasium die berühmte horazische Ode ›Integer vitae‹ vor sich hatten.

Aus dem Mosaik der übrigen Fußböden kann man nur noch zum Teil auf den Charakter und die Funktion schließen, die die einzelnen Räume damals hatten – aber man glaubt es dem alten Weinbauern gerne, der einem die Schutzdeckel von den Mosaiken abhebt, wenn er erklärt, es sei kein Zweifel, daß hier, gerade hier an dieser Stelle Horaz gedichtet habe und daß sein Bett zweifellos dort drüben stand.

Architektonisch stellt das Haus den Bauleuten der augusteischen Zeit ein glänzendes Zeugnis aus. Die Wände bestehen aus dem sogenannten ›Opus reticulatum‹, einer besonderen Mauertechnik, die kleine pyramidenförmige Ziegel verwendete. Sie wurden so versetzt, daß ihre quadratischen Grundflächen sich an der Wand als fortgesetztes Karo-Muster auf der Spitze stehender Vierecke darstellen. Dies ist mit einer Sorgfalt gemacht und mit einer Regelmäßigkeit, aus der die Höhe der damaligen Gesamtkultur ebenso hervorgeht wie aus den polierten Versen des Sprachmeisters Horaz.

Die Korridore, die die beiden Zimmerfluchten verbinden, und die Höfe, um die die Empfangs- und die

Privaträume gruppiert sind, wurden offensichtlich nach dem Gesetz der möglichst guten Innenverbindung von Zimmer zu Zimmer angelegt, ein in der italienischen Architektur oft wenig berücksichtigtes, praktisches Bauprinzip. Selbstverständlich hatte das Haus eine ausgezeichnete Ventilation – die kleinen Löcher, die man hierzu in die ziemlich dicken Mauern trieb, sind noch zu sehen – und fließendes Wasser – wofür man die Bleirohre gefunden hat.

Die Hauptattraktion der Ausgrabungen allerdings sind die Badeanlagen, die in ihren ältesten Teilen noch von Horaz selbst angelegt wurden und dann von den nachfolgenden Besitzern, vor allem von Kaiser Hadrian, noch erheblich verfeinert worden sind. Man muß über allerhand kleine Mauerreste klettern und über einen Graben balancieren, bevor man in die Thermenanlage eintreten kann. Überall zwischen den Mauern schießt das Grün der Sträucher hervor – und besonders im Frühling scheint es, als sollten sie mit ihren überströmenden Kaskaden weißer Blütensterne die versiegten Wasserspiele der Fontänen in diesen Bädern ersetzen. Wie jedes römische Bad, so bestand auch dieses aus vier Räumen, einem heißen für das Dampfbad, einem kalten für die Abkühlung, einem Massageraum und einem Nymphaeum – einer kleinen Kapelle, die den Göttinnen des Wassers, den Nymphen, gewidmet war.

Dieses Nymphaeum hat im Hause des Horaz eine ovale Form. In die Wand sind Nischen eingelassen in denen die Statuen der Nymphen standen, und in den Fußboden hatte man ein dem ovalen Grundriß entsprechendes Bassin versenkt, das von zerstäubenden Fontänen übersprüht war. Es fällt einem sofort auf, daß dieses Bassin eine ungewöhnliche Tiefe haben mußte, und man fragt sich, was wohl die Pfeiler zu bedeuten hatten, die vom Grunde auf bis zu halber Höhe heraufreichen.

Die Erklärung ist sehr verblüffend. Das Becken war ein Aquarium, in dem die farbenreichsten Fische, Krebse und allerhand skurriles Wassergetier herumschwammen. Der Boden des Aquariums war durchsichtig und unterhalb des Ganzen befand sich noch ein Raum, vielleicht eine Art kleiner Trinkstube. Dort unten kam man sich vor wie auf dem Grunde des Meeres, dessen Geschöpfe den Teilnehmern am Symposion über den Köpfen herumschwammen, während sie darüber diskutierten, ob Reichtum oder Tugend den Menschen glücklich mache, und ob das Band der Freundschaft durch Vorteil oder Rechtschaffenheit geknüpft werde.

Im Mittelalter wurde die Villa des Horaz vorübergehend in ein Kloster verwandelt, wobei man den Quadriportikus zum Kreuzgang machte, die Kirche aber in das Nymphaeum verlegte. Der unterirdische Teil diente als Krypta. Als man das Nymphaeum vor etwa fünfzig Jahren ausgrub, war es angefüllt mit Gebeinen – es hatte den Mönchen als Begräbnisstätte gedient, ohne eine Ahnung, welch einen Ort des raffiniertesten heidnischen Luxus sie sich für ihren letzten Schlaf gewählt hatten.

So sah die häusliche Welt aus, der Quintus Horatius Flaccus seine Sehnsuchtsseufzer schickte, wenn er mitten im großen Getriebe des römischen Gesellschaftslebens von Überdruß befallen wurde. Aber wie unbeständig Horaz in seinen Wünschen und Launen war, wußte er selbst am besten. Ohne Rom konnte er einfach nicht leben.

Kaum war er auf dem Landgut, dem Ziel seiner Sehnsucht angelangt, begann er sich einsam zu fühlen, verlassen, exiliert – war er dann wieder zurück in der Stadt, kritisierte er die Ruhelosigkeit, die übertriebene, Schlaflosigkeit verursachende Schlemmerei und tausend andere Dinge und pries als einzige Rettung aus all dem Sumpf das Leben auf dem Lande.

Wie gut er sich selbst kannte, beweist er uns in einer Satire, worin er seinem Sklaven Davus Dezemberfreiheit gewährt. Es war in Rom üblich, an den Saturnalien – einem Fest im Dezember – den Sklaven zu erlauben, alle Kritik, alle Klagen, alle Boshaftigkeit straflos über ihre Herren auszuschütten – und da hören wir Davus über Horaz ganz bedeutsam losziehen. Zunächst sagt er ihm, es sei doch einfach Schwindel, wenn er – Horaz – in seinen Dichtungen vorgäbe, davon überzeugt zu sein, daß die alten Zeiten mit den guten einfachen glücklichen Sitten wirklich so erstrebenswert seien. (Horaz machte damals im Auftrage des Augustus Propaganda für die altrömische Sittenstrenge.)

»Wenn« – fragte ihn Davus – »Dich ein Gott einmal in dies große Glück versetzen wollte«, nämlich zurück in jene strengen Zeiten, »würdest Du Dich sehr dafür bedanken – ein Beweis, daß Du nicht fühlst, daß jenes besser sei, was Du als besser ausrufst, oder weil es Dir an

Stärke fehlt, dem Bessern treu zu bleiben, kurz weil Du schon zu tief im Sumpfe steckst.«

Nachdem Horaz hierdurch im allgemeinen auf seines Sklaven Meinung über ihn vorbereitet ist, wird Davus etwas konkreter:

»Zu Rom, da ist das ewige Gewimmer: ›Wär ich doch auf meinem Gut!‹ – Kaum bist Du dort, so tönts schon wieder anders, und die Stadt wird himmelhoch gepriesen.«

Man kann daraus zumindest annehmen, daß Horaz einer jener Menschen war, die immerfort das wollen, was sie gerade nicht haben – ein Künstler also. Die Gedichte, die uns von ihm erhalten sind, geben manchen Aufschluß darüber, welches Leben er führte – und somit auch einige Anregung dafür, wie man sich das Leben in seiner Villa vorzustellen hat, wenn der Hausherr und seine Freunde anwesend waren.

Horaz, Sohn eines Freigelassenen, hochgebildet, scharfsinnig und hellhörig, begabt mit einem höchst kritischen Verstand, einem erheblichen persönlichen Mut zur Aufrichtigkeit, furchtlos, boshaft, unbestechlich, ironisch und elegant, von tiefrömischer Gesinnung und einem exquisiten Talent, lachend die Wahrheit zu sagen, dabei ein Gefühlsmensch, der an seinem eigenen Beispiel gelernt hatte, bei anderen Menschliches zu sehen, es zu belächeln, wenn es schwächlich, und es zu preisen, wenn es heroisch war. Ein Mann, geschaffen für das Leben der römischen Gesellschaft, vor deren Reichtümern die Welt kapitulierte.

Horaz schimpft auf sie alle, auf den Sänger Tigellius,

den er den Schutzpatron der Syrerinnen von der Pfeiferzunft, der Quacksalber, Bettelpriester, Tänzerinnen und Possenreißer nennt – er lästert über den Lucilius, der dafür berühmt ist, in einer Stunde auf einem Beine stehend zweihundert Verse machen zu können; Cervius ist ein Halsabschneider, Candidia eine Giftmischerin, und beinahe am meisten zieht er über die Geizhälse her. Von den Söhnen des Quintus Arrius erzählt er, sie seien – an Büberei, Ausschweifung und Verkehrtheit Zwillinge – ohne Zögern daran gegangen, ihr Geld darauf zu verwenden, daß jeden Tag eine Schüssel mit Nachtigallenzungen auf dem Tische stand. Und dann kommt gleich noch das ganze Gefolge dran: Fischer, Obsthändler, Vogelsteller, Parfümierer, Hühnerstopfer, Skurren, das Gesindel aus dem tuskischen Quartier – sie alle nimmt er sich vor.

Was er dabei aber zumeist tugendhaft verschweigt, ist, daß er selbst ohne alles dies nicht leben kann. Und wenn es gar um die Kunst des Gaumens geht, glaubt man manchmal zu spüren, wie ihm das Wasser im Munde zusammenläuft, wenn er – unter dem Vorwand, einen Schlemmer zu beschimpfen – dessen Speisenfolge beim letzten Gastmahl aufzählt. Die Empfehlungen, schließlich, die uns Horaz hinsichtlich der Küche im Gespräch mit Catius von diesem mitteilen läßt, lassen manchen Schluß darauf zu, wie er selbst gelebt hat. Da heißt es zum Beispiel:

»Vergiß nicht, in der Wahl der Eier stets die länglichen, als feiner von Geschmack und nährender, den runden vorzuziehen. Dem nahe bei der Stadt gezogenen

Gemüse ist, was auf trockenen Äckern wächst, an Süßigkeit und Zartheit überlegen. – Aufidius nahm zum Frühstück Meth aus Honig und Falerner. Fehlerhaft! In leere Adern schickt sich nichts, was nicht gelind ist. Besser wirst Du tun, die Brust mit mildem Meth aus Wasser anzufeuchten. – Wer sich im Sommer wohlbefinden will, beschließe seine Mahlzeit stets mit reifen Maulbeeren, die, eh die Sonne hochstieg, abgelesen sind.«

Wir erfahren, daß Horaz sich Austern und Langusten dann bestellte, wenn der Mond im Zunehmen war. Seinen Rehbraten wollte er nur aus Gegenden haben, in denen kein Wein gebaut wird. Vom Hasen bevorzugte er den Vorderbug der Häsin. Sicher ist, daß man im Hause des Horaz ziemlich viel Wein verbrauchte. Auch darüber teilt er uns einige Raffinessen mit. Den Massiker-Wein ließ er bei kühlem Wetter unter freiem Himmel übernachten, damit er sich in der Nachtluft klären könne, und er kritisiert die primitive Methode, ihn einfach durch ein Leinentuch zu filtern, weil er dabei seinen Wohlgeschmack einbüße. Surrentinerwein – den Wein also, der auf den Klippen von Sorrent gezogen wird – könne man sehr vorteilhaft mit Falernerhefe veredeln – man müsse aber ein Taubenei zur Klärung benützen, weil der Dotter im Sinken das Trübe mit sich nimmt. Auch über die Möglichkeit, einen Trinker, der schon ein bißchen zuviel hat, wieder auf die Beine zu bringen, weiß er Bescheid. Er bekommt afrikanische Schnecken und gebratene Hummern – damit sein Magen ordentlich zu tun hat. Und nun die Tafel:

»Ich, ohne Ruhm zu melden«, sagt Horaz aus Catius

Munde, »war der erste, der den Gedanken hatte, Früchte, Tunken, Sardellenbrühe und groben weißen Pfeffer mit schwarzem Salz und was dergleichen ist, in netten kleinen Näpfchen um den Tisch herumzusetzen. Denn dazu sind kleine Näpfe schicklich. Im übrigen ist auch die Reinlichkeit bei einem Gastmahl nicht zu übersehen. Nichts setzt den Magen mehr in böse Laune, als wenn ein naschiger Lakai den Becher dir mit Spuren seiner schmutzigen Finger reicht, und alter Bodensatz in einer Tasse erraten läßt, wie lange man sie auszuspülen vergessen hat. Wie wenig Aufwand steckt in Besen, Sägemehl und Küchenquehlen, und doch, wenns daran mangelt, welche Schande? Wie – denkt man – schämt der Mann sich nicht, einen Estrich von Mosaik mit schmutzigen Palmen kehren zu lassen oder prächtige Purpurdecken um ungewaschene Polsterüberzüge zu legen? Man verzeiht Dir leichter wenn Dir fehlt, was reichen Tafeln nur gebührt, als Dinge, die so wenig Aufwand und Bemühung kosten!«

Er war also ein Ästhet, ein Mensch, der den kleinen Dingen des Lebens große Reize abgewinnt, wenn sie vollkommen sind, und aus solchen Spuren läßt sich erkennen, daß das Leben in der Villa des Horaz ein freundliches und heiteres gewesen sein muß. Über das Netzwerk von Mäuerchen, die den Grundriß seines Hauses noch angeben, über die Spuren von Mosaik in den Zimmern marschiert jetzt die Schar dicker weißer Hühner, die die Frau des Wächters hält – und über den Weg, den Horaz zu seiner geliebten Quelle emporstieg, kommt eine würdevolle Prozession von Gänsen daher.

Der alte Bauer, der die Ruinen pflegt, hat ein verschmitztes, ledernes Gesicht mit vielen Augenfältchen – er könnte gut der wiedererstandene Davus sein – in den Gesichtern dieses Landes hat sich nichts geändert seit den glücklichen Tagen des Horaz. Und geblieben sind schließlich auch die Nachtigallen, die die friedliche Stille des alten horazischen Gartens mit ihrem klaren Schlagen erfüllen.

Römisch ist dieser Ort, eingebettet in die gerade steigenden und fallenden Linien der Bergkegel, überglänzt von einem Sonnenlicht von solcher Feinheit, daß die Spitzen des Laubes an den Bäumen darin aussehen, als läge ein hauchzartes Netz aus leuchtendem Metall über ihnen – mitten darin die roten und lichtgrauen Mauern der Villa, deren Verfall die Natur wieder ausgeglichen hat. Es ist eine Romantik in voller Blüte, der man hier begegnet, aber es ist eine Romantik der Klarheit, der Durchsichtigkeit, der Zeitlosigkeit und der heiteren Ruhe; die genauen Abgrenzungen der Architektur geben dem wilden Wachstum der Pflanzen ein zwangloses Maß, die freie Sicht in das weite Tal läßt es zu, daß der Himmel manchmal die Farbe des Meeres annimmt, das jenseits der Berge liegt.

Horaz, der ewig unruhige, der immer wache und schlagfertige, der Mann des Genusses, des Reichtums, der Dichter des klassischen Latein, der Herr dieses Tales, dieses Gartens, dieses Hauses, dieser Hühner und dieser Nachtigallen, Horaz sagt einmal:

»Mein höchster Wunsch war einst ein kleines Feld, ein Garten, eine Quelle nah am Hause und etwas Wald dazu«, – und wir müssen es ihm bestätigen, wenn er fortfährt – »die Götter haben mehr und Besseres mir gegeben. Mir ist wohl!«

›Finale‹

FAHRT NACH NEAPEL

Als der Wecker läutete, wußte ich, die Lage würde sich durch Aufstehen wesentlich verschlimmern. Ich hatte einen Kater. »Stracciarolooo« schrie auf der Straße der Lumpensammler und tat mir weh. Mit der Vehemenz der leidenschaftlichen Frühsportlerin klopfte die alte Jungfer im Nebenhaus den Badeteppich aus. Rasselnd öffnete Signora Marcella ihre Trockenreinigung und begann mit der zeremoniellen Morgenbeschimpfung der sanftäugigen Signorina Rosalba. Im Innern des Hauses beförderte der Aufzug drei kläffende Dackel ins Parterre, die einer mit Mode beschäftigten Dame das Leben erleichtern. Sympathie klang aus der Stimme des Wolfshundes, der zur Bewachung der Gemälde meines Nachbarn engagiert ist. Im Hof versuchte Gil, Herrin über einen Rennstall und einen Bankier, ihren Wagen davon zu überzeugen, daß ein Rasse-Auto auch mit leerer Batterie anspringt. Auto, dachte ich, muß ich nicht heute wegfahren?

»Buon giorno«, sagte Pina, meine Donna di casa, Kaffee und Zeitung in der Hand.

»Buona notte«, erwiderte ich und drehte mich um. Infernalisch tickte der Wecker.

Allmählich begann sich der Nebel über der Erinnerung an den gestrigen Abend zu heben. Ich war in

Trastevere gewesen, mit drei Freunden. Wir hatten bei ›Romolo‹ gegessen, unter einem vierhundertjährigen Weinstock. Der Garten war voller Menschen, der Abend durchfächelt von Meereswind, meine Tafelgenossen waren Kenner von Küche und Wein, wir fühlten uns wohl. Die drei sind bemerkenswerte Männer. William, Bibliothekar der italienischen Marine, weiß alles über die Kulturgeschichte des Harems. Pietro, Chef des Pharmaziewesens im Gesundheitsministerium, leitet in seiner Freizeit das beste Vokal-Ensemble für Renaissance-Musik. Adriano, Professor für mittelalterliche Archäologie, stellt unablässig Horoskope. Ich erinnerte mich plötzlich, daß er gestern, als wir uns zu Tisch setzten, mit warnendem Finger zu mir gesagt hatte:

»Perícolo – Gefahr!«

Und als ich Näheres wissen wollte:

»Sei débole – Du bist schwach im Moment.«

»Meinst Du mein Bankkonto?«

»Nein, l'amore. Wenn Du nicht aufpaßt, kann's Dich erwischen.«

Na wenn schon, dachte ich, Gott sei Dank bin ich in einem Alter angekommen, wo man seine Dummheiten wenigstens mit Genuß macht.

Dann aßen wir überbackenen Büffelkäse, Spaghetti in Knoblauch, Öl und Paprika, Wildschweinwürstel am Spieß, gepfefferten Stauden-Sellerie, der Wein strömte in unsere Kehlen, es war eine Lust. Adrianos Warnung hatte ich längst vergessen.

Als wir uns gerade über die Dominikaner-Torte hermachten, kam Sveva herein. Sie zog den üblichen

Schwarm von Verehrern hinter sich her, Cowboys, Playboys, einen todtraurigen Intellektuellen mit Nickelbrille und einen Monokel-Grafen aus besseren Zeiten. Die Damen, die noch mit von der Partie waren, sah man kaum. Es war ein blendender Auftritt. Sveva kam an unserem Tisch vorbei, ich grüßte.

»Ahi, disgraziato – Unseliger, gibt's Dich auch noch?«, sagte sie.

Dann folgte eine Suada im breitesten Dialekt, denn bei schicken Leuten ist es wieder einmal der letzte Schrei, sich »dem Volke« anzupassen.

Svevas Anblick war allerdings nicht angepaßt. Flammend rotes Haar, weiße Haut, schwarze Brauen und Wimpern, türkisfarbene Augen, ein Dekolleté, das alles verriet, was es nicht zeigte, über dem schwarzen Handschuh einen Ring mit Solitär. Niemand hätte erraten, daß sich hinter diesem Luxusgeschöpf eine erstklassige Journalistin verbarg, eine hilfsbereite Kollegin und ein warmherziger Mensch.

»Senti«, sagte sie, »willst Du morgen abend mit mir in die Oper gehen – ›Die Italienerin in Algier‹, Premiere, ich hab zwei Karten?«

»Aber das geben sie hier doch gar nicht.«

»Ignorant, nicht hier, in Neapel.«

»Ich muß morgen zu einer Hochzeit aufs Land.«

»Schade. Ciao.«

Ein blitzender Blick zu meinen Freunden, ein konventionelles Lächeln für mich, fort war sie. Die drei fielen über mich her.

Adriano: »Ich hab Dir zwar gesagt, daß es für Dich

gefährlich wird, aber deshalb mußt Du Dich doch nicht wie ein Trottel benehmen!«

Pietro: »Was machst Du denn bei der Hochzeit – Trauzeuge?«

»Ich spiele das Harmonium.«

»Dann kannst Du doch nachher nach Neapel fahren.«

William: »*Die* Harems-Oper kriegst Du zu sehen, und mit dieser Frau! Und sagst nein. Du spinnst!«

Es kostete Mühe und einigen Wein, meine drei Gefährten von dem Thema abzubringen. Ich konnte nicht zugeben, daß ich einfach meinen Seelenfrieden behalten wollte.

Eine Stunde später setzte sich der Gitarrist zu Svevas Tisch. Erst sang er, dann sangen sie zusammen, plötzlich sang sie allein. Ein Lied, das die Gefangenen in der Engelsburg erfunden hatten, als sie auf die Befreiung durch Garibaldi warteten.

Alles klatschte Beifall. Sveva zog mit Gefolge wieder an unserem Tisch vorbei, winkte und sagte etwas, was heißen konnte: »Überleg' Dir's«.

Schlange, dachte ich. Sie bekam immer, was sie wollte. Ich war sicher – mehr als in Neapel in die Oper zu gehen, wollte sie von mir nicht. Als meine Freunde und ich uns trennten, sagte Adriano:

»Du bist ein mieser Egoist.«

Pietro: »Mach Dir nichts vor, Du hängst schon an der Angel.«

William: »Du hast Angst.«

Das traf mich! Zu Hause rief ich Sveva an:

»Ich komme.«

»Das wußte ich«, sagte sie. »Hol mich um sechs bei meiner Tante ab.« Es folgte die Adresse.

»Warum denn schon um sechs?«

»Weil wir zuerst einen Fisch essen, bei Ziteresa.«

»Und was machen wir nach dem Theater?«

»Dummkopf. Da bringst Du mich nach Hause. Ciao.«

Das hatte ich gewußt. Es überkam mich ein tiefes Verständnis für jenen berühmten Hund, dem man zuerst die Wurst hinhält, und dann wieder wegzieht. Ich holte mir die Whisky-Flasche. Das Resultat war der Kater von heute morgen. Zwei Stunden später war ich auf der Autostrada del Sole nach Neapel. Im Radio sang einer von Hexen.

Majestätisch zogen zur Rechten die Albanerberge vorbei, die Hänge voller Wein. Das Schild der ersten Ausfahrt trug den Namen eines großen Mannes: ›Monte Porzio Catone‹. Porzio kommt von ›Porcius‹, der Schweinezüchter. Catone heißt lateinisch ›Cato‹, der Schlaue. Der Ort auf dem Berg, an dem ich vorbeiglitt, ist nach Marcus Porcius Cato benannt, dem strengsten Sittenrichter des alten Rom. Der fehlte mir heute morgen noch. Was soll man von einem Menschen halten, der einen Senator in die Verbannung schickte, nur weil der Arme sich erlaubt hat, seiner Frau in der Öffentlichkeit einen Kuß zu geben? Cato pflegte seine eigene Frau nur zu küssen, wenn sich ein Gewitter entlud. Er führte in Rom die Luxussteuer ein, paßte auf, daß die Leute sparten – und wenn einer fand, er könne sein Geld für ein bißchen Wein, Weib und Gesang auch einmal zum Fenster hinauswerfen, sperrte er ihn ein. Gott sei Dank ertrug ihn Rom nicht länger als fünf Jahre. Cato setzte sich auf seinen Hügel, schrieb Bücher über Landwirtschaft, verlieh Geld gegen Wucherzinsen, warnte vor Ärzten und wurde steinalt. Ich beschloß, ihm einen Tort anzutun. Mein Alkoholspiegel sank ohnehin zu schnell. Bei San Cesareo fuhr ich heraus, mitten in die Weinberge. Auf der Bank vor einem Bauernhaus zu sitzen – am Vormittag mit dem Blick auf die weite Ebene zwischen den Albaner- und den Sabiner-Bergen, einen Krug goldgelben Frascati-Weines auf dem Tisch – und das erste Glas gegen den Durst zu trinken, ist einer der glorreichen Augenblicke des menschlichen Lebens.

Auf dem Doppelband der Autostrada hetzten die Wagen vorbei, hundert Meter abseits davon war die Zeit stehen geblieben. Der Bauer setzte sich zu mir, schimpfte auf die Regierung, die Provinzial-Verwaltung und die Gemeinde.

»Wenn der Mann, nach dem Euer Ort benannt ist, noch am Ruder wäre, hättet Ihr's noch schwerer.«

»Kann sein«, sagte der Bauer unbeeindruckt.

»Der hat nicht einmal den Wein gemocht«, sagte ich, um meinen Tort an Cato loszuwerden.

»Das ist nicht gut«, sagte der Bauer. »Aber schließlich – was geht's mich an?«

Ich war geschlagen. Wer Geschichte geerbt hat, braucht sie nicht zu kennen. Ein dralles Mädchen kam.

»Deine Tochter?«

»Ja«, sagte der Bauer, »sie heiratet nächste Woche.«

Das bedeutet ein Geldgeschenk für die Aussteuer.

»Wollen Sie zur Hochzeit kommen?« fragte das Mädchen.

Hochzeit, dachte ich, um Himmelswillen, in einer halben Stunde muß ich am Harmonium sitzen. Ich sauste zurück auf die Autostrada. Kaum war ich wieder auf der Autobahn, überholten mich zwei Wagen mit winkenden Insassen, Musiker aus Rom. Sie hatten das gleiche Ziel. Also hängte ich mich an. Sie fuhren wie die Narren. Aber beileibe nicht, um pünklich zu sein, wie sich später zeigte – nur aus Spaß. Ein Mann muß beweisen, daß er Kraft hat. Auf der Autobahn borgt er sich die Kraft vom Motor. Von Hundertsechzig aufwärts nehmen die Frauen den Unterschied gar nicht mehr wahr. Dann findet der Mann sich toll. Das kann dem Mann im zweiten Auto keine Ruhe lassen. Er muß noch toller sein, ganz egal, wie weit der Tourenzähler dabei ins rote Feld rückt. Der dritte war ich – aber im gebührenden Abstand.

Plötzlich Bremslichter, Quietschen, Halt. Der Rückwärtige hatte dem Vorderen die Stoßstange einen Millimeter eingedrückt. Man fuhr auf den Parkstreifen, beide Fahrer stiegen aus.

»Du Fahrschüler, Du trauriger ...« fing der eine an.

Eine bleiche Dame, der Ohnmacht nahe, kurbelte das Fenster herunter: »Aber Renato, Du darfst jetzt nicht schreien, Renato, Du mußt doch nachher singen, Renato, Sei buono ...«

»Ich«, brüllte Renato der Tenor, »ich schreie, wann es mir paßt, und singen kann ich dann immer noch besser als dieser Cretino.«

»Basta«, sagte der andere Fahrer, Franco der Baß, mit dem drohenden Ausdruck des Sparafucile aus dem Rigoletto, »Beleidigungen sind teuer.«

»Aber seid doch froh, es ist doch gar nichts passiert«, versuchte ich dämpfend einzuwerfen.

Renato: »Es geht nicht darum, was passiert ist, sondern was hätte passieren können! Stell' Dir nur vor, wenn dieser Imbecille ...«

Um die Ecke bog in langsamem Tempo das Streifenauto der Polizei. Renato, im Tonfall des Schreckens:

»Attenzione, Polizia!«

Schwupp – waren sie in den Autos, beschleunigten auf Hundert und fuhren friedlich dahin. Individualismus entzweit, die Behörde vereint. Die Hochzeit konnte warten.

Der Mann, der zu der Hochzeit geladen hatte, heißt Gino. Er ist etwa sechzig Jahre alt und auf angenehme Weise sonderlich. Erbe eines ausgedehnten Grundbesitzes, verkauft er gemächlich seine Ländereien und lebt von dem, was der Staat ihm aus deren Erlös übrig läßt. Die Villa, in der er sein Leben zu beschließen gedenkt, hat in der Renaissance einem Kardinal gehört, der durch den Maler Giulio Romano für höchst groteske Dekoration der Räume sorgen ließ. Das Haus liegt inmitten sehr alter Bestände von Steineichen und Zypressen, der Garten ist mit Maßen gepflegt und freundlich verwildert. Ringsum dehnen sich Felder, Ölgärten und Weiden, die Gino durch seine Pächter bestellen läßt. Einer der Pächter hat eine Tochter namens Fausta – und deren Hochzeit richtete Gino aus. Da er dabei auch selbst ein Vergnügen haben wollte, ließ er aus Rom die Musiker kommen, die ich auf der Autostrada getroffen hatte. Wahrscheinlich war die Musik in Ginos Leben die einzige Geliebte, die zählte. Eine Zeitlang versuchte er, der Gelassenheit seines Daseins ein aktives Element einzufügen, indem er in Rom musikwissenschaftliche Vorlesungen hielt. Enttäuschungen vertrieben ihn jedoch bald wieder – und seither sind seine Bauern das Publikum, das er mit Musik füttert. Dabei ist ihm jeder Anlaß recht. Faustas Hochzeit sollte ein Höhepunkt werden.

Trotz der Verspätung kamen wir viel zu früh. Am Tor zu Ginos Villa begegnete uns ein winziger Fiat und blockierte die Straße. Man hielt beiderseits an. Strahlend begrüßte uns ein rosenwangiges Mädchen in Pulli und Blue-Jeans, das Haar in zahllose Plastik-Lockenwickler eingedreht. Es war Fausta, die Braut. Sie fuhr mit ihrem Bruder ins nahe Städtchen, wo Friseuse und Schneiderin ihrer harrten. Gino stand inmitten geschniegelter Bauern und legte uns nahe, die Rossini-Messe ruhig noch einmal zu probieren, er höre sie später gerne als Wiederholung. Wir wußten, daß er nie genug kriegt, und setzten uns in der Kirche zusammen.

Nach den ersten Takten des ›Kyrie‹ kam der Pfarrer herein. Er trug in beiden Armen riesige Bündel weißer Nelken – die Kirchendekoration für die Trauung. Seufzend schmiß er seine Last auf das Altargitter und sagte mit Inbrunst:

»Queste donne – diese Weiber!« Zu ergänzen: Nie sind sie da, wenn man sie braucht!

Der arme Don Antonio – da war er mit seinem Moped den staubigen Weg heraufgekommen, dann hatte ihm jemand bedeutet, die Damen der Agrikultoren seien mit Faustas Schönheit beschäftigt, er solle doch – per l'amor di Dio – die Nelken malerisch verteilen, sonst würde die Hochzeit niemals stattfinden.

Also packte Don Antonios derbe Faust ein Büschel der Unschuldsblumen und stopfte es in die erste von dreißig Blech-Amphoren, die man im Mittelgang aufgestellt hatte. Als er damit endlich fertig war, näherten wir Musiker uns schon dem Ende des ›Gloria‹. Es waren aber immer noch Nelken übrig. In Don Antonio nahm der Grimm überhand. Er schritt zu einer radikalen Lösung, drehte den Nelken die Köpfe ab, warf sie schwungvoll über den roten Teppich und wollte eben mit den Stengeln in der Sakristei verschwinden – da erschien am Eingang, vom Vater geführt, die Braut. Don Antonio schleuderte das Gemüse den Blüten hinterher, stürmte zu uns und rief:

»Macht weiter – Eure Musik ist ohnehin viel zu lang – ich hol' Euch dann schon ein.« So wurde Fausta ihrem Ehegespons nicht unter den üblichen Klängen aus Wagners ›Lohengrin‹ zugeführt, sondern während der heiteren Fuge Rossinis auf den Heiligen Geist.

Nach der Trauung breitete sich Zufriedenheit aus. Das Brautpaar zeigte Begeisterung, endlich fotografiert zu werden, abwechselnd mit Eltern, Groß- und Urgroßeltern, Tanten, Onkeln, Kindern und Säuglingen, Bürgermeisterin, Gino, Musikern und mir. Die Bauern hatten die lange Musik überstanden und ihrem Padrone das

Gefühl vermittelt, so etwas Schönes hätte es noch nie gegeben. Gino führte sich auf, als hätte er die Messe selber komponiert. Und ich dachte an Sveva und hoffte, mich zu drücken.

Auf der Terrasse war die Tafel gedeckt, für hundertvierzig Personen, bis auf zwanzig alles Verwandtschaft. Der Maggiordomo sagte: »Das wird ein Pranzo, wie Sie es noch nie erlebt haben!«

»Was gibt es denn?«

»Vorspeisen zur Anregung des Appetits. Drei verschiedene Sorten Spaghetti. Artischocken-Suppe. Verteufeltes Huhn. Lamm mit Rosmarin-Kartoffeln. Beinfleisch mit süß-sauren Früchten. Schweinebraten mit Kruste. Truthahn mit Erbsen. Fruchtsalat. Käse. Die Hochzeitstorte. Kaffee, Weißwein, Rotwein, Schaumwein, Likör.«

»A scelta – Zur Wahl?«

»Ma Signore«, sagte der Maggiordomo, »das Brautpaar und der Hausherr wären sehr beleidigt, wenn Sie auch nur einen einzigen Gang auslassen würden!«

»Und wie lange dauert das Ganze?«

»Ich schätze, gegen sechs Uhr werden sie zu tanzen anfangen.«

Es war eins. Ich hatte noch hundertsechzig Kilometer zurückzulegen, dann den Nachmittagsverkehr in Neapel, Umziehen im Hotel, um sechs sollte ich bei Svevas Tante sein. Nur Gino konnte mich retten.

»Amico mio«, sagte ich scheinheilig zu ihm, »Du bist doch ein Mensch, der alles versteht.«

»Ich verstehe«, sagte Gino, »Du willst weg.«

»Premiere ›Italienerin in Algier‹, heute abend in Neapel!«

»Was?«, sagte Gino, »eine Oper, die ich noch nie gesehen habe? Ich komme mit!«

Es war entsetzlich. Bei Sveva konnte ich Gino nun wirklich nicht brauchen! Verzweifelt blickte ich in die Runde. In der Ferne glänzte der Tempel der Fortuna von Palestrina, wohin die Römer einst Wallfahrten unternahmen, um das Glück auf sich herabzuziehen. Ob Fortuna auch mir noch helfen würde? Renato, der Tenor, und Franco, der Baß, kamen – inzwischen versöhnt – auf mich zu. Im Vertrauen darauf, daß sie Männer und Italiener waren, beichtete ich ihnen mein Problem.

»Leicht«, sagte Franco, »wir versprechen Gino eine Serenade in der Dämmerung, dann kann er nicht weg.«

»Ihr habt aber doch nichts vorbereitet.«

»Nach diesem Essen«, sagte Renato, »machen die Bauern soviel Krach, daß wir sowieso nicht singen können.«

»Und wenn er darauf besteht?«

»Dann hat meine Frau die Noten vergessen und wir singen noch ein bißchen Rossini, ohne Harmonium.«

Die Intrige gelang. Gino hatte tragische Augenbrauen, als er mir sagte:

»Ich kann sie doch nicht enttäuschen. Zu dumm. Ich glaube, Du gehst besser noch vor dem Essen!«

Zehn Minuten später war ich auf der Autostrada. Armer Gino, dachte ich, jetzt haben wir dich hereingelegt. Mein Gewissen war schwarz. Ohne Frage, Sveva war eine Hexe.

10

MARCELLUS-THEATER UND AUGUSTUS-TEMPEL

Lavierte Federzeichnung von Marianne von Werther im Besitz der Künstlerin

Dreißig Kilometer weiter schien es mir geraten, zu tanken. Die Strecke ist mit Tankstellen nicht gerade reichlich bestückt, sie häufen sich erst wieder in der Nähe Neapels. Außerdem hatte ich Hunger. In ›La Macchia‹ scherte ich aus, verlangte in der Bar eine Pizza, die sich als sechsmal aufgewärmt herausstellte, und kam darüber mit einem Mann ins Gespräch, der mit einem ähnlichen zähen Fladen kämpfte. Er trug ein offenes Hemd. Sporthosen, die ihm zu eng waren, dickbesohlte Schuhe. Sein Haar war grau, von den Augenwinkeln gingen kleine Lachfältchen aus. Als er den letzten Bissen bewältigt hatte, machte er eine typische Bewegung, die ich kannte. Er verschränkte seine Hände über dem rundlichen Vorsprung, den die dünnen Menschen auf dieser Welt nicht besitzen und daher mit dem ordinären Worte ›Bauch‹ bezeichnen. Dieser Mann, dachte ich, trägt normalerweise geistliche Kleidung.

»Ich warte darauf«, sagte er, »daß mich jemand ein Stück mitnimmt. Würden Sie so freundlich sein?«

»Sie wollen nach Montecassino?«

»Ja«, sagte er, »es ist traurig, daß man uns Mönche immer noch erkennt, obwohl wir uns jetzt, der Welt zuliebe, doch so geschickt verkleiden.«

»Steigen Sie ein«, sagte ich, »wir können uns über das Problem unterhalten.«

Padre Bernardo erwies sich als beredsam:

»Mein Herr«, sagte er, »nehmen Sie zwölf Männer an. Aus einem Grund, den wir nicht zu diskutieren brauchen, entschließen sich diese zwölf zu einem gemeinsamen Haushalt. Jeder von ihnen hat etwas gelernt, ein

Handwerk, eine Kunst, fremde Sprachen, Arzneikunde, Gärtnerei, Landwirtschaft, den Umgang mit Büchern, das Destillieren eines Magenbitters. Jeder arbeitet acht Stunden am Tag und produziert etwas Nützliches. Keiner nimmt den geringsten Lohn, außer einem Dach über dem Kopf, einem Bett, Kleidung und Nahrung. Die geistigen und materiellen Produkte der zwölf sind bald größer als ihr eigener Bedarf. Es kommen Menschen, die Mangel an diesen Produkten haben. Man gibt ihnen den ganzen Überfluß, lehrt sie aber gleichzeitig, selbst zu produzieren. Bald wird der Mangel geringer, der Überfluß bleibt den Zwölfen. Sobald einer von ihnen stirbt, kommen zwei, die seine Stelle einnehmen möchten. Auch sie arbeiten wieder ohne Entgelt. Nun lassen Sie das Ganze fünfzehnhundert Jahre ohne Unterbrechung funktionieren. Dann muß das Kloster reich sein – an Schätzen des Geistes und an Gütern der Welt.«

»Und wenn es zu lange reich geblieben ist?«

»Dann treten jene auf, die wieder so leben möchten, wie die ersten Zwölf, als sie noch arm waren.«

»Man schämt sich also des Erbes?«

»Ja. Deshalb lassen wir unsere Kutten zu Hause. Die Leute könnten glauben, wir wollten etwas Besonderes sein.«

»Wie oft«, fragte ich, »ist Ihr Kloster Montecassino zerstört worden?«

»Fünfmal. Der heilige Benedikt gründete es im Jahr 529. Sechzig Jahre später plünderten es die Langobarden, dreihundert Jahre später die Sarazenen, nach weiteren fünfhundert Jahren vernichtete ein Erdbeben den ganzen Bestand, nochmals vierhundert Jahre später raubten die Soldaten Napoleons das Kloster aus, im Zweiten Weltkrieg besorgten Bomben und Granaten den Rest. 1948 haben wir angefangen, wieder aufzubauen. Jetzt sind wir fertig.«

»Und wenn morgen Montecassino erneut zerstört würde?«

»Würden wir wieder beginnen.«

»Wie viele von Ihnen?«

»Vielleicht wieder zwölf. Vielleicht auch nur zwei.«

»Entmutigt Sie das?«

»Aber nein«, rief der Pater aus, »wenn Sie in stockdunkler Nacht in der Ferne Licht sehen, sind Sie ja auch nicht entmutigt.«

Zu unserer Linken tauchte eine verschachtelte Stadt auf, weiter entfernt eine Burg.

»Aquino«, sagte Pater Bernardo, »dahinter Roccasecca, der Geburtsort des heiligen Thomas von Aquin. Wissen Sie, daß seine Freunde ihn den ›Großen stummen Ochsen von Sizilien‹ nannten? Von Sizilien, weil seine Mutter daher stammte, einen Ochsen, weil er einen riesigen Kopf und einen feisten Hals hatte, stumm, weil er nie ein überflüssiges Wort sagte, und groß, weil er ziemlich dick war. Bei uns« – damit meinte der Pater das Kloster Montecassino, »bei uns ist er zur Schule gegangen.«

Ich verstand den Anflug von Stolz, den der Pater verriet. Thomas von Aquin war einer der größten Geistesmänner der europäischen Geschichte. Selbst Karl Marx hätte ohne ihn anders philosophiert. Warum durfte das

Kloster sich nicht rühmen, in einem schwerfälligen rotblonden Jungen des Mittelalters den Riesengeist geweckt zu haben, der die Katholische Kirche für Jahrhunderte prägen sollte? In der Ferne stand auf dem Bergesgipfel vor einer schweren Gewitterwand die hell bestrahlte Abtei Montecassino.

Noch bevor wir die Ausfahrt erreichten, goß es in Strömen. Wir mußten uns unter eine Brücke stellen. Hinter uns hielt ein weiteres Auto. Zwei Männer stiegen aus, der eine mit verbundenem Arm, der andere mit besorgtem Gesicht. Aus dem Munde des Verletzten drang ein lästerlicher Fluch. Der Pater zuckte zusammen. Dann faßte er sich ein Herz, ging zu dem Mann und redete mit ihm. Der andere mischte sich ein.

»Lassen Sie doch meinen Patienten in Frieden, er hat ja nicht auf Sie geschimpft.«

»Aber auf meinen Herrn.«

»Glauco«, sagte der Arzt zu dem Blessierten, der stöhnend weiterfluchte, »sei still, der Mann ist ein Prete.«

»Und ich bin ein Mángiaprete – ein Pfaffenfresser«, sagte Glauco, den Pater betrachtend, »aber den mag ich nicht, der ist nicht garniert.«

In der Ferne leuchtete Montecassino, die Wiege Europas. Der Regen war vorbei. Pater Bernardo wollte den Verletzten ins Hospital begleiten. Ich fuhr weiter – nach Süden. Im Radio hatte das Programm gewechselt. Man brachte Musik von Corelli – aus einer Zeit, in der die Preti noch sehr schön garniert waren.

Nach zwanzig Kilometern kam ich in das nächste Gewitter. Die letzte Gebirgskette vor der weiten Ebene Neapels ist ein berühmtes Wetterloch. Das Wasser kommt in derart kompakter Masse vom Himmel, daß kein Scheibenwischer mehr hilft. Außerdem verwandelt sich die Fahrbahn bald in einen Sturzbach. Ich sah die schützende Brücke erst, als ich schon fast darunter war und beinahe ein Wesen gerammt hätte, für das auf der Autostrada nicht vorgesorgt ist: einen Esel. Wie der dazugehörige Bauer ihn durch die Einfriedung gebracht hatte, blieb ein Rätsel. Jedenfalls rasten beide unter das schützende Brückendach und blieben dort zusammen mit mir stehen.

»Ahi«, sagte ich, »Sauwetter!«

»Pazienza«, meinte der Bauer.

Pazienza – Geduld, das italienische Zauberwort für alle Lagen, in denen der Mensch machtlos ist.

Ein Blitz, ein Donnerschlag, ohrenbetäubend. Der Esel machte einen Satz nach hinten, spürte an meinem Kühler Widerstand und pfefferte seinen Huf dagegen. Der Arme zitterte vor Angst, und es krachte schon wieder, gleich zweimal. Der Bauer und ich versuchten mit aller Kraft, das Tier vom Auto wegzubringen, vergebens. Nach der dritten Delle fand ich die Sache nicht mehr komisch – und Pazienza war kein Trostwort mehr.

»Da hilft nur eines«, sagte der Bauer und holte eine dicke Flasche vom Sattel, »Wein«.

»Beruhigt mich nicht«, sagte ich.

»Aber nein, nicht für Sie – für den Esel!«

Sprach's, nahm seinen Hut vom Kopf, füllte ihn bis zum Rand und hielt ihn dem Esel hin. Der schnupperte ein bißchen, dann soff er. Mit der Gier des Verzweifelten. Beim nächsten Donner zuckte er nur noch ein wenig, der übernächste machte ihm keinen Eindruck mehr.

»Hai visto – hast es g'sehn?«, sagte der Bauer, »Jetzt ist er brav wie ein Schaf!«

Dann mit einem Seitenblick auf die Dellen im Auto:

»Magst auch einen Schluck?«

Nach dem dritten war mein Ärger verraucht, der Bauer hatte uns beide gefügig gemacht. Sonst gab es zwischen dem Esel und mir nur den Unterschied, daß ich zu Sveva nach Neapel mußte, während er der wohligen Müdigkeit nachgeben konnte, die ihn offensichtlich überkam.

»Du – der schwankt«, sagte ich.

»Ja, ja«, meinte der Bauer, »jetzt wird er gleich schlafen.« Tatsächlich ging der Esel mit Grazie in die Knie, legte sich um, streckte die Beine aus und schloß die Augen. In seinen Zügen glaubte ich eine Art Lächeln zu sehen.

»Jetzt mußt Du warten, bis er wieder aufwacht!«

»Was macht das schon?«, sagte der Bauer. »Es regnet doch.«

Glückliches Italien, dachte ich. Dann wollte ich wissen, ob die Bauern das immer so machen mit dem Esel und dem Wein.

»Ja«, sagte mein Freund, »aber wieviel man nehmen muß, damit der Esel besoffen wird, das lernt man erst mit der Zeit!«

Ich wünschte dem philosophischen Landmann und seinem glücklichen Esel den Segen des heiligen Benedikt und hoffte, auch die alten Heidengötter des Landstriches würden sich der beiden wohlwollend annehmen.

Dann machte ich mich auf den Weg durch den letzten Teil des Gebirges. Virtuos überwand die Autostrada Täler und Pässe, jeden Augenblick verschoben sich die Bergketten zu neuen Perspektiven, der Regen ließ nach und tropfte in glänzenden Perlen vom Gesträuch. Zur Rechten tauchte ein erhaltenes Stück der alten Römerstraße auf, solide untermauert auf halber Höhe des Hanges hinziehend, ein winziger Teil der 18000 Kilometer gepflasterter Hauptstraßen, die die Römer allein in Italien gebaut hatten. Ob der Straßenbau den Italienern von damals her im Blute liegt? Alle zehn Meilen eine ›Statio‹ mit Straßenwacht, alle dreißig Meilen ein Gasthaus mit Supermarkt, Bar und Bädern samt wohlgesonnener weiblicher Bedienung, in jeder Stadt anständige Hotels – und nach Senecas Worten »ein beständiges Hin- und Herziehen des menschlichen Geschlechts«, das alles gab es schon vor zweitausend Jahren. Die Straßen waren acht Meter breit und so dauerhaft, daß viele von ihnen heute noch im Gebrauch sind. Konstruktions-Schema: fünfzehn Zentimeter Sand oder drei Zentimeter Mörtel als Grundlage. Dann vier verschiedene Arten von Unterbau: dreißig Zentimeter Bruchsteine und Zement; fünfundzwanzig Zentimeter festgestampfter Mörtel; fünfundvierzig Zentimeter gewalzte Betonschichten; sechzig Zentimeter Kiesel- oder Lavaplatten. Die Oberfläche so fein geglättet, daß die Fugen kaum zu sehen waren. Dazu nicht die geringste Angst vor kühnen Brücken. Was kostete schon eine Bogenkonstruktion von sechzig Meter Höhe über ein Tal im Vergleich zur Zeitersparnis durch Vermeidung des kurvenreichen Weges in die Tiefe? Die kürzeste Strecke war es, die am meisten Gewinn brachte. Nach diesem Grundsatz war ein System von 83 000 Kilometern gepflasterter Straßen über das Reich gelegt, von Schottland bis Persien. Dazwischen kein Zoll, keine Steuer, dafür eine internationale Währung und eine Sprache, die man überall verstand. An jeder Meile ein säulenartiger Stein, der die Streckenlänge zur nächsten Stadt angab plus der Entfernung zum Meilenstein Null auf dem Forum Romanum. Dazu Signaltürme mit Leuchtzeichen für dringende Nachrichten, Getreidepreise, Börsenkurse, Tyrannenmord oder Krieg. Und an jeder Meile eine Bank für den Fußwanderer, den der Schuh drückte. Heute geht es schneller, die Pannen sind zeitraubender, die Lebensgefahr ist größer, das Reisen kostet mehr Geld. Ich erlaubte mir den unmodernen Zweifel an unserer Überzeugung, Entscheidendes dazu gelernt zu haben.

Dann wich das Gebirge zurück, ich blickte hinunter auf die weite Mulde Campaniens, worin Vergil gedichtet und die Hohenstaufen gekämpft hatten. Dieses Land war griechisch, römisch, gotisch, byzantinisch, langobardisch, deutsch, französisch und spanisch gewesen. Wie seltsam, daß das Nutzloseste aus der Erbschaft all dieser Völker am lebendigsten blieb: das Tamburin, einst von den Spaniern aus den Harems ihrer Maurenschlösser mitgebracht. Harem, dachte ich – William der große Experte in Haremsfragen, hatte mir gesagt: »Du hast Angst!« Vor Sveva, meinte er. Stimmte das wirklich?

Vor mir dehnte sich die Ebene der ›Campagna felice‹ – zwei Ernten im Jahr, lachende Bewohner (im Gegensatz zu den Neapolitanern, die abgründige Melancholiker sind). Mitten darin das alte Capua, wo zweihundert Muttergottheiten aus dem Ur-Italien im Museum sitzen.

»Geh nicht nach Capua«, hatte ein Seher dem Hannibal gesagt, als dieser die Stadt zum Winterquartier für seine Armee machen wollte. Zum Glück für Rom hat Hannibal den Rat in den Wind geschlagen. Diszipliniert, kampfesmutig, stahlhart war seine Streitmacht in Capua eingerückt. Als sie im nächsten Frühjahr wieder gegen die Römer antreten sollte, waren die Soldaten faul und müde. Die Capuaner Damenwelt hatte sich der Feinde patriotisch angenommen, sie gemästet wie Truthähne und ihnen die Liebe all'italiana beigebracht. Heroisch wurde dabei in Kauf genommen, daß die Bevölkerung sich im darauffolgenden Jahr beträchtlich vermehrte. Hauptsache, Hannibals Macht war gebrochen. Als Andenken an jene fernen Großtaten haben die Frauen Capuas bis heute den mandelförmigen Schnitt der Augen behalten, der eigentlich nach Afrika gehört. Kenner behaupten, ihre Raffinesse in der ältesten aller weiblichen Künste hätte seither noch beträchtlich zugenommen.

Wer allerdings glaubt, diese Damen seien leicht zu erobern, geht in die Irre. In den Kleinstädten der neapolitanischen Campagna herrschen noch strenge Sitten. Im nächsten Rasthaus sollte ich es erleben.

Während ich auf meinen Kaffee wartete, beobachtete ich an einem nahen Tisch des Restaurants eine mitleiderregende Szene. Dort saßen: eine etwas verschrumpelte, weißhaarige Dame, die schwerhörig war. Zwei Damen mittleren Alters von imponierender Üppigkeit, Perlenkette, Brillantring, Ledertasche; der Ähnlichkeit nach konnten es Schwestern sein. Ein zehnjähriges Mädchen von zermürbender Lebhaftigkeit. Eine bildschöne Achtzehnjährige, träge und sinnlich wie eine Katze in der Sonne. Schließlich ein junger Mann, der Verehrer der Ragazza. Er war etwas schmächtig geraten, hatte zuviel Pomade in den Locken, die Krawatte war rot und blau gekringelt, das Schuhwerk schwarz und weiß gefleckt. Die Konversation wurde von den beiden Schwestern geführt, von der lieben Kleinen mit unablässigen Wünschen nach Eis, Lakritzen, Schokoladegeld und Luftballons belebt und von der alten Dame durch regelmäßig gebrülltes »Was? Wie? Nochmal!« unterbrochen. Stumm die Ragazza, an deren Reizen der beredte Blick des Verehrers entlangglitt. Schließlich gelang es dem jungen Mann, einen Vorschlag anzubringen. Er wollte mit seiner Angebeteten »fare due passi – zwei Schritte machen.« Mit umwölkter Stirn stimmte die Mutter zu – winkte aber gleichzeitig die Bambina heran und sagte:

»Valeria, Du gehst mit.«

Als Gardedame. Der Kavalier beherrschte sich mühsam. An der Bar, außerhalb des mütterlichen Blickfeldes, änderte er seine Taktik:

»Valeria«, sagte er dolcissimo, »wenn Du hier bleibst, kauf ich Dir ein Eis und schenk Dir obendrein noch tausend Lire.«

»Mmm«, machte Valeria, nahm Eis und Geld, und sagte dann mit der Perfidie der Unschuld: »Nein, ich muß doch mitkommen, wenn die Mamma mich erwischt, krieg ich Haue.«

»Valeria«, säuselte der Kavalier, »wenn Du dableibst, bekommst du einen Luftballon und nochmal tausend Lire.«

»Mmmm.«

Souverän empfing das Kind den Tribut des Schwachen. Dann:

»Mamma hat ganz recht. Euch kann man nicht allein lassen.«

Die Ragazza, schön wie Diana, blickte unter langen Wimpern zu Boden und lächelte matt. Die Niederlage des Kavaliers war total. Er wußte, er würde alle seine Schlachten verlieren, bis am Traualtar das Ja gesprochen war. Dann würde er zur Familie gehören. Dann würde er es ihnen zeigen. Der Arme. Nichts wird er. Die Frauen werden ihn umarmen und erdrücken wie den Hannibal und seine Soldaten. Wie heißt es doch in dem Canzone von Modugno: »Ich, Deine Mutter, Deine Schwester, Deine Tante, dann noch die Urgroßmutter – und dann erst Du.«

Über der Campagna glänzte die Nachmittagssonne. Je näher ich Neapel kam, um so rascher flog meine Phantasie voraus in den heutigen Abend – und zur schönen Sveva.

Das Ausfahrtsschild ›Caserta‹ glitt vorüber und ich dachte einen Moment darüber nach, wie gut Sveva in das Riesenschloß von Caserta gepaßt hätte, an den Hof der Könige von Neapel und beider Sizilien, in die kühle

Eleganz bourbonischer Salons, in das Getriebe von Ministern, Beichtvätern, Schauspielern, spanischen Granden, Scharlatanen, Kammerkätzchen, Komponisten, Mätressen, Bankiers und Allesmachern, an einen Hof, wo nichts, aber auch gar nichts unmöglich war, wenn man den richtigen Weg kannte und das Protokoll beherrschte. Sveva – das wußte ich ganz sicher – hätte die Schranzengesellschaft nach ihren Capricen tanzen lassen und wäre noch dafür vergöttert worden.

Nun ja, im Augenblick tanzte ich nach ihren Capricen, fuhr Slalom im dichter werdenden Verkehr, hatte schon das Chaos der Innenstadt von Neapel vor Augen, sah mich im Hotel den Smoking aus dem Koffer reißen, die Schleife sechsmal binden, meinen Wagen im Parkverbot abstellen, die Treppen des morschen Palazzo hinaufhetzen – nicht zu schnell, sonst japst du oben nach Luft! – und das Appartement der Contessa Clara betreten. Der zittrige Diener in gestreifter Jacke würde mich in einen Salon bitten und auf einen dünnbeinigen Stuhl weisen, der die einzige Warnung ausstrahlt, ich solle mich ja nicht darauf niederlassen.

Die Tür öffnet sich, Svevas Tante tritt herein, klein, weißhaarig und lebhaft, ich hauche einen Kuß auf ihre Elfenbeinhand, sie führt mich einem Kränzchen schnatternder Damen zu, ich schlürfe dünnen Tee aus dünner Schale, man will alles wissen, wie die Fahrt war, wie die Hochzeit war, wie Gino war, ach er ist ja so reizend, und immer noch königstreu, nein, diese Savoyer machen einem ja wirklich Sorgen, und das Café Kaflisch ist auch nicht mehr das alte, und der Baron Gennaro hat seine

Insel verkaufen müssen, wegen Schulden, diese Tänzerin hat ihn völlig ruiniert. Sveva steht in der Tür:

»Ah quanto sei bella, sei un amore, und der Schmuck!«

»Von der Tante«, sagt Sveva.

»Und das Kleid!«

»Von Dior.«

Gelassen geht sie auf mich zu:

»Miracolo – sei puntuale – ein Wunder, Du bist pünktlich.«

Um halb acht würden wir dann am Quai von Santa Lucia den Fisch vorgesetzt bekommen, den Sveva befohlen hatte ...

Ein Kleinauto – Inhalt drei Erwachsene und vier Kinder, ineinandergeschichtet wie Ölsardinen – riß mich aus meinen Phantasien. Es zockelte auf der linken Fahrbahn und zeigte alle Symptome des Größenwahnsinns. Rechts fuhr im gleichen Tempo ein gelassener Amerikaner, den das Kleinauto mit Verbissenheit überholen wollte. Es war ein Zentimeter-Kampf. Ich blinkte, hupte, schimpfte, nichts half. Schließlich bemerkte der Amerikaner meine Ungeduld und fiel zurück. Ich gab Gas, sauste in die Lücke und überholte den Kleinen von rechts. Fünfhundert Meter später stoppte mich die Polizei.

»Sie sind ein geschickter Fahrer«, sagte der Gentleman-Polizist salutierend. »Aber ich muß Sie bestrafen. Geben Sie Ihr ungesetzliches Verhalten zu – oder ziehen Sie es vor, einen Prozeß zu haben?«

»Welch eine Frage – natürlich gebe ich's zu.«

»Glauben Sie mir, Signore, das tun nicht viele.«

Man merkte die Nähe Neapels, der Stadt der Advokaten. Ein Advokat kostet Geld, aber später. Gleich zahlen – und noch dazu der Polizei, ist für Neapolitaner der Nachweis unheilbarer Dummheit.

»Ich werde mir erlauben, Ihre loyale Gesinnung mildernd anzurechnen.«

»Und was kostet es dann noch?«

»Viel«, sagte der Mann mit traurigen Kulleraugen, »zehntausend Lire!«

Es schmerzte mich, aber ich berappte. Nach Empfang der Quittung plagte mich die Neugier:

»Welchen Grund hätten Sie gelten lassen, um die Strafe noch weiter herabzusetzen?«

»Vor dem Gesetz gibt es keinen. Ich persönlich mache manchmal eine Ausnahme bei Leuten, die frisch verliebt sind.«

Das bin ich doch – wollte ich sagen, biß mir aber auf die Zunge. Nein, nein, lieber zahlen als den Teufel an die Wand malen. Schließlich hatte mich Sveva schon einmal verhext – damals, als wir zum ersten Mal zu ›Ziteresa‹ gingen, einen Fisch zu essen.

Ich lernte Sveva kennen bei ›Maremoda‹ in Capri. Das ist eine luxuriöse Mode-Woche mit allen Eitelkeiten dieser Welt und allen Menschen, die dafür eine Schwäche haben. Sveva war dort so gesucht wie gefürchtet, denn sie schrieb Berichte, bei deren Lektüre sich alle vor Lachen wälzten, nur nicht die Modekünstler, über die sie herfiel.

Wir trafen uns zwei oder dreimal auf der Piazza, wo mir das Vergnügen zuteil wurde, ihr zweieinhalbstöckige

Whiskys von schwarzetikettierter Qualität in schöner Regelmäßigkeit servieren zu lassen.

Ins Gespräch kam ich mit ihr eigentlich erst auf dem Aliscafo, das uns von Capri wieder nach Neapel brachte. Ich riskierte einen möglichen Korb und lud sie zum Essen ein. »Fisch«, sagte sie, »bei ›Ziteresa‹.«

Auf dem Wege dorthin wurden uns die üblichen Postkarten angeboten, die dem Empfänger nahelegen, beim Anblick Neapels zu sterben. Auch Uhren und Füllfederhalter fehlten nicht, garantiert Gold.

»Man hält uns für Ausländer«, amüsierte sich Sveva, spielen wir's mit!«

Ein weitläufiges Restaurant öffnete seine Pforte. Dort gab es alles doppelt: zwei Direktoren, zwei Oberkellner, zwei Kassiere, zwei Austernverkäufer, zwei Musikkapellen – sie spielten gleichzeitig – zwei Küchen – sie kochten gleichzeitig – und zwei Bauchladenmänner mit Korallen-Andenken – sie redeten gleichzeitig. An der Quai-Mauer hübsch gedeckte Tische, parallel dazu ein langer Weg durchs ganze Lokal, auf der Landseite wieder Tische.

Kaum haben wir unseren Fuß auf den besagten Weg gesetzt, geschehen seltsame Dinge. Ein Ober erscheint, ganz Gebiß, preist einen Tisch an. Dort ist zuviel Wind, wir möchten weiter zur Mitte.

Die Musikkapelle mit krähendem Tenor läßt uns nicht durch. Ein zweiter Ober eilt herbei: »*Hier* müssen Sie sich hinsetzen!« Da ist es uns zu laut.

Wir durchbrechen die Phalanx der Musici und finden in der Mitte des Lokals eine Barriere aus Blumenständern mit absichtsvoll schmalem Durchlaß. Dahinter wäre der ideale Platz. Ein dritter Ober taucht auf und schreit:

»Ja, bitte, meine Herrschaften, hierher!«

»Schurke!«, schreit der erste, »die Herrschaften sitzen hier!«

»Natürlich!« schreit der zweite, »ich bin Zeuge!«

Wir sind verwirrt. Der Ober hinter den Blumen zaubert die zweite Musikkapelle hervor. Der Tenor sieht in uns die Ausländer, schnappt einmal Luft und schmettert: ›Santa Lucia‹. Verräterisch zucken Svevas Schultern.

»Isch«, gluckst sie auf deutsch, »isch bin gewesen niemals Ausländer in Neapel.«

Man faßt uns an, man fleht, man beschwört. Um uns gänzlich aus der Fassung zu bringen, erscheinen sechs Männer im Turntrikot, wippenden Laufschritts, einer hinter dem anderen. Ihnen macht alles Platz, schnaufend ziehen sie vorbei, Mitglieder eines Ruderklubs, wie die Kunstschrift auf Brust und Rücken verrät. Sveva setzt sich schließlich irgendwohin, strampelt mit den Beinen und wischt sich die Tränen aus den Augen. Von da an war es, als hätten wir uns Jahre gekannt. Nachdem der historische Fisch verzehrt war, erzählte Sveva die Vorgeschichte zu dem, was wir erlebt hatten.

»Weißt Du«, sagte sie, »mein Onkel, also der Mann von Tante Klara, hat sie noch gekannt, die Teresa. Sie muß blitzsauber gewesen sein und ihr Temperament war so deftig wie ihre Figur. Natürlich hatte sie einen Mann, der nichts taugte und einen Haufen hungriger Kinder. Als überhaupt kein Geld mehr da war, begann sie, am Quai von Santa Lucia ›Spaghetti alle vongole‹ zu kochen.

Fischer und Matrosen kamen, weil die Spaghetti so erstklassig waren, wie das Dekolleté. Zehn Jahre später besaß Teresa ein florierendes Restaurant und war eine Berühmtheit. Die Preise waren natürlich entsprechend mitgestiegen. Darin sah eine andere Neapolitanerin, nicht weniger wohlgeformt, ihre große Chance. Sie hatte ebenfalls eine Schar von Kindern, einen Mann, der nichts tat und ein Spaghetti-Rezept. Damit setzte sie sich direkt neben Teresa, unterbot deren Preise und florierte alsbald ebenso. Natürlich war der Haß der beiden Schönen ungeheuer. Ihre Kellner lieferten sich Schlachten um die Gäste, und sie selber merkten gar nicht, wie reich sie schon geworden waren. Halb Neapel ergriff Partei, die Zeitungen spalteten sich in zwei Lager, schließlich mußte die Obrigkeit eingreifen. Der Bürgermeister ließ die Konkurrentinnen kommen, erklärte ihnen, der Weg an der Quai-Mauer sei leider öffentlich, jedermann dürfe dort herumgehen – und sollte bekannt werden, daß jemand belästigt worden sei, so verlören beide die Konzession. Von da an kannst Du Dir's ausrechnen. Die beiden Wirtinnen verbündeten sich gegen die Behörde, verfeinerten ihre Abwerbungsmethoden, und etablierten den Ruderklub. Wenn die Sportjugend Neapels während der Tischzeit quer durch beide Lokale Trainingsläufe veranstalten kann, ist das Auge des Gesetzes beruhigt. Und wenn zwei Musikkapellen in voller Lautstärke spielen, hört kein Mensch mehr, mit welchen Tricks die Kellner mögliche Gäste am Weitergehen hindern. So ging das jahrelang, bis eines Tages die ältere der beiden Damen, Ziteresa, das Zeitliche segnete. Die ganze Stadt nahm am Trauerzug teil, auch mein Onkel. Den größten Kranz stiftete die zurückgebliebene Konkurrentin. In Tränen aufgelöst hat sie öffentlich erklärt, von nun an habe das Leben für sie jeden Sinn verloren. Das ist das wahre Neapel, verstehst Du? Begreifst Du, was das für Menschen sind, du Barbar?«

Das war nicht mehr die kühle Sveva, das war ein Mensch voller Leidenschaft und Mitgefühl. Damals hatte es mir einen Stich gegeben, und ich hatte gewußt, woran ich war.

Und jetzt nach Jahren, kreuzt dieses rätselhafte Geschöpf aufs neue meinen Weg und veranlaßt mich, wie ein Verrückter aufs Gas zu treten, weil sie mit mir in die Oper gehen will. Vorsichtig, sagte ich zu mir, sie wird heute abend wieder einen großen Auftritt haben. Wer weiß, vielleicht kommt Gino, der Schurke, doch noch im letzten Moment herüber, dann wird sie ihn zärtlich umarmen und die Hand an seinen Hinterkopf legen, während sie ihn küßt, und ich werde ganz nett eifersüchtig sein. Und dann, beim Finale vom ersten Akt der Oper, wird sie vor Vergnügen herumwetzen, mich zwicken und mich anstrahlen, und ich werde mich von beiden zusammen verrückt machen lassen – von Rossini und von ihr.

Plötzlich war die Barriere da. Ich hatte die Geschwindigkeitsbegrenzung mißachtet, jetzt hieß es bremsen, was die Reifen hielten. Vier, fünf Stöße, das Tempo sank, dann quietschte es fürchterlich, zehn Zentimeter vor dem Kassenhäuschen stand ich.

Drohend nähert sich ein Polizist. Ich zahlte. Zum Schluß fragte der Gewaltige:

»Warum, um Himmelswillen, haben Sie denn nicht aufgepaßt?«

Ich versuchte das Rezept, das mir sein Kollege bei der ersten Strafe verraten hatte:

»Mich hat's erwischt – l'amore!«

Es half überhaupt nichts.

»Ma Signore«, sagte der Mann, »da unten liegt Neapel, die schönste Stadt der Welt. Dort hat es einen Sinn, zu lieben. Aber doch nicht auf der Autostrada!«

Da hatte ich's. Und noch dazu war der Teufel nun wirklich an die Wand gemalt.

Als ich schließlich den Golf und die Stadt vor mir liegen sah, wußte ich, daß alles ganz anders kommen würde, als ich es geträumt hatte. Wie es aber dann wirklich war, das kann ich Ihnen leider nicht mehr erzählen.

ANHANG

REGISTER

VERZEICHNIS DER ABBILDUNGEN

Die Tafeln im Text
geben lavierte Federzeichnungen
von Marianne von Werther BRA, London,
wieder und befinden sich,
soweit nicht anders vermerkt, im Besitz
der Künstlerin.

Die Tafeln stellen dar:

Auf dem Schutzumschlag
Die Piazza Navona in Rom, unter Wasser gesetzt,
Ölgemälde von Giovanni Paolo Pannini, 1756
Niedersächsische Landesgalerie
Hannover

Der Verlag dankt
dem Direktor der Bibliothek und Kunstblättersammlung am Österreichischen Museum für angewandte Kunst in Wien, Herrn Hofrat Professor DDr. Gerhart Egger und seiner Frau sowie Frau Gabriele Geier in Rom für wertvolle Hilfe bei der Beschaffung, Auswahl und Reproduktion der Abbildungen.